中原城市群引力场分析图

中原城市群位于北京和武汉两个特大型城市引力真空地带，周围 500 公里内无其他特大型城市，有利于城市群发育

北京引力场

郑州市

武汉引力场

中原城市群卫星影像图

中原城市群各大城市腹地分析图

中原城市群内各城市半小时经济圈严重叠。各城市无独立的发展腹地，互相制约有发展城市群的内在要求。

图例

中原城市群产业轴带规划图

东西发展轴西至洛阳、东至开封，分布有郑州、洛阳、开封等大城市及巩义、偃师、荥阳等中小城市，是中原城市群中经济最发达、具有较强发展活力的区段，也是中原城市群中最重要的发展轴线。在中原城市群经济发展中发挥重要的作用。

新焦济产业带是由连接新乡、焦作、济源、洛阳的铁路和公路构成的复合轴线，包括新乡、济源、沁阳、博爱、焦作、修武、获嘉等市镇，这些中小城市之间距离很短，产业也相对集中，是中原城市群北部一条重要的产业带。

洛平漯产业带是由连接洛阳、平顶山、漯河等市的焦柳、漯阜铁路和即将开工建设的洛阳至上海高速公路组成的复合轴线，是中原城市群南部具有较强发展潜力的能源、电力装备和农副产品加工产业带。

南北发展轴北至新乡，南至洛河，是自北向南由京广铁路、京珠高速、107国道组成的复合轴线，中原城市群贯穿南北，促进产业集聚的重要轴线。该轴上分布有郑州、新乡、许昌、漯河等大城市和若干中小城市，是具有很大潜力和活力的发展轴线。

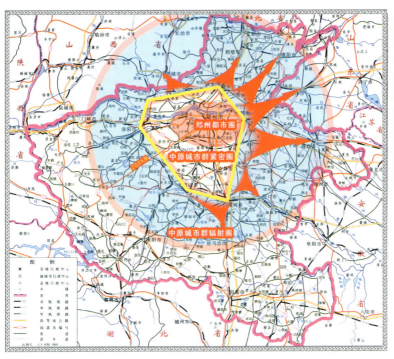

河南省中原城市群圈层辐射图

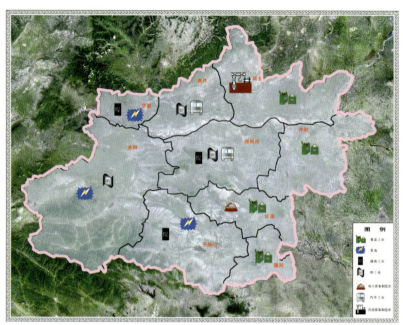

中原城市群重点产业布局规划图

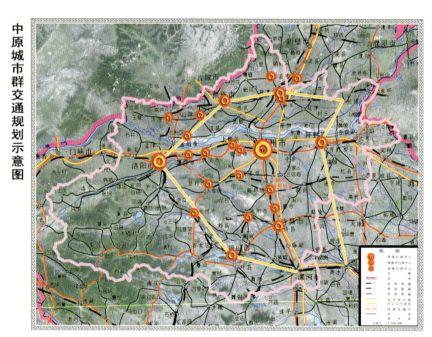

中原城市群交通规划示意图

中国区域与城市发展丛书

袁家华题

"十二五"国家重点图书

中原城市群战略与规划

刘福垣　周海春　等编著

经济科学出版社

图书在版编目（CIP）数据

中原城市群战略与规划/刘福垣，周海春等编著.
—北京：经济科学出版社，2011.4
（中国区域与城市发展丛书）
ISBN 978 - 7 - 5141 - 0588 - 9

Ⅰ.①中… Ⅱ.①刘…②周… Ⅲ.①城市群 - 发展
战略 - 研究 - 河南省②城市群 - 经济规划 - 研究 -
河南省 Ⅳ.①F299.276.1

中国版本图书馆 CIP 数据核字（2011）第 064003 号

责任编辑：柳　敏　马金玉
责任校对：王苗苗
版式设计：代小卫
技术编辑：邱　天

中原城市群战略与规划
刘福垣　周海春　等编著
经济科学出版社出版、发行　新华书店经销
社址：北京市海淀区阜成路甲 28 号　邮编：100142
总编部电话：88191217　发行部电话：88191540
网址：www.esp.com.cn
电子邮件：esp@esp.com.cn
汉德鼎印刷厂印刷
德利装订厂装订
710×1000　16 开　22.5 印张　360000 字
2011 年 4 月第 1 版　2011 年 4 月第 1 次印刷
ISBN 978 - 7 - 5141 - 0588 - 9　定价：35.00 元
（图书出现印装问题，本社负责调换）
（版权所有　翻印必究）

总序一：

促进区域协调发展
加快城镇化进程

陈宗兴

　　区域和城市发展问题关系到我国经济社会发展的大局。作为一个地域辽阔、人口众多的发展中大国，由于区位、资源禀赋、人类开发活动的差异，我国各区域之间、城乡之间经济社会发展水平存在较大差距，近年来还有不断扩大的趋势。从东部、中部、西部及东北四大区域 GDP 占全国比重看，2001 年为 53：20：17：10，而 2005 年为 55：19：17：9，东部地区的比重进一步升高。城乡居民收入差距也在不断扩大。1985 年城镇居民人均可支配收入是农民纯收入的 1.86 倍，1990 年为 2.2 倍，1995 年上升到 2.71 倍，到 2007 年高达 3.33 倍。统筹区域和城乡发展是缩小区域、城乡发展差距的重要方式，是全面建设小康社会的必由之路。胡锦涛总书记在中共"十七大"报告中提出了推动区域协调发展，优化国土开发格局，走中国特色城镇化道路的战略方针，为推动我国区域和城市发展指明了方向。

　　继续实施区域发展总体战略是统筹区域发展的重大战略举措。今后，将继续发挥各地区比较优势，深入推进西部大开发，全面振兴东北地区等老工业基地，大力促进中部地区崛起，积极支持东部地区率先发展，使区域发展差距扩大的趋势得到进一步缓解。还应当在国土生态功能类型区的自然地理基础上，按照形成主体功能区的要求，调整经济布局与结构，明确开发类型与强度，完善投资、产业、土地和人口等政策，改善生态环境质量，提高可持续发展能力。20 世纪末，国家开始实施西部大开发战略，加大了对基础设施、生态保护建设、特色经济和科技教育等方面的支持力度，西部经济发展速度明显加快。按照公共服务均等化原则，在资金、政策和产业发展等方面，继续加大对西部等欠发达地区的支持，尽快使欠发达地区公共服务落后的状况得以改变，逐步形成东中西良性互动、公共服务水平和人民生活水平差距趋向缩小的区域协调发展格局。

城市或城镇具有区域性和综合性特点，是所在区域的政治、经济、文化中心，对区域具有辐射和带动功能。规模经济、聚集经济和城市化经济是区域社会经济发展的重要动力源，城镇化是区域城乡统筹发展的重要途径。我国尚处于工业化的中期阶段，进一步实现工业化和现代化仍是我们不懈追求的目标，而城镇化对于工业化和现代化来说具有决定性意义。分散的乡村人口、农村劳动力和非农经济活动不断进行空间聚集而逐渐转化为城镇的经济要素，城镇化也相应成为经济发展的重要动力。城镇化进程不只是城镇人口比例的提高，它还是社会资源空间配置优化的过程，它将带来城镇体系的发展和城镇分布格局的转变，按照统筹城乡、布局合理、节约土地、功能完善、以大带小的原则，促进大中小城市和小城镇协调发展。推进城镇化进程，意味着将有更多的中小城市和建制镇发展起来，构成一个结构更为合理的城镇体系，有利于产业布局合理化和产业结构高度化。因此，城镇化是 21 世纪中国经济社会发展的大战略，也是伴随工业化和现代化的社会经济发展的必然趋势。

应当合理发挥大中城市在城镇化过程中的龙头带动作用。国内外经验表明，在一定时期内城市经济效益随城市规模扩大而上升。因此，应以增强综合承载能力为重点，以特大城市为依托，形成辐射作用大的城市群，培育新的经济增长极。特别是西部地区受自然环境的限制，城镇空间分布的非均衡性非常明显。西部地区的城镇化发展必须认真考虑自然条件的差异及环境条件的制约，通过对城市主导产业培育，提高现有大中城市的总体发展水平，并促使条件好且具有发展潜力的中等城市和小城市尽快发展成为大城市和中等城市，形成区域性中心城市，从而成为带动区域发展的新的经济增长极。

这里，必须强调，发展小城镇也是推进城镇化进程的重要力量。我国小城镇的数量大、分布广、"门槛"低，有利于就近吸纳农村富余劳动力，减轻城镇化进程中数量庞大的富余劳动力对大中城市社会经济的剧烈冲击。因此，小城镇的健康发展也是不容忽视的大问题。应结合社会主义新农村建设，在不断加强乡村建设的基础上，大力推进小城镇建设步伐。在重视基础设施建设的同时，还应不断健全和改善农村市场和农业服务体系，建立和完善失业、养老、医疗、住房等方面社会保障制度，加快建立以工促农、以城带乡的长效机制，努力形成城乡社会发展一体化新格局。

还必须指出，当前在我国（以及其他国家，特别是亚洲的不少发展中国家）的各类开发区建设已经成为一些区域和城乡发展的重要带动力量。在开发园区里的若干高新技术企业集群组成的产业园区，进行研究开发（R&D）支撑这些企业集群的科技园区，以及服务于这两类园区的居住园区，在空间上配置于一体共同推动区域社会经济快速发展，其增长极效应十分明显。这种现象也越来越多地引起包括区域经济学家在内的各方面专家、学者、官员等的关注与重视。

区域经济学是从空间地域组织角度，研究区域经济系统，揭示区域经济运动规律，探索区域经济发展途径的学科。肖金成同志主编的《中国区域和城市发展丛书》，汇集了近年来在国内有一定影响的区域经济学者对区域和城市发展等重大问题进行深入研究的一批成果，内容涵盖区域发展、城市发展、空间结构调整、城市体系建设、城市群和小城镇发展等内容。其中，有的是为中国"十一五"规划进行前期研究的课题报告，有的是作者们多年探索的理论成果，也有的是课题组接受地方政府委托完成的实践成果。这些著作既贴近现实，又具有一定的理论深度。丛书的出版，不仅可以丰富区域与城市发展的理论，而且对促进区域科学发展、协调发展以及制定区域发展规划和发展政策具有重要的参考价值。

2008 年 3 月 15 日于北京

（陈宗兴：十一届全国政协副主席　农工党中央常务副主席
陕西省原副省长　西北大学原校长　西北农林科技大学原校长）

区域经济和城市发展的新探索

陈栋生

国民经济由区域经济有机耦合而成。区域协调发展是国民经济平稳、健康、高效运行的前提。作为自然条件复杂的多民族大国，区域协调发展不仅是重大的经济问题，也是重大的政治问题和社会问题。故此，促进区域协调发展，成为"五个统筹"的重要内容，是落实科学发展观，构建社会主义和谐社会的必然要求。

从空间角度研究人类经济活动的规律，或者说，用经济学的理论方法探寻人类经济活动的空间规律，既是科学发展不可缺少的重要领域，也是各级政府非常关心的实践课题。正因为如此，区域经济学不仅是一门不可或缺的学问，亦是目前国内发展最快的学科之一。区域经济学的兴起和发展，既促进了我国经济学和社会科学的繁荣，也为地区发展做出了重要贡献。

区域经济运动错综复杂，区域经济学必须紧紧围绕区域发展和可持续发展的客观规律，着重探讨区域发展过程中的时间过程、动力机制、结构演变、空间布局特点，剖析人口、资源、环境与经济之间的既相互制约又相互促进的复杂关系，抓住区域与城市、区域分工与合作等重大问题，揭示区域发展与可持续发展的内在规律。

国内外经验表明，一个地区经济的发展，说到底是靠内生自增长能力，但也不排斥政策扶持的作用，特别是初期启动和对某些障碍与困难的克服。西部地区和东北三省近几年的初步转变，充分证明了有针对性的政策扶持的重要作用。

中国经济布局与区域经济的大格局，20 年前我概括为两个梯度差，即大范围的东、中、西部地带性的三级梯度差和区域范围内的点、面梯度差。近 20 多年来的快速发展，除东部沿海的部分地区（如珠江三角洲、长江三角洲、京津冀、山东半岛）工业化的高速发展，点、面梯次差距大幅度收敛以外。总的来讲，两个梯度差都呈扩大之势。除去主客观条件的差异，地区倾斜政策是重要原因。从某种意义上说，这是大国经济起飞不得不支付的成本。西部大开发的决策和实施，标志着中国经济布局指向和区域经济政策的重大调整，将地区协调发展、逐步缩小地区发展差距，作为经济发展的重要指导方针，把地区结构调整纳入经济结构战略性调整之中，使支持东部地区率先发展和加快中西部地区经济的振兴更好地结合起来。

今后东部地区要继续发挥引领国家经济发展的引擎作用，优先发展高技术产业、出口导向产业和现代服务业，发挥参与国际竞争与合作主力军的作用。东部地区要继续发挥有利区位和改革开放先行优势，加快产业结构优化升级的步伐，大力发展电子信息、生物制药、新材料、海洋工程、环保工程和先进装备等高新技术产业，形成以高新技术产业和现代服务业为主导的地区产业结构。在现有基础上，加快长江三角洲、珠江三角洲、京津冀、闽东南、山东半岛等地区城市群的形成与发展；推进粤港澳区域经济的整合。国内外大型企业集团、跨国公司的总部、地区总部、研发中心与营销中心将不断向中心聚集，加快沿海城市国际化的步伐，成为各种资源、要素在国内外两个市场对接交融的枢纽。在各大城市群内，将涌现一批新的中、小城市，它们有的是产业特色鲜明的制造业中心，有的是某类高新技术产业园区，有的是物流中心，环境优美的则可能成为休憩游乐中心等等。这些中小城市的崛起，既可支持特大城市中心城区的结构调整与布局优化，又可成为吸纳农村劳动力转移的载体。总之，东部地区今后将以率先提高自主创新能力、率先实现结构优化升级和发展方式转变，率先完善社会主义市场经济体制为前提与动力，率先基本实现现代化。

东北是 20 世纪五六十年代我国工业建设的重点，是新中国工业的摇篮，为国家的发展与安全作出过历史性重大贡献；同时亦是计划经济历史积淀最深的地区。路径依赖的消极影响，体制和结构双重老化导致的国有经济比重偏高，经济市场化程度低、企业设备、技术老化，企业办社会等历史包袱沉重、矿竭城衰问题突出、下岗职工多、就业和社会保障压力大等问题，使东北地区经济在市场经济蓬勃发展的大势中一度相形见绌。2003 年 10 月以来，贯彻中共中央、国务院振兴老工业基地的战略决策，在国家有针对性的政策扶持下，东北振兴迈出了扎实的步伐；今后辽、吉、黑三省和内蒙古东部三市两盟（呼伦贝尔市、通辽市、赤峰市、兴安盟、锡林郭勒盟）作为一个统一的大经济区，将沿着如下路径，实现全面振兴的宏伟目标，使东北和蒙东成为我国重要经济增长区域，成为具有国际竞争力的装备制造业基地、新型原材料基地和能源基地、重要的技术研发与创新基地、重要商品粮和农牧业生产基地和国家生态安全的可靠屏障。

1. 将工业结构优化升级和国有企业改革改组改造相结合；改善国企股本结构，实现投资主体和产权多元化，构建有效的公司法人治理结构；营造非公有制经济发展的良好环境，鼓励外资和民营资本以并购、参股等形式参与国企改制和不良资产处置，大力发展混合所有制经济；围绕重型机械、冶金、发电、石化、煤化工大型成套设备和输变电、船舶、轨道交通等建设先进制造业基地，加快高技术产业的发展，优化发展能源工业，提升基础原材料行业。

2. 合理配置水、土资源，保护、利用好珍贵的黑土地资源，推进农业规模化、标准化、机械化和产业化经营，提升东北粮食综合生产能力和国家商品粮基地的地位；发展精品畜牧业、养殖业和农畜禽副产品的深加工，延长产业链，提高附加值。

3. 积极发展现代物流、金融服务、信息服务和商务服务等生产性服务业，规范提升传统服务业，充分利用冰雪、森林、草原等自然景观，开发特色旅游产品，壮大旅游业。

4. 从优化东北、蒙东区域开发总格局出发，东部、西部和西北部长白山与大、小兴安岭地区，宜坚持生态优先，在维护生态环境的前提下科学开发；优化开发和重点开发的地区摆在松辽平原、松嫩平原和辽宁沿海地区，具体地说，以哈（尔滨）大（连）经济带和东起丹东大东港、西迄锦州湾的沿海经济带为一级轴线，同时培养若干二级轴线，形成"三纵五横"①，以线串点、以点带面，统筹区域城乡协调发展；积极扶植资源枯竭城市培育接续替代产业，实现可持续发展。

中部六省在区位、资源、产业和人才方面均具相当优势。晋豫皖三省是国家的煤炭基地，特别是山西省煤炭产量与调出量居各省之冠，其余5省都属农业大省，粮食占全国总产量近30%，油料、棉花产量占全国近40%，是重要的粮棉油基地；矿产资源丰富，是国家原材料、水、能源的重要生产与输出基地；地处全国水陆运输网的中枢，具有承东启西、连南接北、吸引四面、辐射八方的区域优势；人口多、人口密度高、经济总量达到相当规模，但人均水平低，6省城镇居民和农民的人均收入都低于全国平均值。中部6省地处腹心地带，国脉汇集的战略地位，大力促进中部地区崛起，努力把中部地区建设成为全国重要的粮食生产基地、能源原材料基地、现代装备制造及高新技术产业基地和连接东西、纵贯南北的综合交通运输枢纽，有利于提高国家粮食和能源的保障能力，缓解资源约束；有利于扩大内需，保持经济持续增长，事关国家发展的全局和全面建设小康社会的大局。

作为工业有相当基础、结构调整任务繁重的农业大省、资源大省、人口大省，要发展为农业强省、工业强省、经济强省，实现科学发展、和谐发展，需做到下述一系列"两个兼顾"：①坚持立足现有基础，注重增量和提升存量相结合，特别要重视依靠科技与体制、机制创新激活存量资产；用好国家给予中部地区26个地级以上城市比照执行东北老工业基地的政策，抓紧企业的技术改造与升级。②加快产业结构调整。既坚持产业升级、提高增长质量，又充分考虑新增就业岗位，推动高技术、重化工、装备制造业、农产品加工和其他劳动密集型产业、各类服务业和文化创意产业的"广谱式"发展；作为农业大省，要特别重视以食品工业为核心的农产品加工业，充分发挥龙头企业引领农业走向市场化、现代化的功效，使工业化、城镇化、农业现代化和社会主义新农村建设有机结合。③在空间布局上，将发展省会都市圈培育增长高地、重点突破和普遍提升县域经济相结合，用好243个县（市、区）比照执行西部大开发相关政策，扶植贫困县经济社会发展。④在企业结构上，既重视培育大型企业集

---

① "三纵"指哈大经济带、东部通道沿线和齐齐哈尔至赤峰沿线，"五横"指沿海经济带、绥芬河到满洲里沿线、珲春到阿尔山沿线，丹东到霍林河沿线和锦州到锡林浩特沿线。

团，包括跨省（区）、跨国（境）经营的大企业集团，更要支持中、小企业广泛发展，形成群众性的良好创业氛围。⑤在资金筹措上，既充分利用本地社会资本，又重视从省（市）外、境外、国外引资；充分发挥地缘优势，承接珠三角、长三角加工贸易的转移，发展相关配套产业。

"十五"期间，实施西部大开发战略，西部地区生产总值平均增长10.6%，"十一五"开局之年，增长13.1%，2006年西部地区生产总值达到3.88万亿元。在新的起点上，今后将继续加强基础设施建设，完善综合交通运输网络，加强重点水利设施和农村中小型水利设施建设，推进信息基础设施建设，抓好生态建设和环境保护，着力于资源优势向产业优势、经济优势的转化，培育包括煤炭、电力、石油和天然气开采与加工、煤化工、可再生能源（风能、太阳能、生物质能等）、有色金属、稀土与钢铁的开采和加工，钾、磷开采和钾肥、磷肥和磷化工，以及一系列特色农、畜、果产品加工的特色优势产业；进一步振兴和提升西部大中城市的装备制造业（如成渝、德阳、西安的电力装备，柳州、天水、宝鸡、包头的重型工程机械装备等）和高技术产业。充分利用西部的自然景观、多彩的民族风情、深厚的文化积淀，大力发展旅游业，培育旅游品牌。在开发的空间布局上，重点转化成渝经济区、关中天水经济区、环北部湾经济区和各省会（自治区首府）城市、地区中小城市及其周边、重要资源富集区与大型水能开发区、重点口岸城镇；及时推广重庆成都综合配套改革试验区统筹城乡发展的经验，普遍提升县域经济和少数民族地区经济，为社会主义新农村建设，提供就近的支撑；推进基本口粮田建设和商品粮基地建设，提高粮食综合生产能力，利用西部特有的自然条件，在棉花、糖料、茶叶、烟草、花卉、果蔬、天然橡胶、林纸和各种畜禽领域，壮大重点区域，培育特色品牌，延伸产业链，提高附加值，通过市场化、产业化、规模化、集约化推进西部传统农业向现代农业的转化。东西联动、产业转移是推进西部大开发的战略性途径；据不完全统计，2001年以来东部到西部地区投资经营的企业达20万家，投资总额达15000亿元。西南、西北还将分别利用中国—东盟自由贸易区建设，和上海合作组织的架构，进一步扩大对外开放，吸引东中部的优强企业，共同建设边境口岸城镇，推进西部传统农业向现代农业的转化。东西联动、产业转移是推进西部大开发的战略性途径；据不完全统计，2001年以来东部到西部地区投资经营的企业达 20 万家，投资总额达 15000 亿元。西南、西北还将分别利用中国—东盟自由贸易区建设和上海合作组织的架构，进一步扩大对外开放，吸引东中部的优强企业，共同建设边境口岸城镇，推进与毗邻国家的商贸往来和经济技术合作。

上述是我——一个从事区域研究工作 50 多年的学者对区域经济和中国空间布局的点滴思考，借中国区域和城市发展丛书出版之际再做一次阐述，希望和区域经济理论界的同仁、区域经济学专业的同学们共同讨论。

丛书中《中国空间结构调整新思路》、《区域经济不平衡发展论》、《京津冀区域合作论》、《中国十大城市群》、《中国城市化与城市发展》等，是肖金成等中青年区域经济学者近几年的研究成果。其鲜明的特点是聚焦中国区域发展的现实，揭示、剖析现实存在的突出问题，进而提出促进区域协调发展的政策建议。如《中国空间结构调整新思路》一书，是 2003 年度国家发展和改革委员会委托的"十一五"规划前期研究课题的成果。研究成果以新的科学发展观为基本指导思想，分析了我国经济空间结构存在的三大特征、五大问题，阐述了协调空间开发秩序的六大原则、八个对策和"十一五"期间调整空间结构的八大任务。提出了建立"开字型"空间布局框架、确定"7＋1"经济区、中国重要发展潜力地区和问题地区等设想。并根据"人口分布和 GDP 分布应基本一致"的原则，提出了引导西部欠发达地区的人口向东中部发达地区和城市流动的观点。成果中的一些建议得到了区域理论界的广泛认同，有的已为"十一五"规划所吸纳。

丛书的作者刘福垣、程必定、董锁成、高国力、李娟等都是区域经济学界很有造诣、在国内很有影响的专家学者。他们的加盟使丛书的内容更加丰富和厚重。

本丛书主编肖金成是我指导的博士研究生，他大学毕业后先后在财政部、中国人民建设银行和国家原材料投资公司工作。为了研究学问，探索中国经济社会发展的诸多问题，他于 1994 年放弃了炙手可热的工作岗位，潜心研究区域经济，尤其是对西部大开发倾注了大量心血与汗水，提出了许多思路和政策建议，合作出版了《西部开发论》、《中外西部开发史鉴》等书籍。后来又主持了若干个重大研究课题，如《协调我国空间开发秩序与调整空间结构研究》、《北京市产业布局研究》、《天津市滨海新区发展战略研究》、《京津冀产业联系与经济合作研究》、《工业化城市化过程中土地管理制度研究》等。特别是天津滨海新区发展战略研究课题为其纳入国家战略从理论上作出了充分铺垫，我参加了该课题的评审，课题成果获得了专家委员会的高度评价，课题报告出版后在社会上形成广泛影响。故此，我愿意将这套丛书郑重地推荐给各地方政府的领导、大专院校的师生及从事区域经济理论研究的学者们，与大家共享。

2008 年 1 月 30 日

（陈栋生：中国社会科学院荣誉学部委员，
中国区域经济学会常务副会长）

中原城市群研究课题组成员名单

顾　问
张大卫　　张维宁　　裴志扬

组　长
刘福垣

副组长
周海春　　肖金成　　王青云

成　员（按姓氏笔画为序）
段建新　李振京　曾红颖　张志强
冯　冰　唐　勇　白　玫　刘　通
贾若祥　欧阳慧　王　旭

前　　言

　　20 世纪中期以后，交通运输和信息技术的迅猛发展极大地改变了传统的产业布局模式。随着计算机技术的日趋成熟及其日新月异的发展，空间距离对于市场、交易和消费等经济过程的影响显著降低，产业布局的空间尺度冲破了单个城市的约束，开始走向各种形态的城市群体。大都市区、城市群以及城市连绵带等成为空间上主导全球经济发展的基本力量。国家之间、区域之间的竞争也越来越显著地呈现出城市群体参与的方式。20 世纪 90 年代以后，日趋明显的经济全球化进程进一步压缩了国家和区域的空间尺度，发展城市群已成为应对经济全球化的重要举措在世界各国蓬勃兴起。

　　随着对外开放的步伐不断加快，我国对外依赖度越来越高，而对内开放的程度远远落后于对外开放的程度。由于地方政府企业化倾向和诸侯意识日益强化，行政区划和经济区划的矛盾越来越尖锐。临近地区间的产业同构、重复建设日益严重，力争提高单个城市竞争力的努力在一定程度上变成了区域同构、市场分割的动力，极大地增加了区域经济发展的成本。面对这种自相残杀、两败俱伤的局面，在城市间竞争最激烈的长三角、珠三角和环渤海地区，都在以不同的方式加快经济一体化步伐，以获取在更大范围内配置资源，提高区域整体竞争力的效益，出现了打破省际、城际行政界限，谋求经济上融合共进的新局面。发展城市群，实现区内经济一体化已成为全面建设小康社会新阶段推动区域经济发展的新战略。值此之际，中央在实施沿海开放、西部开发、东北振兴三大区域发展战略之后，"中部①崛起"战略逐渐浮出水面。中部如何崛起？在实施三大区域发

---

　　① 指山西省、河南省、湖北省、湖南省、安徽省、江西省，土地面积 102.7 万平方公里，2003 年人口 3.63 亿人，地区生产总值 26348.46 亿元。

战略之后，能否继续依靠区域发展优惠政策来实现中部崛起？中原城市群就是在这一大背景下应运而生。

国家发展改革委宏观经济研究院正在研究中部崛起战略之际，河南省发展和改革委员会提出了委托我院编制中原城市群发展规划的意向，为此，我院组织了专门的项目组。项目组与河南省发展和改革委员会共同就中原城市群未来15年（2006～2020年）的发展展开研究。

项目自2004年8月正式启动，在河南省政府各部门、中原城市群各市政府的大力配合下，项目组对中原城市群各大城市进行了实地调研，走访了许多有代表性的企业，并收集了山东、湖北、广东、长江三角洲地区的有关资料，便于对比研究。

我们的视野始终着眼于中部崛起，把中原城市群放在中部地区乃至全国确定其定位、功能和发展方向。我们的研究使我们坚信，中部崛起离不开河南省的崛起，河南省的崛起必须依靠中原城市群整体崛起。否则，河南省在中部崛起的博弈中很可能被甩在后边。

我们注意到，城市群规划不同于城市规划或行政区发展规划。我们的侧重点不是城市群的产业如何发展、社会如何发展，而是把城市群作为一个"群"，研究各城市如何相互协调、相互配合，如何促进群内一体化，实现整体大于部分之和的效果。

在市场经济制度下，经济主体具有推动经济发展的内在动力，政府的职能是营造公平竞争的市场环境，把经济发展的内在动力充分地激发出来。因此，我们在研究中没有像通常的规划那样提出一些量化的经济增长指标，如经济增长率、三次产业比重等等，而是侧重于政策调整，经济结构调整。结构决定功能，只要结构合理，数量增长就是自然而然的事情。

我们还注意到，区域一体化在我国已提了多年，但至今并未取得突破性进展，一个重要原因是政府改革不到位，有些政策甚至是逆调节。中原城市群要想在中部崛起的大潮中脱颖而出，必须打破常规，超常规地按规律办事，每一步都踏到关节点上。为此，我们在研究报告中提出了一些超越现行体制的对策措施。这些措施要付诸实施需要克服很多困难，但又是真正实现区域整合难以跨越的。

感谢河南省各级政府、河南省发展和改革委员会、河南省有关企业及其他有关单位、人员为本项目提供的大量配合工作；感谢河南省发展和改

前　言

革委员会城市发展处为本项目提供的直接支持并执笔了本书部分章节；感谢中国社会科学院李成勋研究员对本书提出了许多中肯意见。本项目取得的任何成果都与他们分不开，存在的任何问题则应由项目组承担。

编著者

2007 年 10 月 1 日

目　　录

目　录

第一章 中原城市群的历史使命

中原城市群诞生于世界城市群蓬勃发展、国内区域一体化方兴未艾、中部崛起战略逐渐浮出水面之际，实施一体化发展战略，促进中部崛起就成为中原城市群义不容辞的历史使命。

第一节 中原城市群发展的基本态势

经过改革开放以来二十多年的发展，在中原大地逐渐形成了以郑州为中心，在 2 小时经济圈内分布有洛阳、开封、新乡、焦作、许昌、平顶山、漯河、济源、安阳、鹤壁、濮阳、商丘、周口、驻马店，还有山西的晋城、长治和山东菏泽共 18 个省辖（管）市的城市密集区。从空间关系和中部崛起的实际需要来看，中原城市群应当包括这 18 个城市。从近期来看，最有条件率先整合的是河南省以郑州市为中心，1 个半小时经济圈内的洛阳、开封、新乡、焦作、许昌、平顶山、漯河、济源共 9 个省辖（管）市。这 9 个市由于其独特的地理位置和行政隶属关系而成为中原城市群的核心区。除特别说明外，我们的规划研究主要是围绕这一核心区展开。

中原城市群核心区现辖 14 个县级市、33 个县、340 个建制镇。该区域位于北纬 33°08′～36°02′、东经 111°08′～115°15′之间，地跨黄河、淮河、海河、长江四大流域，占河南省各流域的比重分别为 65.1%、32.1%、52.5% 和 2.5%。土地面积 5.87 万平方公里，占河南省的 35.1%。城市群区域内地貌类型多样，属于我国由西部高原和山地向平原过渡地区，北部为太行山，西部为伏牛山，东部为黄河冲积平原；其中山地面积占 41.6%，丘陵面积占 16.5%，平原面积占 41.9%。气候类型属于暖温带，年均降雨量 700～900 毫米，年平均气温 13～15℃，年平均无霜期 183～236 天，气候适宜，四季分明，利于多种农作物生长。2004 年年底，区域总人口 3985 万人，占河南省的 41%。

从全国城市体系的空间布局和区域经济发展的宏观角度看，在中西部地区，中原城市群是北京、武汉、济南、西安之间，半径 500 公里区域内城市群体规模最大、人口最密集、经济实力较强、交通区位优势突出的城市群。中原城市群与东部沿海地区长三角、珠三角、京津冀三大城市群及其他城市群发展相互呼应并起着重要的支撑作用，是中部地区承接发达国家及我国东部地区产业转移、西部资源输出的枢纽和核心区域之一，并将成为参与国内外竞争、促进中部崛起、辐射带动中西部地区发展的重要增长极。

一、发展状况

（一）经济总量

2004 年，中原城市群创造地区生产总值 4932 亿元，占河南省的 55.9%，占中部六省的 15.4%，占全国的 3%；2000 年这三个比例分别为 52.7%、13.6% 和 2.8%。2004 年地方财政一般预算收入达到 275 亿元，占河南省的比重分别为 56% 和 64.4%。全社会固定资产投资 1836 亿元，社会消费品零售总额 1609 亿元，外贸进出口总额 49.9 亿美元，占河南省的比重分别为 59.2%、57.3% 和 75.5%。年末金融机构存款余额 5586 亿元，占河南省的 65.1%。人均生产总值 12921 元，人均财政收入 690 元，分别比河南省平均水平高 3451 元和 251 元。城镇居民人均可支配收入 8122 元，农民人均纯收入 2925 元，分别比河南省平均水平高 417 元和 372 元。

2004 年中原城市群人均创造地区生产总值 12638 元（当年价格），比 2003 年提高 15.4%，是河南省全省平均水平 9470 元的 1.33 倍、中部地区 9100 元的 1.39 倍，全国 10561 元的 1.2 倍。也就是说，目前中原城市群人均创造生产总值明显高于河南省和中部地区平均水平，在中部地区已呈隆起之势。

（二）经济增长

1999～2004 年，中原城市群地区生产总值年均递增 11.8%，比河南省平均水平 10.5% 高 1.3 个百分点，比中部地区 10.1% 高 1.7 个百分点，比全国平均水平 8.3% 高 2.6 个百分点。各产业增长也存在类似情况（见表 1－1）。

表 1－1　　　　　1999～2004 年中原城市群年均经济增长　　　　　单位：%

地区	生产总值	第一产业	第二产业	工业	建筑业	第三产业	人均 GDP
中原城市群	11.8	4.8	14.0	13.9	15.1	11.3	11
河南省	10.5	4.8	13.2	13.4	12.6	10.0	10.0
全国	8.9	8.6	3.4	10.3	10.6	8.3	7.8

资料来源：1999～2005 年《河南省统计年鉴》、《中国统计年鉴》整理。

（三）投资效益

1999～2004 年，中原城市群全社会固定资产投资累计 5504 亿元，累计新增地区生产总值 2484 亿元，投资效果系数（单位固定资产投资创造的地区生产总值）0.451，高出河南省平均水平 0.41 的 10%，是全国平均水平 0.224 的 2 倍。

二、产业状况

（一）产业发展阶段

2004 年，中原城市群三次产业比重为 11.9：55.5：32.6，大致相当于山东省三次产业结构水平，与山东省三次产业结构相似系数达到 0.998。第一产业比重低于河南省 6.8 个百分点，低于中部地区 5.9 个百分点，高于广东 4.1 个百分点（见表 1－2）。由此判断，中原城市群仍处于非农化、农业比重不断降低的阶段。

表 1 – 2　　　　　中原城市群三次产业结构与其他地区的比较　　　单位：%

地区	第一产业	第二产业	第三产业
中原城市群	11. 90	55. 50	32. 60
河南省	18. 7	51. 2	30. 1
中部	17. 8	47. 7	34. 5
全国	15. 2	52. 9	31. 9
山东	11. 5	56. 3	32. 2
广东	7. 8	55. 4	36. 8

资料来源：2005 年《河南省统计年鉴》、《中国统计年鉴》整理。

从非农产业比重来看，中原城市群第二产业比重比河南省高 4.3 个百分点，比中部地区高 7.8 个百分点，与广东大致相当，但第三产业比广东低 4.2 个百分点。这是否意味着中原城市群已进入加速发展第三产业的阶段？答案是否定的。因为中原城市群人均 GDP 只有广东省的 58%，而且采掘业在中原城市群中比重偏高，如果扣除采掘业，中原城市群第二产业比重实际要低得多。由此判断，中原城市群仍处于加快发展第二产业，通过工业化实现非农化的阶段。

（二）产业优势

中原城市群 2004 年三次产业增加值分别为 589.6 亿元、2735.1 亿元和 1607.1 亿元，占中部地区相应产业的比重分别为 10.3%、17.9% 和 14.5%。中原城市群三次产业在中部地区的区位商分别是 0.67、1.16、0.95，显示中原城市群第二产业在中部地区略显优势。

区位商方法分析的是静态优势，偏离—份额分析法[①]则从动态角度揭示一个地区产业结构及其各产业在其上级区域的竞争优势状况。我们根据这一方法计算了中原城市群三次产业结构及三次产业在中部地区的优势状况。结果显示，中原城市群在中部地区具有结构优势，1999 ~ 2003 年，

① 由美国经济学家丹尼尔·B·克雷沫尔于 1942 年提出，后由 E.S. 邓恩和埃德加·胡佛在应用中做了进一步发展。这一方法认为，如果两个区域产业结构相同，各产业增长率也相同，其经济增长率就相等。因此，区域经济增长差距来自两个方面：一是产业结构的差异。各产业增长率相同，增长较快的产业比重（份额）大的区域经济增长自然要快；二是产业竞争力的差异。产业结构相同，但两区域同一产业增长率不同（偏离）自然也会造成总体经济增长率的差异。

中原城市群新增地区生产总值 4 年累计 1249.8 万亿元（2000 年价格），其中，因产业结构较之中部其他地区有优势而增加地区生产总值 4 年累计 188.1 万亿元，贡献度为 15%。分产业看，第一产业在中部地区没有优势，因竞争力不足累计损失 132 亿元，第二产业在中部地区具有竞争优势，创造地区生产总值 134 亿元，第三产业竞争力不足，4 年累计损失 3 亿元。

（三）工业主要行业

2004 年，中原城市群增加值排名的十大行业是电力蒸汽热水生产供应业、煤炭采选业、非金属矿物制品业、专用设备制造业、食品加工业、有色金属冶炼及压延加工业、石油加工及炼焦业、化学原料及制品制造业、烟草加工业、电气机械及器材制造业。产业集中度为 67.9（十大行业增加值占工业增加值的百分比）。区位商分析，这十大行业在全国有优势的有七大行业，依次是非金属矿物制品业、煤炭采选业、有色金属冶炼及压延加工业、专用设备制造业、石油加工及炼焦业、电力蒸汽热水生产供应业、食品加工业。其中非金属矿物制品业区位商高达 21，其他六大行业在全国的区位商在 3.4～1.5 之间。

三、城市化水平

（一）城镇密度

中原城市群核心区的 9 个省辖（管）市下辖 14 个县级市，34 个县，843 个乡镇，其中建制镇 384 个。土地面积 5.87 万平方公里，占河南省土地面积的 35.1%，城市密度 3.58 座/万平方公里（含县级市），相当于河南全省城市密度 2.27 座/万平方公里的 1.57 倍，相当于珠江三角洲地区城市密度 5.52 座/万平方公里的 65%。如果加上建制镇，城镇密度 70.19 座/万平方公里，珠江三角洲是 98 座/万平方公里，前者是后者的 72%。比较城市密度和城镇密度相对于珠江三角洲的水平可以发现，河南省建制镇发展水平高于城市化水平。

（二）人口及城市化

2004 年中原城市群人口 3910 万，占中部地区总人口的 10.7%，人口密度665人/平方公里，相当于珠三角998人/平方公里的66.6%。人口城市化水平只有36.7%，古城开封人口城市化率还不到30%，郑州达到了57.9%。与此相对照，珠江三角洲的人口城市化率2003年已经达到73%，长三角达到51%，关中达到40%，武汉城市群达到37.7%，长株潭达到37%。可见，中原城市群城市化水平相对滞后。

四、几点结论

第一，中原城市群经济发展已具有一定基础，总体上高于中部平均水平，属于中部地区经济隆起区。

第二，中原城市群仍处于工业化为主要发展动力的阶段，产业结构相对于中部平均水平具有优势，主要是第二产业发展较快，特别是非金属矿物制品业、煤炭采选业、有色金属冶炼及压延加工业、专用设备制造业、石油加工及炼焦业、电力蒸汽热水生产供应业、食品加工七大行业在中部地区显示出优势。在加快发展第二产业的同时，第三产业竞争力偏弱的问题要引起重视。

第三，中原城市群城市化水平偏低，与珠江三角洲比较，城市数量偏少，人口城市化率偏低。这一问题后文将有专门讨论。

第二节　中原城市群的历史使命

中原城市群作为中部地区经济隆起带，当仁不让地肩负着拉动中部崛起进而促进国民经济结构升级，实现国家发展的历史使命。

一、中部能否崛起决定中国的命运

2004年中国GDP总量居世界第六，贸易量排名世界第三位，但是大不等于强，国家的强盛、国家的现代化水平取决于内部的经济与社会结构。我国经济社会的主要矛盾是工农两种生产方式和城乡二元社会结构的矛盾。这个矛盾的转化是我国经济社会各种结构性矛盾战略性调整的关键环节。而这个矛盾的转化的关节点就在国家的中部地区，就在中部地区的城市群。我国东、中、西三大板块的发展处于三个不同的历史阶段，东部已经达到初步繁荣，西部刚刚处于开发阶段，人和自然的矛盾还十分尖锐，而中部地区①正处于经济腾飞、社会结构剧烈变化阶段，是区域结构战略性调整的主要载体。中部需要崛起，不是因为其发展速度落后于西部、发展水平落后于东部、仅仅为了扭转塌陷之势，而是为了解决国民经济与社会发展主要矛盾，为了借助其承东启西的战略位势，带动整个国民经济全面、协调、可持续发展。中部的崛起实际上就是整个中国的崛起。中部代表中国的平均发展水平，中部的发展度就是中国的发展度，中部崛起的程度就是中国强盛的程度。东部的繁荣主要靠外资、外销，2004年我国的对外依存度已接近70%，比2003年提高了10个百分点，内产内销下降了13.75%，绝对额萎缩了8700多亿元。如果再不启动中部崛起战略，中国就有可能永远丧失大国的战略地位，国家的经济安全将不复存在，所谓和平崛起也将成为泡影。

由于中部地区在全国区域经济中的战略地位，中央政府只要把中部崛起当作国家战略，集中精力抓住中部地区经济的发展，就抓住了国民经济发展的大局。中部整体呈"○"形，兼具聚集效应和扩散效应。从区位条件看中部位于我国内陆腹地，处于十字形构架的核心地带。中部整体上形成了以"三纵三横"干线为骨架的交通网，是全国交通运输体系的枢纽。"三纵"由北京—广州铁路、北京—九龙铁路、北京—珠海高速公路构成，是中部南北向联系的重要运输通道；"三横"由连云港—兰州铁路、沪蓉高速、连霍高速构成，是中部地区东西向联系的重要运输通道。这些交通干线运输能力巨大，为沿线地区的经济发展提供了强有力的保障，在沟通南北、联系东西中发挥了重要作用。

从产业转移规律看，中部比西部有更大的优势和条件，经过20多年的改革开放和政策倾斜，东部沿海经济率先发展起来了，但随着经济的发展，也开始出现新的问题，如土地、水和其他资源越来越稀缺，煤、电、油等能源越来越紧张，劳动力成本越来越高（近一段时间开始出现的前所未有的"民工荒"就是明证），总之东部的商务成本越来越高。因此，一些占地多、耗水多、能耗高、用工多的高成本低附加值的产业和企业在东部越来越难以生存。它们唯一的出路就是向外转移。由于中部紧靠东

_____

① 从空间关系和经济发展相似性划分，中部地区应当包括山西、安徽、江西、河南、湖北、湖南和成渝地区。因这一问题超出了本报告主题，这里存而不论。

部，显然是中部而非西部应成为其向外转移的首选地。

同时，西部大开发需要中部的传递，从历史渊源和发展水平等方面来看，西部不是与东部而是与中部更容易形成配套关系。从全国整体发展的角度考察，中部就是中国的"腰"，只有腰板挺直了，才能立得正、走得稳，中国经济才能协调健康发展。

中部不仅区位处于我国承东启西，连南贯北的枢纽位置，其经济地位也十分重要，2003 年中部以占全国 17.8% 的投资，创造了 25.2% 的国内生产总值，它的进出口比重不足全国的 3%，而社会消费零售总额占全国的 20%，与东部明显的区别在于中部经济是以内产内销为主，而内产内销比重的扩大，正是未来十年中国经济结构调整的主要任务。我国降低对外依赖度，提高大国地位，实现和平崛起战略，主要靠中部地区撑起内产内销比重占 GDP80% 的半边天。因此，"十一五"时期中部地区必须承担GDP 翻一番，"十二五"时期再翻一番的历史使命。近年来中部的发展水平虽然落后于东部，但其经济发展总体是稳健的。更加难得的是中部的人才储备非常丰富，中部人口占全国的 28%，人口中受过高等教育的人数占全国的 31%，高等学校在校学生比重是全国的 24.6%。这一切说明中部具有经济崛起的潜力。只要国家战略重点明确，真正抓住经济结构战略性调整的突破口，中部地区一定会迅速崛起，完成从根本上转变国民经济主要矛盾的地位，基本上实现现代化的历史使命。

总而言之，以举国之力推动中部崛起就是经济结构的战略性调整，经济结构战略性调整的战略性就体现在中部崛起之上。

二、中原城市群与中部崛起

由于资源和社会经济结构的差异，经济增长不可能平均地出现在每个地区，国内外城市发展及城市群崛起的经验也证明了这一点。经济增长需要成长中心发挥龙头带动作用。以中部目前发展状况看，武汉和郑州已经错过历史机遇 15 年之久，短时间都不可能形成像上海、广州、北京那样在本地区有强大集聚效应和扩散效应的单一经济增长中心，因此必须发挥城市联合体的作用，以城市群作为竞争单元参与竞争是必然选择。

当前中部地区有五省都提出了自己的城市群或类群发展战略，基本情况如表 1-3 所示。从表中可以看到，这五个城市联合体发展水平存在较大差异，从中部崛起的客观要求和现实可能来看，这五个地方都将有较快的发展，但崛起的速度以及对整个中部崛起的作用不可能是相同的，中原城市群是最有条件成为崛起最快，作用最大的地区，历史将选择它作为中部崛起的增长极。我们预测在"十一五"时期，中原城市群当仁不让的是中部崛起的领头羊。如果 15 年的时间我国不能完成中部崛起的战略目标，全面小康就不可能真正实现。

表 1－3　　　　　　　2003 年中部地区城市群的基本情况

基本模式		占所在省份相应指标的比重（%）					
		土地	人口	GDP	财政收入	工业总产值	固定资产投资
武汉城市圈	1＋8：武汉、黄石、鄂州、孝感、黄冈、咸宁、仙桃、潜江、天门	33	50.4	55.6	51.15	60.56	57.2
合肥城市群	1＋4：合肥、芜湖、马鞍山、铜陵、安庆	20.6	23.3	32.4	16.5	53.4	30.5
"昌九"工业带	南昌、九江、景德镇三合一	18.8	24.7	37.8	50.5	19.8	16.6
长株潭城市圈	长沙、湘潭、株洲三合一	13.2	18.8	32.4	24.1	—	—
中原城市群	1＋8：郑州、洛阳、开封、新乡、焦作、许昌、漯河、平顶山、济源	35.1	40.4	55.2	55	60	59.2

资料来源：根据中部区域创新发展战略研究报告整理。

（一）中原城市群具有崛起的空间基础

中原城市群地处我国人口密集区的腹心地带，周边 500 公里内无特大型都市区，特别是中原城市群恰好处于北京和武汉两座特大型城市引力场的断裂带①，两座特大型城市对中原城市群周边地区的引力处于平衡状态，类似于引力真空地带，这就为中原城市群的发育奠定了良好的空间条件。

---

① 北京与武汉引力场断裂点 $= \dfrac{\text{两地距离}}{1+\sqrt{\text{武汉人口／北京人口}}} = \dfrac{1253}{1+\sqrt{500/800}} = 700（公里）$

（二）中原城市群是中部经济总量最大的城市密集区

中部6省①分布有三个城市密集区，分别是以郑州为中心的中原城市密集区，以武汉为中心的城市密集区和长、株、潭三角城市密集区。其中，长、株、潭2003年地区生产总值1580亿元，比武汉一个市的经济总量还要小，下面不再作为我们的讨论对象。武汉城市群2004年经济总量3806亿元，占中部地区经济总量的11.9%，中原城市群4932亿元，占中部地区15.4%。尽管从核心城市来看，郑州无法与武汉相比，但从"群"的角度来看，中原城市群是中部地区经济总量最大的城市密集区（见表1-4）。这意味着作为一个"群"，中原城市群在中部地区质量最大，其引力和扩散能力最强。

表1-4　　中原城市群与武汉城市群2004年经济总量比较　　单位：亿元，%

	指标	GDP	第一产业	第二产业	第三产业
	中部6省（亿元）	32088	5721	15300	11067
中原城市群	河南省（亿元）	8815.09	1647.48	4515.35	2652.26
	中原城市群（亿元）	4931.8	589.6	2735.1	1607.1
	占河南省（%）	55.9	35.8	60.6	60.6
	占中部地区（%）	15.4	10.3	17.9	14.5
武汉城市群	湖北省（亿元）	6309.2	1020.9	2994.67	2295.16
	武汉城市群（亿元）	3806	455	1717	1557
	占湖北省（%）	60.3	44.6	57.3	67.8
	占中部地区（%）	11.9	7.9	11.2	14.1

资料来源：《河南省统计年鉴（2005）》、《湖北省统计年鉴（2005）》、《中国统计年鉴（2005）》。

（三）中原城市群具备群体整合的基础

1. 中原城市群各城市发展水平接近

中原城市群的重要特征之一是群内各城市发展水平接近，城际差异小区域差异指数是专门用于定量描述区域内部发展差异的指标。表1-5显示，无论是区内生产总值还是三次产业增加值，中原城市群内部差距都是

---

① 指山西省、河南省、湖北省、湖南省、安徽省、江西省。

最小的。表中列出了中原城市群、河南全省、武汉城市群、湖北全省以及山东全省内部差异指数便于比较。中原城市群各城市市内生产总值差异指数0.421，武汉城市群这一指数接近0.6（0.598），说明武汉城市群内部各城市间发展差距远大于中原城市群。第二产业、工业和第三产业也是类似情况。只有第一产业中原城市群内部发展较不平衡，差异指数0.332，在表中几个地区中指标值最大。

表1-5　　　　　　　三省内部差异指数①比较表　　　　单位：无量纲

区域	GDP	第一产业	第二产业	工业	第三产业
中原城市群	0.421	0.332	0.469	0.471	0.629
河南省	0.426	0.232	0.531	0.549	0.670
武汉城市群	0.598	0.196	0.585		0.818
湖北省	0.545	0.220	0.556		0.791
山东省	0.563	0.273	0.696	0.721	0.624

资料来源：各省2003年统计年鉴。

内部发展差距小意味着各城市之间特殊利益较少，易于平衡，从而为联合发展奠定基础。

2. 中原城市群有发展城市群的内在要求

中原城市群内部城市密集，各城市空间分布距离较近，相互制约，相互之间最近距离绝大多数不超过70公里（见表1-6倒数第二行），有两座城市（郑州和许昌）周边百公里内分布有3座规模类似的城市，新乡、焦作和济源周边百公里内有两座，其他城市周边70公里内至少有1座与自己相邻（表1-6倒数第一行）。

城市之间距离过近导致每个城市都缺乏发育成特大型城市所必需的广阔腹地，加之群内各城市实力相当，城市之间要素相互吸引，相互牵制，必然造成功能发育不全，群内城市难以单独发展成为功能齐全的全国性综合性中心城市。反过来，这也为联合起来以城市群的方式共谋发展奠定了基础。

---

① 区域差异指数 $d = \dfrac{\sqrt{\sum\limits_{i=1}^{n}(y_1-\bar{y})^2 \times p_i / \sum\limits_{i=1}^{n} p_i}}{\bar{y}}$，$i$ 表示 i 区域，y 在这里表示 GDP 或各产业人均增加值，p_i 表示 i 区域人口。

表1-6　　　　　　　　　　中原城市群城际公路距离　　　　　　　　　单位：公里

公路距离	郑州	洛阳	开封	新乡	焦作	平顶山	许昌	漯河	济源
郑州	—	125	70	70	120	160	98	160	130
洛阳	125	—	180	175	140	225	210	272	80
开封	70	180	—	120	180	220	150	210	200
新乡	70	175	120	—	60	210	145	205	130
焦作	120	140	180	60	—	270	205	265	70
平顶山	160	225	220	210	270	—	65	125	295
许昌	98	210	150	145	205	65	—	60	290
漯河	160	272	210	205	265	125	60	—	350
济源	130	80	200	130	70	295	290	350	—
平均距离	117	176	166	139	164	196	153	206	193
最短距离	70	80	70	60	60	65	60	60	70
百公里内城市数	3	1	1	2	2	1	3	1	2

　　资料来源：根据中华地图网提供的《河南省交通图》在地理信息系统中配准后量算，"百公里"指公路距离，不是直线距离。

3. 中原城市群具有发展城市群的产业基础

　　中原城市群各城市产业结构各具特色，中原城市群工业专业化水平和城市之间的互补性明显高于其他地区（见图1-1），特别是第二产业具有明显的专业化特征，具备较强的互补性。

　　工业专业化指数[①]最高的平顶山市达到38，最低的郑州市也有21，中原城市群平均为23。与全国典型城市的比较，行业分散特征较明显的金华市专业化指数为13，行业结构相对均衡的宁波市专业化指数为15，以电子通讯专业为特征的深圳市专业化指数为30。由此可见，中原城市群各城市工业专业化水平较高，各城市均有"看家"行业。

　　从工业集中度指标可进一步看出中原城市群各城市的"看家"行业。工业集中度是将工业内部各行业增加值占工业增加值比重从大到小排序后，前若干个（比方说前10个）行业增加值比重之和。2002年，中原城市群工业内部前10个行业集中了工业增加值的67.9%。其中仅电力蒸汽

---

　　① 专业化指数专门用于描述一个地区产业结构是否存在主体产业。主体产业越突出，专业化指数越高。如果一个地区只有1个产业，则专业化指数为100；如果所有产业比重相同，则专业化指数为0。

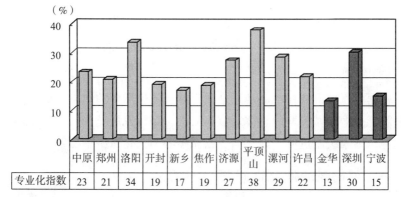

图1-1 中原城市群各城市工业专业化指数与典型城市的比较

资料来源：根据《河南省统计年鉴（2005）》、《浙江省统计年鉴（2005）》、《深圳市统计年鉴（2005）》整理。

热水生产供应业一个行业创造的增加值就占工业全部增加值的15.3%。分市来看，各市行业集中度（前10个行业）都在72.5以上，最高的平顶山市达到92%，中原城市群工业专业化程度由此可略见一斑。

（四）中原城市群发展势头强劲

2000～2003年，我国国内生产总值4年累计增长39.2%，其中东部地区增长53.3%，中部地区增长43.5%。中部地区中，中原城市群增长55%，武汉城市群增长48%。中原城市群经济增长势头不仅明显强于中部地区，而且要强于武汉城市群，甚至直追东部地区（见图1-2），中原城市群正在崛起。

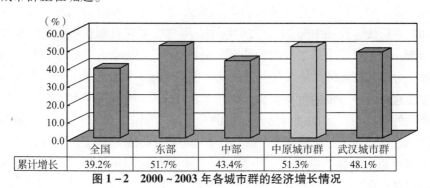

图1-2 2000～2003年各城市群的经济增长情况

资料来源：《中国统计年鉴（2004）》、《河南省统计年鉴（2004）》、《湖北省统计年鉴（2004）》整理。

第三节　中原城市群的功能定位

根据中原城市群在中部乃至全国区域经济格局中的地位和城市与产业发展状况，中原城市群的总体定位为河南省经济发展龙头，中部崛起的重要支柱，国家级制造业基地、商贸物流中心和文化旅游中心。

一、河南经济腾飞的龙头

目前，中原城市群已经是河南省经济发展龙头，经过进一步整合，将进一步强化其龙头地位。加强各大城市之间的配合与协调，使城市群整体上形成形散神不散、结构一体化的区域体系，发挥城市群组合竞争力优势，中原城市群将成为拥有河南经济总量 60% 以上中部经济核心区，巨大的辐射力必将逐步极化越来越大区域，把整个河南省经济与社会的发展推上一个新的台阶，大大缩短与东部发展的差距。中原城市群的龙头地位是不可替代的。

二、中部崛起的重要支柱

中原城市群的区位特征，决定其发展的空间是超越河南，带动中部，辐射全国的。我国中部地区现有城市 147 个，其中超大、特大城市各 1个，大城市 34 个、中等城市 74 个、中小城市 33 个、小城市 4 个。中部城市大多沿长江、京广线集聚分布，形成"十"字形构架。纵向贯通中部的京广线，连接中部 21 个大中城市，形成中部辐射面积最为广泛的城市带；沿着横贯中部东西向的长江，分布了中部 19 个大中城市，是中部城市分布最密集的经济带和创新走廊。交通密集、城市密集、经济密集是中部这两大经济带的重要特征，也是使其成为带动中部整体经济的重点发展轴的必要条件。在目前已经提出的五大城市圈中，武汉"1＋8"城市圈（武汉、黄石、鄂州、孝感、黄冈、咸宁、仙桃、潜江、天门）和河南"中原城市群"的经济实力最强，呈南北对称分布之势，它们对整个中部以至全国经济的发展起着非常重要的作用。

中原城市群的 1＋8，是由一个特大城市 373.4 万城镇人口的郑州，1

个准特大城市 214.3 万城镇人口的洛阳，4 个 125 万以上城镇人口的大城市平顶山（154 万人）、新乡（165.2 万人）、焦作（125.1 万人）、许昌（126.5 万人），一个中等城市城镇人口 69.3 万的漯河，一个小城市城镇人口 20.8 万的济源组成的。在 1 个半小时公路圈内积聚了如此多的大城市和城镇人口，在中部地区是独一无二的。中原城市群作为中部崛起的主要支柱和增长极是当仁不让、无可替代的，它完全有条件成为陇海、京广产业带的重大发动机，在东西产业衔接中发挥桥梁作用。

中原城市群不是一个封闭的体系，是一个有中心无边缘的区域。根据我们的分析，在未来 10～20 年，中原城市群将以郑州都市圈为核心，沿新—漯发展轴向北辐射到鹤壁市、濮阳市、安阳市，向南辐射到驻马店市；沿郑—汴—洛发展轴向东辐射到商丘市；沿新—焦—济经济带向东北辐射到山东菏泽市，向西北辐射到山西的晋城市；沿洛—平—漯经济带向东辐射到周口市。从长远看，中原城市群将辐射到河南省北部和南部大部分地区，并辐射到河北、山东、山西、安徽 4 个与河南省相邻的地区，成为带动中部经济发展的重要力量。

三、先进制造业基地、商贸物流中心、文化旅游中心

国家级能源制造业基地、商贸物流中心和文化旅游中心就是通过群内一体化形成整体竞争实力后在国家乃至世界分工体系中争得一席之地。形成这一功能的核心还是群内一体化。结构决定功能，中原城市群如果能够真正改变结构，调整好各个城市的分工，实现分工基础上的合作，其功能必定能得到整体提升，不仅能在河南发展、中部崛起中发挥不可替代的作用，而且必然能够在国家经济社会发展中赢得自己的地位。根据中原城市群已有基础，在国家分工体系中最可能扮演的角色就是制造业基地、商贸物流中心和文化旅游中心。

（一）先进制造业基地

中原城市群原本就是国家能源、原材料基地，在全国制造业也已具备相对坚实的基础，而且大多是自有知识产权和以国内为市场的产品，是真正的制造业。这与沿海地区贴牌加工，出口海外的制造业加工车间有本质的不同。只要加强合作，注重走新兴工业化道路，对传统制造业进行技术

改造和产品更新，中原城市群制造业必然能够获得新生，成为我国重要的制造业基地。

（二）商贸物流中心

中原城市群作为国家级商贸物流中心源于其卓越的地理位置和四通八达的交通条件。中原城市群地处中国腹心地区，东西、南北交通大动脉在此交汇，承东启西、纵贯南北，具有发展物流业的基础条件，如果能够创造环境并采取适当的政策吸引国际一流物流企业来此发展，中原城市群内物流业必定能够在全国物流格局中获得重要的地位。

（三）文化旅游中心

中原城市群具有深厚的文化底蕴，中国自古就有"逐鹿中原"、"问鼎中原"、"得中原者得天下"之说。作为中华文明的主要发祥地，中原城市群有丰富的文化积淀和人文资源。在这块古老的黄土地上，中华民族的祖先先后创造了裴李岗文化、仰韶文化等史前文化。从公元前21世纪中国第一个王朝夏朝到封建社会的昌盛时期宋朝，在长达3500年的岁月中，曾先后有20多个朝代的200多位帝王建都或迁都于此。中国八大古都中，商都郑州、九朝古都洛阳、七朝古都开封属于中原城市群。名列中国三大石窟之一的洛阳龙门石窟于2000年被列为世界文化遗产。而"中国功夫的故乡"、闻名遐迩的少林寺也位于中原城市群内。这些丰富的文化遗产不可复制、不可移动，是中原城市群得天独厚的资源。

作为曾经的国之重心，"中原"以及在这片土地上形成的中原文化，在经济、社会飞速发展的21世纪仍未放射出其应有的光芒，仍未被世人所熟知，这不仅是中原城市群和河南省的遗憾，更是中华文化的遗憾、中华民族的遗憾！在发展中原城市群过程中，深入挖掘这一资源，实行统一规划，共同开发，中原城市群蕴含的古老的中原文化必将发扬光大，形成文化旅游中心，成为拉动中原城市群发展的不可忽视的强大力量。

第二章　中原城市群存在的问题

天时地利是客观条件，中原城市群要肩负起上述历史使命，关键在于"人和"。抓准、抓住中原城市群亟待解决的问题，找到解决这些问题的办法，对中原城市群很好地完成其历史使命是十分重要的。

第一节　城市化水平偏低

城市化水平是反映经济社会结构的综合性指标，是国民经济主要矛盾向现代化方向转化的标尺，也就是国民经济的发展度。通过空间上集中的工业化、市场化，即城市化，提高国民经济的发展度是我国当前极为重要的工作任务。发展是硬道理，必须尽快地减少农民，提高人口城市化率，才能改变农业落后的生产方式和传统的社会结构。而在我国目前的各个城市群中，中原城市群是人口城市化水平最低的城市群。这就决定了中原城市群必须在各个城市加速发展的基础上整合，在整合的过程中重视各个城市的加速发展。

必须正视中原城市群整体经济结构落后的现实。2004年中原城市群人口城市化率36.7%。与之比较，2003年珠江三角洲的人口城市化率已经达到73%，长三角达到51%，关中达到40%，武汉城市群达到37.7%，长株潭达到37%，中原城市群只有35.5%，中原城市群人口城市化率偏低是显而易见的事实。正视这个问题就必须加速城市群各个城市工业化、城市化的进程，扩大城市核心区和县城的规模，把创造农民工举家进城定居的条件当作头等大事来做。

中原城市群内的古城开封城市化率不到30%（2003年数据），许昌和漯河两市的人口城市化率刚到 30%（2003 年数据），在城市群整合中必须给予特别关注。有的城市看起来城市化率超过了 30%，实际上采掘业比重大，城市在某种程度上还是工矿性城市。采掘业积聚的人口不是第二产业人口，是不稳定的，必须加速改变这种局面。

中原城市群人口城市化率虽然偏低，但总体上已经超过了 35%（2003 年数据），正处于高速起飞阶段。城市化率超过 50% 的地区，开始由总量扩张向结构升级转化阶段过渡，这类地区要注重内涵式城市化，避免简单地扩大城市占地规模，要注重内涵发展，着力增加城市就业量，增大城市的吸纳能力和扩散能力。

第二节　中心城市辐射力不足

中原城市群最大特点是缺乏一个具备引擎功能，带动整个城市群发展并辐射周边地区的中心城市。与其他城市群的核心城市相比，省会郑州市人口和经济规模偏小，要素集聚和辐射带动功能较弱，在城市群内的龙头地位不够突出。

必须认识到，中原城市群想要一体化，必须有共同的"太阳"，必须共同享受来自"太阳"的普照之光。这个心脏和普照之光的光源非郑州莫属，尽管目前郑州还没有这个能力。因此，当务之急是做大做强郑州。

另外，作为城市群，各城市在城市群内部要承担不同的功能，形成分工协作的有机整体，从而增强整个城市群对外的竞争力。然而，目前城市群内 9 个城市基本自成体系，竞争多于合作，难以形成整体大于部分之和的结构效应。城市群中，还有一部分功能比较单一的矿业城市，正面临着经济转型，城市的综合功能还不完善，比如焦作、平顶山等，其替代性产业发展比较缓慢，经济转型还需要一定的时间，能否真正承担其在城市群中的相应功能还需要实践的考验。

区域内城市合理的产业分工是形成系统合力、提高城市群整体竞争力的基础。而中原城市群内各市产业发展缺乏协调与沟通，影响了城市群整体经济实力的提高。例如，在中原城市群 9 个城市中，8 个城市将食品加工业、7 个城市将煤炭产业、6 个城市将铝加工业作为支柱产业，而且这些工业的发展大多为低水平的加工。各城市工业职能的低水平同构，将在一定程度上削弱城市产业间的横向联系，制约了城市产业协作体系的发展，不利于构筑基于整体优势的核心产业。顺便指出，煤炭等采掘业在统计上属于第二产业，但实质上应属于第一产业，中原城市群高附加值的加工业发展缓慢，主要依靠第一自然资源禀赋发展生存性经济的历史阶段还没有结束。在这一阶段，上述同构病是难免的。但现在必须自觉地在加工业的区域分工上为各个城市定位，力争在城市群中具有不可替代的地位。

在现代产业发展中，良好的前向、后向和侧向关联，并形成产业链，是促使产业集聚和提高经济效益的重要途径之一。中原城市群现有的支柱产业主要为煤炭采选业、铝加工业、食品加工业、机械工业、电力工业等，从理论上来说，这些行业应该能形成较好的产业关联，但由于缺乏政府引导、企业活力不足，没有形成大规模的产业链，没形成集聚经济效益，绝大多数产品以初、中级产品形式流向市场，产品附加值低，产业发展给当地经济的贡献偏弱。如第一和第二产业之间，由于农副产品深加工工业不发达，产业关联度低，导致绝大部分农、畜、林、果、药、林等产品以初加工产品提供市场；又如能源矿产资源开采与相应的加工工业（尤其是深加工）不相匹配等。由于工业行业间的关联度小和产业链短，必然导致产品增值环节较少和利益的流失，影响了企业的集聚和经济效益的提高。

郑州、洛阳、新乡、焦作、平顶山等城市都提出要建立物流中心或区域性交通枢纽的目标，这在城市群内部必然会产生较大的内部竞争，使城市群内部很难在短期内形成较大的物流规模。

第三节　可持续发展压力较大

由于过去把发展是硬道理误认为增长是硬道理，在"有水快流"错误思想的指导下，对矿产资源强力开发、粗放经营，部分矿产资源量的减少已影响到城市群一些城市的经济发展。同时，区域内煤炭、电力、冶金、建材、造纸等支柱产业对水体、大气均造成了一定程度的污染。中原城市群中有2003年全国污染最严重排名第7的城市。资源的过度开发，环境污染加重使本地区面临严重的可持续发展问题。

一、水质恶化和大气污染严重

中原城市群只有一少部分城市达到 II 类生活用水，其他城市都是 III 类、IV 类，甚至劣 V 类，其中生活用水劣 V 类的用水比例达到 54%；工业用水劣 V 类也达到 49%；农业用水情况更严重，I 类、II 类水质仅 14.95%，而 IV 类、V、劣 V 类水质则高达 85%。（以上是 2003 年数据）

中原城市群大气首要污染物是二氧化硫。2000 年，河南省二氧化硫大气环境质量仅有洛阳、三门峡两个市小幅超过二级标准，13 个市达到二级标准，3 个市达到一级标准；2001 年，酸雨和二氧化硫"两控区"内有 4 个市超过二级标准；2002 年，河南省有 6 个市超过二级标准，其中两个市超过三级标准；2003 年河南省二氧化硫年均浓度监测结果显示，中原城市群中，济源市、焦作市、洛阳市 3 个城市超过三级标准，开封市、新乡市、平顶山市 3 个城市达到三级标准，其他 9 个市达到二级标准，没有达到一级标准的城市。2003 年在全国 113 个大气污染重点防范城市中，洛阳是空气污染最重的 10 个城市之一。

二、水土流失和土地"三化"问题严重

沿黄地区水土流失严重，生态比较脆弱。郑州、新乡、平顶山是水土流失较严重的地区。中原城市群东部地区土地盐碱化、荒漠化和沙化问题也比较突出。

三、资源性产业比重偏高

中原城市群资源性行业（包括采掘业、冶炼业和电力）增加值占工业增加值的比重高达 43.2%（2003 年数据），比全国平均水平 26.9% 高 16.3 个百分点。其中济源和平顶山分别达到 70.5% 和 68.4%。产业结构中资源性行业比重偏高对可持续发展存在两个方面的影响，一是破坏和环境污染。如北部的焦作和南部的平顶山等城市，由于长期开采煤炭，造成了包括地面塌陷、水源污染、空气污染等一系列的问题。二是资源枯竭，接替产业不能顺利发育，对城市的进一步扩张和其他功能的发挥产生重要影响。

第四节 中原城市群一体化发展的体制障碍

一、行政区经济是一体化的最大障碍

由于政府管理体制改革严重滞后，各级政府都在自己辖区内营造相对独立的经济体系，形成大大小小的"行政区经济"。中原城市群区域整合需要解决的最大的问题是行政区划和经济区划的矛盾。地方市场分割和地方保护主义阻碍了经济要素的自由流动和跨地区的经济合作。

中原城市群9个城市的经济运行，表现出一种典型的按地方政府管辖范围来组织地区经济发展的"行政区经济"运行模式。在这种"行政区经济"运行条件下，地方政府作为一级利益主体的地位日趋突出，从而不可避免地形成了一种以行政区域为单元的区域经济利益格局。

各市、甚至各县之间过度竞争，在没有统一规划的情况下，各自重复建设，浪费严重；外向型经济发展各自为政，没有形成整体优势；尤其是在招商引资方面的恶性竞争更是导致了区域利益的流失；产业发展的区域传递受行政区划体制的束缚，其传递的规模与范围都十分有限；区际经济联系与要素流动具有明显的行政性导向特征，掩盖、削弱了市场性区际经济关系，直接影响甚至阻碍了该地区横向经济联合的深入发展。这些都直接影响了中原城市群经济的整体健康协调发展。

二、现行财税体制阻碍中原一体化发展

1978年以来，我国以下放财政权和税收权、投融资权和企业管辖权为核心的行政性分权，有效地调动了地方的积极性，促进了我国经济的飞速发展，但这种以行政性分权为核心所形成的体制存在严重的缺陷，并直接导致了地方市场分割格局的出现。

从财税体制看，20世纪80年代的几次改革都突出了"包"的特点，围绕着实行和强化包干制而展开的。中原城市群目前的财税体制就是典型的财政包干制。由于实行了财政包干制，地方政府在增加本级财政收入的动机诱导下，往往容易忽略规模经济和技术更新换代的要求，一味地盲目

投资、重复建设，导致地区间产业结构趋同，从而降低了资源配置的效率。

从企业的实际地方所有制看，企业划归地方或由地方新建，形成了所谓的产权地方化。由于按照企业隶属关系征税，地方国有企业就成为地方财政的重要财源。而产权地方化则导致国企改革相对迟缓，政、企分开的改革措施不能落实，使企业始终难以成为独立经营的市场主体，同时也强化了地方政府作为一级利益主体的身份和地方保护主义的倾向。尤其是中原城市群的大多数城市尚属不发达地区，财源紧张，国家又未给与优惠政策，财政压力很大，这方面的倾向尤为突出。地方政府有保护本地经济利益的倾向，希望本地经济得到快速发展，这不仅不能说是什么不好的事情，而且也是值得称赞的事情。问题在于，地方政府的这种愿望不应当变成对市场秩序的任意干预，地方政府不应当对企业活动抱有属地上的歧视性态度。

三、传统体制下遗留的产业布局

早在几十年前，为了"备战、备荒"，中央政府在全国建立独立的产业体系的同时，还强调在各省、市建立自己独立的产业体系。从而形成了封闭的或自成体系的产业布局，促成了经济发展的分散化和分割化趋势。计划经济时代遗留下来的这种封闭的或自成体系的地方工业布局，在改革开放的 26 年中虽然发生了很大的变化，但基本格局并没有根本改观，仍然是城市群经济一体化的障碍。中原城市群 9 个城市的区域结构和产业组织结构中计划经济时代工业布局的烙印还是相当显著的。

在当前经济总量扩大的条件下，历史遗留的分散格局同近年来地方政府企业化、诸侯化意识结合起来，使区域同构、"大而全"、"小而全"、区域性重复建设更为严重，极大地阻碍了地区间分工和交换的发展。这是中原城市群经济与社会一体化必须着力解决的大问题。

从中原城市群九城市的产业结构来看，产业结构趋同现象十分严重，绝大多数城市间的三次产业结构相似系数都在 0.90，甚至 0.95 以上。产业结构趋同使得各地区不能发挥自己的比较优势，同时也使得投资和生产分散，降低了地区的整体经济效益。

从各市包括市区的发展规划来看，每个市都把其作为一个区域的中心来规划，从未作为城市群的一个部分来考虑问题。这样做的结果是，虽然彼此离得很近，但各自都自成体系，互不协作。不仅基础设施、文化卫生设施各搞一套，在产业方面、市场方面、物流方面也具有同样的趋势，特色和互补性均在减弱。

四、开放程度不高

对内开放方面存在着前文所述行政区经济和较强地方保护主义现象。对外开放方面则表现在区域外贸依存度很低，仅为 8.4%，远低于全国平均水平；外商投资企业数量少、层次低。中原城市群整体开放度与其他城市群相比差距明显。国有经济比重大，体制和机制性矛盾比较突出。

五、"政绩"主导下的干部考核制度

在经济权力下放和市场化的过程中，各地政府的合法性基础也发生了相应的变化。在这种新的制度环境下，经济发展成为考核地方官员业绩的最重要指标之一。各地的领导人通过发展地方经济，推动 GDP 的增长，一方面可为自己赢得上层的肯定，另一方面通过为辖区内的人民提供广泛的社会福利，又可获得地方人民的支持和认可，地方政府的政治统治基础开始发生了转变，形成了所谓的"政绩合法性"。因为现行的干部考核制度特别是对地方干部政绩的评价与考核，过分强调与所辖地方经济发展政绩直接挂钩，而这种业绩又主要以上了多少项目、建了多少企业、经济增长速度多少等指标来进行简单量化和比较。这样，就必然导致各行政区首脑或部门干部强化资源配置本地化和保护本地市场。再加上地方官员频繁的地区间调动，更使地方政府在经济竞争中急功近利，寻求短期经济行为，从而使国民经济的发展缺少可持续性。

第三章　中原城市群发展的战略目标

在发展目标方面特别需要注意的是不要把发展等同于增长，把增长目标当作发展目标。在中原城市群的发展中，经济总量增长是经济运行的自然结果，不应是发展目标，发展的本质不是量的简单增长而是质的提高，发展的战略目标也就不是量的问题，而是质的问题。中原城市群发展的本质是城市群的一体化过程，而不是几个经济指标量的简单增长。中原城市群发展的战略目标是整个城市群区域一体化应该达到的程度，城市群在中部崛起中增长极的作用达到什么程度。明确了战略目标还必须确定切实的战略步骤，在大约三个五年规划时期内，每一个五年规划应采取哪些具体的战略步骤，战略措施，通过什么样的路径，利用什么样的机制，把各城市发展的积极性和城市群整体结构的优化有机地结合起来。

第一节　总体思路

根据中原城市群发展现状和中原城市群发展中存在的主要问题，中原城市群发展的总体思路是：坚持科学发展观，实施中心城市带动战略，创新发展机制，优化空间布局，提升城市功能，改善人居环境，加速人口和产业集聚，放大整体优势，增强竞争力、辐射力和发展活力，促进区域和城乡协调发展，将中原城市群建成河南省对外开放、东引西进的主要平台，形成中西部地区经济发展的重要增长极，带动中原崛起，促进中部崛起。

实现中原城市群发展的关键是区域经济一体化。其实质是区域性的经济结构和空间结构的调整和重组、提升城市群整体实力和竞争力的过程。

目前中原城市群的 9 个城市是 9 个独立的个体，没有共同的总体。一个大马铃薯周围有 8 个中小马铃薯，其内在的结构关系不同于太阳和行星的关系，没有引力场制约，只有自转，没有公转。中原城市群必须在发展中采取一体化的措施，逐步实现区域一体化。

一个地域由于缺少特大城市强有力的辐射和资源结构雷同等原因，形成了经济结构大体相同、自成体系的多个中小城市，是不可避免的历史现象，只要市场条件发生变化，这种局面是完全可以改变的。一体化的过程就是把一群相互独立的经济体变为一个整体的过程。但这个过程不是把城市群变成一个城市，一个行政区，而是在更加突出个性的基础上形成结构互补，功能强化的城市体系。

结构决定功能。同性相斥，各个城市因同构异体，必然竞争大于合作，被迫远交而近攻，从而造成区域内部资源浪费，在更大范围的市场竞争中处于不利地位。异性相吸，各个城市的差异越大，越容易形成结构互补的区域共同体。因而，城市群一体化的过程，就是每个城市为自己寻找在城市群中不可替代位置的过程。所以一体化的对象就是同构，就是化掉同构病，强化个性，形成个性互补结构，从个性中体现群体共性的过程；也就是强化各个城市的个性，增加相互间的依赖性，实现各个城市的融合协调发展。在发挥城市群组合竞争力优势的同时，促使各个城市优势更优、特色更特，使它们成为区域内部分工体系中具有不可替代地位的特殊功能区，形成形散神不散、结构一体化的区域群体体系。

总之，中部崛起已经具备了天时和地利，现在急需"人和"，只要真正树立科学发展观，彻底转变政绩观，下决心改革政府职能，打破行政壁垒，加速一体化进程，中原城市群的战略目标是完全可以如期实现的。

第二节　发展目标

中原城市群发展的总体目标是：力争用 10～15 年左右的时间，在2020 年前后，把中原城市群建成城镇布局合理、制度建设完善、产业结构互补、信息资源共享、交通体系完备的一体化区域，使中原城市群成为河南省经济发展的龙头，中部地区崛起的支柱，国家级制造业基地、商贸物流中心和文化旅游中心。

一、调整结构、强化功能，提升郑州中心地位

城市群需要一个功能明确、辐射力强的中心或龙头性城市，没有这个中心及其辐射力，9个城市还是有"群"无"体"，只有自转，没有公转。目前郑州不仅不够大，关键是功能不强，对另外8个城市的辐射力比较微弱。没有功能强大的郑州，中原城市群就不可能成为中部崛起的支柱。郑州不仅要在中原城市群，而且要在整个中部地区具有较高的首位度。河南省政府一定要把做强做大郑州当作河南经济发展的头等大事，中部崛起必须依托郑州和武汉崛起，郑州必须成为火车头之一，应该像没有上海就没有长三角一样。其他8个城市的政府领导也必须有这样的共同认识，群龙无首不能形成整体优势，中原城市群除郑州之外再没有能承担核心城市重任的城市，这是不争的事实。

二、设施一体化

为了降低城市群内部交易成本，在城市群内能同城化的基础结构和公共服务领域尽量同城化。借助电子化、数字化、网络化手段，形成中原城市群综合统一的交通、电力、邮政、信息等方便快捷的管理体系。如城市群内交通网络城区化，不设任何收费站。

三、产业一体化

在各个城市功能定位的基础上，逐步强化城市群的行业、产业、企业和空间集中度。每一个城市都要有本城市群集中度最高的主导产业、支柱产业，各城市集中度不高的产业和其他城市集中度高的产业、行业以产业链为纽带，形成配套、分工一体化的生产体系，逐步使每个城市第一位的支柱产业在城市群中也成为是第一位，城市群中每个城市前五位的支柱产业尽量避免重复。由于中原城市群自然资源同构度比较高，实在避不开的可以通过企业组织结构调整来逐步解决。

四、市场一体化

逐步扫除市场分割，形成统一的金融、技术、产权和劳动力市场，产

品和生产要素在各城市之间自由地流动。城市群一体化为区域共同体的大目标，必须具体化为城市群内部市场的一体化。一体化的市场不仅是流通体制问题，关键是每一个城市要首先把本城市群内另外 8 个城市当作自己产品和要素的市场，避免舍近求远，要把城市群内地产地销的贸易额作大。

五、城乡一体化

通过城乡工商业在空间上的不断集中，使中原城市群人口城市化水平在 2020 年达到 65% 以上，农户来自农业的纯收入满足家庭正常消费之后略有剩余；城乡要素流动不受非经济因素限制，社会结构没有明显的时代差别，形成城乡统一的社会保障、文化教育体系。

第三节　战略阶段

要实现上述发展目标，应按照先易后难、逐步推进的整合思路，城市群经济一体化应该分如下几个阶段进行。

一、研究和规划阶段

本着科学、求真的精神编制城市群发展总体规划初步框架，广泛征集各方面的意见，在征求意见的过程中统一思想，达成共识，并以总体规划框架为指导编制各个专题规划，逐步形成一套科学、完整的城市群发展规划体系。

二、启动阶段

自下而上逐步实现政府重新分级定位；在发展中整合市域产业和空间结构，为全面启动城市群整体的产业和空间一体化创造条件；完成基础设施同城化，启动要素市场一体化进程；完成各个城市的支柱产业在城市群中的定位；为城市群未来定位的新兴主导产业布局基本形成。

三、基本成型阶段

城市群内产业一体化和要素市场一体化进程基本完成；主导产业与支

柱产业共同成为支撑城市群经济的产业基础；"两轴两带三圈"的空间关系基本确立；城乡一体化取得显著进展，全面建立起覆盖城乡的社会保障体系，城乡之间的产品和要素流动渠道通畅，城乡之间的生活环境和生活方式基本上实现一体化。

四、成熟阶段

中原城市群成为一个统一的区域性市场，基础设施互通共享、产业在合理分工基础上密切协作、生产要素和商品无障碍自由流动；65%以上的人口从农村转移到了城市，城乡二元结构的矛盾地位根本转变，全面建设小康社会的任务顺利完成；中部崛起的国家战略基本完成，中原城市群已经成为中部崛起的经典范例，成为我国现代化水平、经济实力和人民生活水平第一梯队的地区。

第四章　中原城市群整合的基本思路

其他城市群的成功经验和历史教训告诉我们，在现有体制环境下，实现城市群经济一体化，绝不是一件轻而易举的事情，我们应该充分估计到它的艰巨性。我们必须在统一思想的基础上，采取先易后难、循序渐进、步步为营的方针；必须在各个城市平等互利的前提下，在发展的过程中，通过增量结构的整合带动存量结构的调整；必须避免其他地区已经走过的弯路，正确处理增长和发展关系，争取每一步都走到符合发展规律的关节点上。只有这样才能把以前浪费的时间抢回来，才能率先实现区域一体化，在较快的时间内形成中部崛起之势。

第一节　在发展中整合

世界上第一个区域共同体欧盟，它们发行欧元和产生共同宪法，不是学术讨论和经济谈判的结果，而是这些国家国民经济发展的结果。只有这些国家都实现了现代化，有了统一的生产方式、生活方式和交换方式，它们在经济上才有了共同的"体"，它们才能结盟。其他国家要加盟，不是看它的政治态度，而是看它经济社会发达的程度。中原城市群要实行区域一体化，必须坚持在发展中整合的指导思想，不能仅仅作外科手术，而是要引导每个城市的经济社会发展走上符合规律的健康的发展轨道。

启动城市群一体化工程，不能打乱各个城市现有的发展态势和经济格局。在过去几个五年计划期间，中原城市群内各个城市都是各打各的牌，只有"自转"，没有"公转"，有自觉的竞争，无自觉的合作。在惯性作用下，即使人们认识到了区域整合的必然趋势，这种发展态势也要持续相当长时间。在这种情况下，城市群协调机构应该支持和引导各个城市加速自身的发展。不过不是原有轨道上的发展，而是要严格按照科学发展观，树立以人为本、以中为重、全方位开放的发展理念，在统筹、全面、协调和可持续上下工夫。

一、树立以人为本的政绩观，加快城市化进程

中原城市群内各个城市当务之急的发展任务是转化工农两种生产方式和城乡二元社会结构的矛盾，增长必须为发展服务。一切经济工作都必须围绕减少农民、增加城市就业为中心，把提高城市建成区单位面积上的就业量作为今后城市群各个城市经济发展水平排序的第一位指标。把各个城市政府的注意力引导到减少农民、增加就业、提高群众的收入水平和消费水平、提高社会保障度和医疗保健水平、完善义务教育制度方面来。只有根据以人为本的发展观，对城市政府按上述内容进行考核和排序，才能使城市群政府在政绩观上首先实现一体化，而只有在政绩观上一体化的各个城市政府，才会有动力为了人民群众的利益寻求城市群区域一体化。如果政府官员仅仅为了自己的官运周期规划辖区经济，那么以邻为壑、远交近攻是不可避免的。所以，第一步应该是通过政绩考核体制的改革，使城市群政府从传统的增长观向科学的发展观转变。

二、树立以中为重的发展观，加速空间结构调整

在发展中整合，还要求城市群各个城市的政府树立以中为重的发展观，首先整合本辖区内部的空间结构。就是要集中力量把中心城区做大。在今后 15 年里，郑州要以 500 万人口为战略目标，洛阳要以 250 万人口以上为战略目标，其他城市远期至少要达到 150 万以上。在确保中心城市扩容的同时，市辖县县城远期规划要按 30 万以上人口考虑①。除了卫星城，不要人为布局小城镇。把郑州看作中原城市群的"中"，把 8 个市所在地看作每个市的"中"，把每个县城所在地看作每个县的"中"。只要我们抓好这三个"中"的工作，城市群的空间结构的调整和整合就会水

---

① 河南省峰值人口在 1.05 亿左右，按远期城市化水平达到 70% 计算，有 7350 万人口需要生活在城市。全省 110 个县级城镇，平均按 30 万人口规划，可容纳 3300 万人口，17 个地级市（含郑州）平均按 150 万人口规划，可容纳 2550 万人口，还有 1500 万城市人口需要郑州、洛阳等特大城市和小城镇吸纳或向省外迁移。

到渠成。

三、树立全方位的开放观，对内形成共同市场，对外扩大开放

在发展中整合，各级政府必须树立全方位开放的发展观，协调对内和对外开放的关系。

（一）全面对内开放，加速形成共同市场

要懂得开放事业是其大无外，其小无内的，对内不开放，不会有真正的对外开放，开放必须是自内而外的道理。东部今天实现的和世界市场融为一体的开放局面，其实是从小商小贩、能工巧匠游街串巷开始的。中原城市群的崛起就应该从占领本乡、本县、本市、本城市群市场开始。要占领城市群外的市场，就要生产城市群外没有或城市群外不如城市群内的东西。要占领城市群外的市场，必须开放自己的市场。要开放自己的市场，就要主动放弃自己没有优势的产品和产业。

把全方位开放作为城市群的整合措施，是要在政策上引导各个城市的企业，首先占领本地市场和临近的市场，提高城市群内的产业关联度，然后开发区域外市场和国际市场。如果把熟悉的、交易成本低的市场拱手让给别人，自己为了一个虚名，到外地、外国市场上去争夺，实际上是不划算的。任何国家和地区的大多数企业都是本国、本地市场养大的。只要城市群内各个城市成为互相离不开的市场，城市群的共同市场就自然而然的形成了。形成了共同市场的城市群，就完成了一体化过程，也就提升了在域外市场和轨迹市场上竞争的能力。

（二）扩大对外开放，大力发展开放型经济

大力发展开放型经济，是中原城市群发展的另一个重要方面。要围绕扩大利用外资和出口两个重点，各方协调联动，着力搭建对外开放的平台，使该区域吸引外资，成为发展出口的增长点。

扩大开放领域，提升区域利用外资水平。依托优势产业、龙头企业和优质项目，积极采用项目融资、股权投资、企业并购、境外上市等方式，吸引跨国公司和境外投资机构到区域内投资。继续开放服务市场，有序承接国际现代服务业转移。强力推动优势领域，特别是在装备制造业、食品

工业、现代物流、中介服务以及基础设施和基础产业，在利用外资方面迈出实质性步伐。改善招商方式，注重引资质量，积极促成世界 500 强企业入驻中原城市群，提高履约率，确保重大招商引资项目落地。

充分发挥工业园区在利用外资和出口方面的作用。完善工业园区的基础，创新园区管理体制，整合、改造、提升城市群现有工业园区，不断增强工业园区的吸引力和聚集力。有针对性地开展园区组团式招商，形成一批以优势产业群为主体的特色工业园，促进园区健康发展。形成吸引外资和扩大出口的重要载体。

中原城市群要发挥比较优势，大力实施东引西进，加快承接"两个转移"（即国际产业向我国和东部沿海产业向国西部转移）。充分发挥中原城市群的区位、能源、产业、市场、劳动力等比较优势，加强与东部发达地区的经济技术合作，吸引和承接东部地区制造业转移，促进区域内优势产业不断发展壮大。鼓励中原城市群内优势企业到西部地区建立资源基地、生产基地和营销网络，进一步开拓西部市场。加强与中部省区和周边城市群的合作，实现优势互补。

大力发展商品、劳务和服务，扩大出口。积极开拓国际市场，优化出口商品结构，鼓励科技含量高、附加值高的产品出口。引导企业严格按照国际标准组织生产，健全质量安全监测体系，实施以质取胜战略，增强产品竞争力。创造企业"走出去"的良好氛围。完善落实对外投资的政策和服务体系，鼓励有实力的企业到海外投资办厂、设立分支机构或进行并购重组，鼓励企业建立多元、稳定、可靠的原材料海外供应基地。

第二节　在体制改革中整合

在我国目前的条件下，没有改革可以有较高的增长，但不可能有实质性发展。所以在发展中整合的过程，同时就是在体制上整合的过程。产业结构和空间结构的一体化必须在不断扫除现存体制障碍的过程中进行。

为了真正加速城市群的一体化，必须扫除现存体制障碍。城市群整合的体制障碍在政府。在中原城市群一体化的过程中，应从政府体制改革入手，继而是产业结构和空间结构的整合。如果从根本上解决了行政区划和经济区划的矛盾，产业和空间结构的整合就不再是政府的事，而是市场机制的事了。

所以，如果真正想整合城市群的产业和空间结构，就必须从调整和整合政府职能结构入手。而这种整合应采取自下而上、先易后难、循序渐进的方针。

一、政府职能创新和重建各市竞争秩序

（一）明确市场经济条件下的政府职能

其一，政府与市场"划界而治"。增强市场经济时代政府机构既是有限政府、又是有效政府的双重规定性分量。一方面，将政府机构看做是地方治理的组织者，而不是权力的唯一占有者与资源的唯一分配者，从而有效地将政府机构的定位、职能与市场经济的需求吻合起来——管理政府应该管理的事情，不管政府不应该管的事情。完成政府从统治型到治理型、从全能型到有限型、从计划型到市场型的三重转变，实现政府有限定位与有效运作统一。从而使得政府的公共性、服务性、公开性都得到明显加强。另一方面政府既努力将自己应当管好的事情纳入自己的监督管理范围，又放手将资源配置还给市场，从而退出直接的市场参与，强化以经济手段干预市场合理运作。

其二，突出体现地方政府经济调节、市场监管、社会管理、公共服务职能。

其三，以贯彻《行政许可法》为契机，全面清理不符合此法的财政行政许可规定及行政许可主体，同时做好工作衔接，防止、避免出现管理上的漏洞和"真空"。

其四，调整机构和人员，进一步适应市场经济发展，目标是有限、廉洁、高效。

（二）重建各市政府竞争秩序

推动中原城市群一体化发展，克服由政府推动的"行政区经济"和"蜂窝状经济"运行模式，重建各市政府竞争秩序。关键有三点：

其一，政府不一定、也没有必要去直接提供某种商品；地方保护主

义、地方市场分割实际上是行政性关系在资源分配过程中占上风的结果，它缘于地方政府对微观经济主体控制权的膨胀，而中原城市群经济一体化运作的核心之一是要形成独立运转的市场主体，使企业成为真正的法人实体和市场竞争主体。因此，中原城市群经济一体化的培育最重要的是使地方政府从微观经济活动中撤离，减少对企业的不必要的行政干预，为企业走向区域市场创造条件，在区域市场内能够实现生产要素的自由流动和资源的优化配置。应该重点抓好两项工作：一是积极推动地方国有企业的产权改造，对国有经济实施战略性布局调整，有所为有所不为。二是加快国有资产管理体制改革步伐，在中原城市群内成立统一的，独立于各市行政系统的国有资产运营机构，通过出售等方式加快非国有化。

其二，政府尽可能从市场中退出来，政府的"看得见的手"要减少对市场微观领域的直接干预。我国 20 多年的改革实践证明，市场配置资源的能力远远高于政府。因此，就今后政府与市场的分野而言，凡是政府不应该管、可管可不管的事情，都应交给市场去做。欲推动中原城市群经济一体化发展，必须要把各级政府活动的范围严格限制在消除外部性、对少数特定行业实行规制、维护基本的社会公平和维护市场秩序等"市场失灵"的方面。如果政府只看到"市场失灵"，并且"看不惯就管"，而看不到"政府干预也会失灵"，那么，本应是"万马奔腾"的市场经济就会变成"权力扭曲下的过度管制"的市场经济。只有把政府的干预行为和政府包办的国有经济、政府项目限制在"有限的空间"，微观经济行为和以民为本的非公有制经济、私人项目、中小企业才能有更大的发展空间。只有靠民间经济的活跃和民间资本的大量涌入，中原城市群才能快速发展，中原城市群经济一体化运作才能实现。

其三，创建以制度性竞争为基础的各市政府竞争秩序。在西方国家，政府竞争是产生产权保护机制、有限政府制度和企业家创新制度的前提，其核心在于制度竞争，通过竞争性地向市场主体和公民提供优质的公共服务，塑造了有效政府的制度基础，从而促进了经济的增长。因此，重建地方政府竞争秩序，必须从以地方保护主义为策略的封闭式竞争转向开放式的制度创新为基础的制度竞争，通过制度创新来吸引资源、创新技术、促进增长，而不是通过地方保护主义来维持增长。因为市场经济说到底是一种"候鸟型的经济"。气候好、环境适宜，候鸟就会不期而至。所谓"气候好、环境适宜"就是讲要少一些人为干预，明确地方政府职能，通过市场经济条件下的政府职能创新打造"透明、有限、法治化的、发展型的公共政府"。

二、逐步建立中原城市群统一的财政体制

（一）城市群内应继续实行市管县体制

目前有些省政府开始试行省直接管县，推行强县政策，有的省早就实行的是县对省的财政体制。由于省政府态度不明确，有些县级市的经济实力壮大之后，就向市本级看齐，在规划上各行其是，按一个地级市甚至按一个国家的架构布局。如果城市群内的县级单位都和中心城市向同构方向发展，将不利于整个城市群的一体化。为此，河南省政府应该明确在城市群内实行名副其实的市管县体制。这是在体制改革中整合路线图的起点。

（二）统一全市财政体制，取消县级政府的财政包干制

为了统筹城乡发展，建立全市统一财政支付的财政体制。取消市本级及其区、县的财政包干体制，从根本上挖掉市域范围内行政区划阻碍产业结构和空间结构调整的财政基础。没有财政统筹，什么统筹都难以落实。市内的区、县、乡行政管理、社会服务所需财政经费由市财政统一支付，真正做到收支两条线。

在财政体制改革的同时，就应该明确全市统一编制"十一五"规划，县、乡政府不再作经济社会发展规划。县、乡政府的主要职能是农村义务教育、医疗卫生、农民工职业培训、扶持企业化农场、农村社会治安、社会优抚和困难救助。第二、第三产业、交通等社会基础结构由市政府统一规划和管理。

（三）统一城市群规划体制，取消市级经济规划权

中原城市群各个城市经过五年的市级整合，在开始真正的城市群整体整合之前，必须把财政体制改革的矛头指向各个城市的政府，否则城市群整合的市场机制难以发挥作用。取消各个城市政府的规划权。各个城市的政府从现在起就应该逐步淡化经济规划功能，加强社会服务功能，争取五

年后，实现政府职能的脱胎换骨的改造，形成小政府、大社会的基本格局。在这种条件下，市场机制将充分发挥作用，产业机构和空间结构的整合就会达到区域一体化的战略目标。

三、建立统一的社会保障体制

社会保障是社会主义市场经济的制度前提，在什么范围建立了统一的社会保障体制就在什么范围内建立了统一的市场体系。建立统一的社会保障体系是中原城市群一体化路线图中一个十分重要的核心环节。

（一）社会保障的资金来源

中原城市群所要统一的社会保障不是目前人们普遍理解的社会保险，而是同按要素分配制度互为因果的对特定人群的按需分配制度，是社会主义市场经济和资本主义高级阶段才产生的历史范畴。社会保险是商业行为，不是政府行为。商业行为是不能统一的，只有政府的财政行为才能统一。所以我们这里所说的社会保障制度是必须纳入政府财政预算的一种特殊公共品的分配制度。这样的社会保障制度在城市群不是通过整合统一的问题，而是统一建立的问题。中原城市群可以在这个方面成为全国第一个成功的范例。

要统一建立社会保障体制，必须有统一的资金来源，中原城市群必须具备统一的财政收支体系。因而，建立统一的社会保障制度必须在完成上述发展和改革的整合工作之后。虽然社会保障支出在各个城市发生，但劳动者是在整个城市群内甚至全国流动的，劳动者创造财富的时间和空间同获得社会保障金的时间和空间是不可能完全对称的，很可能是完全不对称的，由一个城市的财政独立解决社会保障问题是有困难的，甚至是不可能的。社会保障资金必须在更大的范围内统筹，范围越大越好，最好是全国统一由中央财政统筹。目前全国统筹还没有提上日程，中原城市群既然要加速一体化进程，就必须在城市群范围内率先统筹社会保障资金，为统一的劳动力市场创造条件。

社会保障资金来源于税收，但不是个人所得税，也不是企业的工资税，应该来源于资产税和资源税。为了鼓励消费和增加就业，应该适当降低个人所得税税率和取消工资税。社会保障资金纳入年度财政预算，不设专门账户，不搞积累，当年支出实报实销。

（二）社会保障的对象

在城市群内就业、定居 5 年以上的失业和超过劳动年龄需要休养的人都是社会保障的对象范围。实际上能享受社会保障补贴的对象必须是没有其他生活来源，即没有足够的资产和收入维持正常生活水平的人。所以要享受社会保障的人必须申报财产和收入。

（三）社会保障的分配原则

社会保障资金来源于全社会剩余劳动创造的价值，是政府为了平衡按要素分配的后果，保障社会稳定、市场繁荣和资本安全提供的特殊公共品，不是福利，不是社会保险。因而，社会保障资金的分配不能根据资历和社会地位，也不能根据商业保险额度，而应该实行按需分配原则。根据城市群在现存生产力条件下可能保障的消费水平和保障对象本人的支付能力的差额，需要多少就给补贴多少。若其本人有足够的收入，一分也不要补。

目前在我国只有城市中的所谓三条保障线的政策比较接近真正意义上的社会保障，我们应该根据城市群生产力发展水平不断提高保障水平。到2020 年，我们的补贴线应该达到小康水平。社会保障对象的生活水平如果不能达到小康水平，城市群就没有实现全面小康。

目前我国靠财政供养的人口比重太高，他们获得的所谓退休和养老金不是真正意义上的社会保障资金，不是按需分配，而是按级别分配。不能让已经享受了这种特殊待遇的人们按上述规范的社会保障补贴原则降低收入，但也不能脱离真正意义上的社会保障水平继续拉大距离。应该用 15年的时间有计划地平稳地在 2020 年使两种体制并轨。

（四）农民的社会保障问题

建立中原城市群统一的社会保障体制所讲的统一，不仅是城市人口在城市群内实行统一的社会保障资金来源、统一的保障对象、统一的分配原则，而且应该包括城乡全体进入市场经济体系的人口都实行统一的社会保障制度。这里是以进入市场经济体系为前提条件。农民只要没有放弃土地，他就没有进入市场经济，他不可能是社会保障的对象。一个人不管他在哪里，只要他社会身份是工薪劳动者，他就属于社会保障的对象范围。一个人在农村的工厂和农场里当工人，他就和城里人一样，是社会保障的对象；如果一个人有一定数量的生产资料，有谋生手段，有金融资产，无论是在农村还是在城市他都不是社会保障的对象。所以上述的社会保障体制不仅是城市群统一的，也是城乡统一的。要把社会保障和扶贫区别开来。扶贫也好、救济也好，都是政府的职能，但不属于社会保障功能。

四、建立中原城市群统一的土地流通体制

国家的土地法规政策在全国是统一的、一致的。这里提出建立中原城市群统一的土地流通体制，一方面是由于在法规政策的执行中，各个城市实际上是不统一的，而且随意性很大，城市群一体化过程中必须统一操作程序，避免土地价格上的无序竞争；另一方面，现行的土地流通体制不利于中原城市群低成本高效益的迅速发展，需要进一步改革，而改革在城市群一体化整合过程中必须统一进行。两个方面结合起来，以改革统一操纵程序，一步到位解决城市群的土地问题。

（一）城市群内的土地一律收年租，禁止市场交易

地租是土地的资本化，是土地所有权和使用权土地只要实行租赁制，就已经和市场经济完全接轨了。土地的产权交易客观上否定了土地的公有制，是对全民所有权的一种剥夺。近20年的土地批租、产权交易，侵犯了土地全民所有制和集体所有制，使社会经济进步的成果转化为少数地产商巨额的寄生性收入，腐蚀了许多地方官员，挤占了大量银行贷款，加大了发展的社会、经济和政治成本。城市群应率先废除土地批租制度，城乡土地一律实行年租制。土地使用权年租制作为新的土地经营方式，具有多方面的优越性：

其一，有利于加快土地使用制度改革的进程，降低经济发展成本。年租制实现了土地使用权在期限上的零星出卖，不要求一次性支付全额租金（出让金），将租金化整为零，承租人逐年缴纳，减轻了承租人的负担，对于一般企业来说易于接受，这一点适应了中原城市群现阶段各企业资金相对紧张的实际情况。

其二，有利于土地资源的优化配置，增强土地的集约使用。由于历史原因的影响，许多企事业单位的土地都属于划拨使用，这些土地之中有相当数量未得到充分利用。对于这些划拨土地实行年租制就迫使用地单位节约利用土地，要么就加强土地的利用，要么就把闲置土地退还，从而促进中原城市群内土地利用由粗放型向集约型转变。从另一个角度来看，土地使用需要缴纳租金，由于地段或用途的不同引起租金的变化，用地单位不得不考虑用地成本，因此可通过年租制调节土地使用，优化土地使用结构。

其三，有利于平抑房价。据有关资料统计，我国商品房价格构成中土地费用及税金占45%，而国际社会成熟商品房价格构成中此项费用仅占20%。如果实行年租制，将房产使用权（所有权）和土地使用权分离，将原来购房时一次性缴纳的土地使用金分期缴纳，定可以大幅降低房价，大力推动中原城市群内住房商品化进程，推动房地产业的快速发展。

其四，有利于政府可持续筹集资金，加强基础设施建设。在市场经济条件下，土地是一笔巨大的财富，自我国实行土地有偿使用以来，土地收入在财政收入中的比重日益增强，在城市基础建设中发挥了巨大的作用，但与发达国家相比仍显不够。年租制的实行，可以使国家每年都有稳定的资金收入，可以为城市建设注入新的能量，缓解城市财政压力。

其五，年租制可以从根本上杜绝寅吃卯粮的泡沫经济和经营城市的政绩工程。实行了年租制，政府可以利用地租的租率来调节产业结构和空间结构，推动产业结构升级。城市群每年有一个稳定的不断增长的收入，经过省人大特许可以用于社会保障等社会公益事业。

（二）农村集体的土地也一律采取租赁制

无论个人还是企业和政府占用集体的土地也必须逐年交租。农民进城定居，按人口份额带走租金，把这部分租金上缴落户地政府财政。农民向落户地政府交纳土地租金，就获得了市民资格，享受一切市民待遇。今后城市群各个城市扩容所需土地不再向农民集体征用土地，而是租赁土地。租金应该按级差地租原理和城市土地租金对接。

（三）农民用土地换社保，可以带土地进城

目前农村的主要矛盾是人多地少，城市扩容占用了耕地之后，农村社

区内部土地调整是相当困难的，农业生产周期长，也不宜频繁调整。既然要进城的农民必须把租金上缴给政府，那么租金就没有必要经过社区集体倒手。应该采取变通措施，政府把占用土地上的全部农户一次性变为城市居民，这部分土地直接划归全民所有。当然这必须采取农村社区自愿的原则，不能强制。一部分农民退出集体，带着属于他们的那份财产走，是名正言顺的。这样政府和集体农民就免除了因征地而产生的纠纷，农村人口的城市化和土地的国有化有机地结合起来，大大降低了二元结构转换的经济成本、社会成本和政治成本。

五、建立统一的政绩考核体系

长期以来，对地方干部政绩的评价与考核过分强调量的增长方面的指标，忽视了发展方面的指标。GDP、投资成了核心和定性指标。这种政绩考核体系不断强化地方政府官员的企业化、诸侯化意识，把自己的行政辖区当作一个国家来经营，使经济区域和行政区域的矛盾日益尖锐。再加上官员在地区间频繁调动，更使地方政府在经济竞争中急功近利，寻求短期经济行为，从而使国民经济的发展缺少可持续性。现行的政绩考核方式已经成为区域整合的严重障碍，必须把建立新的城市群统一的政绩评价体系，促进中原城市群一体化。政策确定之后，干部就是决定因素。政绩考核指标是干部行为的指挥棒，没有符合科学发展观的科学的政绩考核指标体系，中原城市群的一体化整合，无论多好的路线图都将寸步难行。

新的政绩评价体系应该根据城市群整合路线图的进展逐步调整。组织部门在政府部门编制规划的同时，根据科学发展观和政绩观，加快制定新的政绩评价体系。建议新的指标体系摒弃以 GDP 为核心的数量型指标，建立以发展度为核心的结构型指标体系。例如，社会保障度和覆盖率、医疗教育水平、社会就业水平、人口城市化率等等。

第三节　中原城市群重大战略措施

为确保上述路线图实施，还必须采取一些前所未有的重大战略措施，推动城市群一体化每一个步骤的顺利实施。

第四章 中原城市群整合的基本思路

一、成立"9 + 2"中原城市群协调管理委员会

中原城市群的经济一体化运作绝对不可能离开河南省委、省政府的支持和直接介入。由于现行政治体制下各城市往往各行其是，只顾本市发展，以往建立的由各市市长或副市长组成的市长联席会来协调中原城市群内合作事务，虽然取得了一定的成效，但仍没进入到更具现实意义的发展层面。其主要原因在于组织松散，没有权威性，没有约束力。对此我们可以参考国外一些国家的成功经验。例如美国田纳西河流域管理局，它是美国国会授权，集规划、执行和管理等功能于一体的机构，使田纳西河流域的整治开发得以顺利进行。因此我们建议成立一个权威性较强，且高于各个城市等级的专门机构来专门就中原城市群有关发展问题进行统筹规划、协调政策与各方利益。例如河南省中原城市群协调管理委员会，下设办公室处理日常工作。

河南省中原城市群协调管理委员会应实行"9 + 2"体制，9 个城市的一把手加上省委书记和省长，河南省发展改革委、财政厅等部门的负责人也必须参加。河南省中原城市群协调管理委员会的基本职能应包括：制定并贯彻实施中原城市群发展总体规划；提出中原城市群经济发展与区域经济协调的建议并报请河南省政府与立法机构审批；具体执行经立法程序通过的政策、总体规划与其他规划，与地方政府合作协调不同地区利益主体间关系并约束地方政府行为；约束有关部门的区域资源的使用方向；组织实施跨区域重大项目，组织研究重大区域问题；审查和监督区域政府间自主达成的区域合作规则的执行情况等等。同时，还要赋予这一权威性机构与其职能相匹配的权力和资源，进而理顺其与省人大、省政府以及其他相关职能部门的关系，并使之法规化、制度化。

尽管河南省政府在促进区域政府合作中发挥着重要的作用，但各市政府毕竟是区域合作的主要参与者，为了发挥各地方政府的积极性，还应建立一个反映各市意愿、能获得区域内各政府普遍认同、具有民主的治理结构、跨行政区的、经常化的市长联席会议或协会。市长联席会议相当于中原城市群议事机构，在组织协调实施跨行政区的重大基础设施建设、重大战略资源开发、生态环境保护与建设以及跨区生产要素的流动等方面有决策权。凡市长联席会或协会形成的决议，省政府的管理机构都应该给予支

持，市长联席会议而不决的问题，由省政府中原城市群协调管理委员会出面协调。

二、统一制定经济社会发展规划

在本规划的基础上由省政府中原城市群办公室牵头制定更为具体的全面的中原城市群经济社会发展规划。中原城市群中长期发展总体规划是中原城市群发展的"总纲"、"宪法"，其重点是制定和调整中原城市群在全国的功能定位，规划好各城市在总体定位中扮演的角色，产业结构和空间结构调整的方向。发展规划不仅是行动指南，更重要的是规划制定过程就是一个协调矛盾、统一认识的过程。为了使中原城市群实现上述发展目标，落实功能定位，首先应在规划层面取得一致认识，因此制定经济社会发展中长期规划特别是"十二五"以后的中期规划，必须做到反复讨论、几上几下，必须征得市长联席会的同意和省政府、省人大的批准。

五年规划必须符合总体规划的要求，规划的起草过程类似于总体规划，群内各市共同参与，在总体规划指导下落实各项措施、政策，反复商讨、务求一致。城市群五年规划在 2/3 以上的群内市人民代表大会审议通过后即可生效，少数未批准规划的城市必须遵照执行，不能退出城市群。

自"十一五"规划起，各个城市必须根据中原城市群五年规划制定本市经济社会发展五年规划，应该认真执行城市群五年规划的各项要求，不能采取与城市群五年规划相冲突的政策和措施。各市五年规划必须得到城市群市长联席会议的批准后才能报本市人大审批。

省政府中原城市群协调管理委员会办公室和各级发展和改革委员会每年应对规划执行情况做出评估并向省政府和省人大做评估报告。对未能很好执行城市群五年规划的城市分析原因，及时协调。

三、推动城市群各大行业的龙头企业重组

食品产业、煤炭业、电业、铝业、专用设备和玻璃制造业是中原城市群优势行业，商贸物流业和旅游业是中原城市群潜在优势行业。目前这些优势行业受传统体制的约束，在行政力量的主导下分散在各市之中，并未按其内在经济关系形成合力，甚至产生城市群内无序竞争。为此，有必要引导这些行业在城市群内组建股份制的行业企业集团公司，让集团公司在

经济规律的指导下，将城市群内同行业企业有机地组织在一起，形成国家级大型企业集团，这不仅有利于整合城市群内资源，优化城市群内资源配置，而且有利于城市群这些支柱行业参与国内和国际竞争。

组建企业集团应采取政府引导，市场驱动的原则，遵循市场经济规律在平等协作、利益共享的基础上组建。既要考虑到现有企业的利益，也要照顾到各级政府的利益，更要看到未来的预期收益。

企业集团总部所在地可考虑以郑州为基地组建物流企业集团和旅游企业集团，以洛阳为基地组建机械工业集团、电力企业集团和玻璃制造业集团，以平顶山为基地组建煤炭工业集团，以焦作为基地组建铝业企业集团，以新乡为基地组建电气机械企业集团，以漯河为基地组建食品产业集团等等。行业企业集团的组建是一个非常复杂的系统工程，应作为专题做出规划。

四、组建中原银行

城市群金融一体化是城市群发展必不可少的润滑剂、助推剂。然而，从课题组对中原城市群 460 家企业经营环境调查结果来看，中原城市群金融环境是企业经营中最为突出的问题。在企业经营环境 14 个选项中，贷款方便程度和贷款非正常支付得分最低，不少企业显然带着情绪对这两项打了 0 分。这说明，现有金融体系很难适应城市群发展需要，金融环境急需创新。组建中原城市群银行就是这一创新的战略性举措。另外，国有银行和其他股份制商业银行在中原城市群内的分支机构，由于体制原因，"惜贷"现象普遍，甚至受市场引导和利益驱使，通过上下级行之间的资金调拨将资金投向东部。若在中原城市群内设立区域性的中原城市群银行，由于其分支机构和总行在同一区域内，对本地经济在资金上的贡献必定要大大高于一般银行的分支行，从而能够有效地改变资金"孔雀东南飞"的状况，也能够重点支持中原城市群内"共建共享"的基础设施建设。

从目前的情况来看，中原银行的成立不仅有其必要性，而且有其可行性。

其一，中原城市群的经济总量比较大，发展速度比较快，人口众多，这些因素带来众多的金融需求使金融机构的经营有着广阔的市场。以郑州为例，作为我国三大期货交易市场之一，郑州商品交易所主要是进行小麦期货的交易。现在该交易所小麦期货的交易量已经跃居全球七大期货交易市场的第三位，交易量最大的时候是一年一万多个亿，这巨大的资金流肯定要有相应的银行和金融机构来支撑。再比如郑州现在建成一大批批发市场，有许多批发市场年交易额都在几十个亿以上，巨大的商流背后肯定是资金的支持，巨大的资金流需要有金融机构作支撑。郑州商贸物流业的发展，给本地的金融业提供了充足的资金流和广阔的发展空间，而资金流的方便和快捷也必将进一步促进郑州商贸物流业的发展壮大，围绕着郑州商贸城的建设，郑州市已经将郑州定位于金融服务中心，争取用十几年的时间，将郑州市打造成我国中西部的金融中心。

其二，金融界"郑州现象"显示中原城市群内金融业发展潜力。近几年来，外来的股份制商业银行在郑州是来一家，火一家，几乎每一家的主要业务指标都在其本系统内位列三甲。各股份制商业银行郑州分行的这一现象，已成为金融界的"郑州现象"，格外引人关注：2001 年来到河南的浦东发展银行，其郑州分行存贷款增量连续 3 年居全系统第一，2005 年年初以来国际结算量增长幅度居河南同业之首；2002 年开业的招商银行郑州分行，多项业务指标均居招商银行新建分行之首；开业已近 9 年的广东发展银行郑州分行，作为广发行系统内第一家存款突破 200 亿元的分行，在当地市场所占比重已连续多年居广发行系统第一位。

其三，中原城市群内现有各城市合作银行（城市商业银行、城市信用社）是成立中原城市群银行的良好基础。中原城市群银行可考虑以各市城市商业银行、城市信用社为基础，协调好各方利益，本着自觉、自愿和市场化的原则，进行资本重组和机构联合。其过程可以先从业务联合方面开始，相互开通结算、银行卡等业务，然后启动资本融合，互相参股，业务整合，相互借鉴先进理念和管理模式，发挥资源互补的优势，充分享受地区经济整合带来金融整合的市场机会，最终形成 9 个城市连成一体的股份制商业银行。在此过程中，可加快加大吸纳社会资本、民营资本、外国资本参股，解决资金不充足的问题。特别是要注意吸纳中原城市群内有实力的企业参股，政府也可适当参股。无疑，这是一场深刻变革，涉及到方方面面的利益调整，但是一个必然趋势，是中原城市群发展的内在需求，也是金融服务于城市群的必然选择，也将使城市群内的城市商业银行在更高层次上配置资源，增强竞争力。在这一过程中，各市政府要从中原城市群发展的大局出发，避免地方保护主义，为城市商业银行参与整合提供有利条件，尽量减少行政壁垒。

五、创建一体化商贸物流体系

物流是经济体系的营养和命脉，中原城市群要发挥国家级物流中心的功能就必须整合群内资源，形成统一的物流体系，这样才能联接群内成一体并辐射全国。然而，目前城市群内不仅物流业尚处于萌芽状态，而且各自为政，都要成为物流中心。如郑州、洛阳、焦作、新乡在规划中均提出建成现代物流中心。而事实上，中原地区不可能需要如此之多的物流中心，这也从另一个侧面说明，必须对中原城市群物流中心的功能有一个统一规划，建立统一的物流体系，这是推进中原城市群一体化，发挥中原城市群应有功能的又一战略性举措。要以中原城市群的建设为契机，真正落实国家有关促进物流业发展的政策，鼓励物流企业发展，同时，打破城市之间的市场分割和封锁，实现物流信息共享。由物流企业协商建立物流协会，组建信息平台，建立规章制度，促进物流企业在公平、公正、公开的环境下成长。政府要进一步加大对物流企业发展的支持，落实好国家发改委等9部委关于促进物流业发展的意见。

在布局上，建设郑州商贸物流中心，提供信息交流平台。在郑州建设商贸物流中心是比较合理的：一是郑州是全国的交通枢纽，交通方便。二是郑州是中原城市群的中心，是河南的政治、经济和文化中心，信息比较发达。三是郑州未来发展潜力巨大。

在郑州建设商贸物流中心，发展真正现代意义上的物流业。一是要逐步将郑州现有的物流企业根据自愿互利原则进行整合，并逐步扩大其企业规模。二是要在物流中心的基础上建立中原城市群物流信息中心。三是将各市的运输企业纳入郑州物流中心。这样就形成郑州物流中心面向全国市场，其余8市面向郑州物流中心的格局。

六、延伸产业链，提高群内产业关联度

中原城市群一体化的目标模式是形成一个区域共同体。这个共同体应该产业上相互依赖，贸易上互为市场。我们把在共同体内部自产自销称为内贸，把与共同体外部贸易，无论是国外，还是区外，都称为外贸。我们把内贸占GDP的比重称为自强度，把外贸占GDP的比重称为对外依赖

度。自强度和对外依赖度的比重，多少为合理，要看区域共同体人口和经济规模。越大的地区对外依赖度应该越小，越小的地区对外依赖度应该越大。在国内市场还没有统一，人口流动的机会成本比较高的条件下，对外依赖度与本区域共同体的人口和经济规模不对称，很容易随着其他地区的波动、国家经济的波动而波动。长三角地区，对外出口轰轰烈烈，规模很大，其实70%左右的产品是在本地区内销售的。

在当前的情况下，根据中原城市群的人口和经济规模，自强度和对外依赖度六、四开比较合适。这样有利于城市群经济社会的稳定、繁荣，要尽量使城市群的农民工在本共同体内就业。目前经济发展比较缓慢的地区，大量的农村劳动力以半义务劳动的所得为外省、外市创造GDP，GDP算到别人的账上，社会负担留给了自己。这是不得已而为之。中原城市群要繁荣、强大，必须千方百计减少经济利益外流，要把本共同体内的消费水平搞上去，把自强度搞上去，不但要用好本区域的自然资源，还要用好本区域的人力资源。

在城市群一体化的前两个阶段，加强内部贸易联系是改善城市群内部结构，提高整体功能的重要方面。课题组对中原城市群750多种产品调查显示，企业产品52.5%的原料来自河南省内，42.5%的产品在河南省内销售，受调查规模的限制，课题组没能得到城市群内各城市相互之间原料采购与产品销售的比重，但可以肯定，其比重肯定低于上述数字。为了加强内部联系，把自成体系的9个城市整合为结构合理，功能强大的整体，有必要进一步加强内部贸易联系。其要点，一是扫除内部体制障碍，破除区内相互封锁，形成区内统一市场；二是合理确定各市产业分工，强化各市之间的产业联系；三是推进城市群内金融一体化，为内部贸易提供金融支持。

争取在三个五年规划期内，使城市群内分层次的自强度和对外依赖度的比例分别为：县三、七开，市四、六开，城市群六、四开。

第五章　城市群应该争取的政策

加速中原城市群的发展，不仅能带动河南省经济社会发展，而且是整个中部崛起的战略重点。因此，河南省政府和中央政府应采取政策支持中原城市群的发展。

第一节　编制中原城市群区域发展规划

目前，国家把长江三角洲、京津冀都市圈作为区域经济规划的重点，这种提高规划等级的做法对解决跨行政区的经济区域一体化是很有必要的。但不能忽视中部，中部崛起是国民经济结构战略性调整的战略性所在。最需要区域经济一体化整合的是中原城市群和武汉城市群。从实现区域经济协调发展的大局上讲，我们应该把中部人口和城市密集、产业发展潜力大、交通便利的若干城市群作为国家级战略规划的重点。这些地区正处于发展的困惑和成长的烦恼阶段，把这些地区的区域经济发展规划作为国家级规划，由国家部门来主持规划工作，对他们来说无疑是雪中送炭。河南提出发展中原城市群的构想符合国家区域经济协调发展的战略意图，已开展的相关工作是扎实有效的，完全可以把中原城市的建设和发展作为实现中部崛起的重大战略支撑点和突破点。

第二节　将中原城市群列为中部崛起战略体制改革试验区

中部要崛起，不可能靠国家投入和外资投入，而是制度创新、体制突破，通过改革激发潜在的能量。这就需要一个先行者。中原城市群作为中部地区的典型代表，可以考虑成为中部以改革促崛起的体制改革试验区。

中部崛起是在沿海开放、西部开发、东北振兴之后才提出的区域发展战略，当前，在加入 WTO 的大背景下，已不可能再有沿海开放那样的吸引外资优惠政策；中央财政已投入大量财力用于西部开发和东北振兴，中部崛起恐怕也难以像西部和东北那样获得中央财政的大量投入。但另一方面，中部地区具有较好的产业基础和人才、科技储备，但目前囿于传统体制，区域分割、城乡分割、政府行为不规范导致生产要素不能得到最优配置。如土地制度、城乡分割制度、社会保障制度、财政体制等明显不能适应中部崛起的需要。因此，建议把中原城市群列入实施中部崛起战略体制改革试验区，中原城市群率先实行体制改革，待积累经验、完善政策后在中部地区乃至全国推广。

第三节　加大老工业基地改造的支持力度

中原城市群与东北老工业地区一样，拥有一批老工业城市。仅国家在"一五"期间投资兴建的 156 个重大项目中，洛阳就有洛拖、洛铜、洛轴、洛矿等 7 个。郑州的机械制造和棉纺织工业也是在"一五"、"二五"时期陆续建设发展起来的。这些老基地为我国经济建设做出了巨大贡献。近年来，这些老工业基地坚持走新型工业化道路，积极运用高新技术和先进适用技术改造传统产业，加大工业结构调整力度，加快国有企业改革步伐，为老工业基地增加了新的生机和活力。但要想从根本上解决老工业基地长期以来形成的问题，除了依靠地方和企业的力量之外，也需要国家给予大力支持。众所周知，中原城市群内的老工业基地与东北老基地有着相同的经历和现状，因此应该受到同等的待遇。所以建议洛阳、郑州等老工业基地享受与东北老工业基地同样的优惠政策，支持老工业企业的改革改造，在税收、资金安排、社保转移支付等方面给予扶持。

第四节　加快推进中原城市群城市化

中原城市群目前属于城市化水平较低的地区，要达到至 2020 年城市化水平65%的目标，城市化过程中财政负担很重。建议中央财政加大返还中原城市群内各城市上缴国税的比例，用以支持中原城市群城市化，使其加速补上发展的历史欠账，力争到2020年城市化率达到65%的水平，形成进一步自我良性发展的能力。

第五节　把郑州提升为副省级城市

加快中原城市群发展，首先要加快大郑州建设，提高首位度，增强辐射带动力。要以国家区域性中心城市为目标，致力于提高郑州市的开放性、服务性和创新性，强化直接体现集聚功能的产业载体，改善有利于聚散功能发挥作用的外在环境和传导机制。郑州市作为近亿人口大省的省会，是全国重要的交通、通讯枢纽和物流中心，区位优势明显。2003年市区常住人口超过300万人，生产总值超过1000亿元，在世界银行对2003年中国城市综合投资环境的评估中排名前十位，已成为在我国具有较大影响力的特大型城市之一。为更好地发挥郑州区域性中心城市的带动作用，建议把郑州升格为副省级城市，使其尽快成为中原城市群发展的龙头、河南省先进制造业和高新技术产业基地、现代服务业中心、现代农业示范区及经济社会的核心增长极，并努力建设全国重要的现代物流中心、区域性金融中心、区域性科教文化中心和中介机构集中、竞争力强的现代化城市。

第六节　在建设用地方面给予中原城市群更多支持

河南是我国人口第一大省，农村人口比重大，长期以来工业、服务业发展相对滞后，城市化率只有27.2%，低于全国平均水平13.33个百分点。目前，中原城市群正处于加快推进工业化、城市化的关键时期，在推进工业化、城市化进程中不可避免地会增加建设土地，现有的建设用地分配不能满足中原城市群加快发展的需要，部分在建项目、新开工项目、招商引资项目因建设用地紧张已受到影响。因此，建议中央在建设用地指标分配上进一步实行有保有压、区别对待的土地政策，适度增加中原城市群内城市的建设用地规模，对符合国家产业政策的重点建设项目尽可能给予用地保障。

总之，中原城市群的发展，需要在中央政府良好的政策引导下，依靠河南省政府和区域内各市政府间对区域整体利益所达成的共识，运用组织、制度和市场等综合资源实现，从而塑造中原城市群区域整体优势。当然，强调运用组织、制度等资源来推动中原城市群经济一体化，并不是强调用政府的力量去替代市场，而是试图通过区域内各市政府和河南省政府的共同行动，辅以中央政府的支持，一起尝试并进行以市场化为导向的制度创新，为中原城市群区域内社会经济资源的优化配置提供一个一体化的制度平台。

第六章　中原城市群的功能
　　　　　定位与发展方向

　　本章讨论中原城市群在全国新的区域经济格局中的重要地位，强调从更大的尺度，即"中部"地区、陇海兰新产业带和京广产业带结合部来把握中原城市群的战略定位和空间发展方向，着眼于中部崛起，论证中原城市群整体功能。

第一节　中原城市群在全国区域发展中的地位

　　中原城市群战略是为振兴河南经济而提出的，但不能把中原城市群仅局限于河南省视野内。只有把中原城市群放在更大的空间尺度，置于全国区域发展的大格局中，审视中原城市群在国内城市体系和产业分工体系中所处的位置及今后可能发生的变化，才能扩大视野，前瞻未来。

一、中部是中国经济的腹地，是中国经济振兴的关键环节

（一）中部塌陷制约中国全面小康社会建设进程

　　2003 年中国 GDP 总量居世界第七，贸易量排名世界第四位，综合国力比改革开放之初有了翻天覆地的变化。在中国经济整体取得了长足进步的同时，区域发展不平衡问题没有得到很好的解决。整个区域发展呈现出东部繁荣、西部开发、东北振兴、中部（山西、安徽、江西、河南、湖北、湖南）失色的格局。中部地区表现出发展速度落后于西部，发展水平落后于东部的塌陷之势。

1. 中部在全国经济格局中的地位下降

中部是中华文明的发源地，是中国重要的商品粮基地，按照三大地带的统计口径，1980 年中部 9 省占全国经济总量中的比重是 30.1%，到 2003 年这一比重已经下降为 26.3%。反映在人均 GDP 水平上，1980 年中部地区人均 GDP 相当于全国平均数的 84.6%，1990 年下降到 82.36%，2003 年，中部地区人均 GDP 相当于全国水平的 86.43%。而东部人均 GDP 由 1980 年高于全国平均水平 23.9%，到 2003 年高于全国平均水平将近 70% （见表 6-1、表 6-2）。

表 6-1　　　　　　　1980～2003 年中部 GDP 占全国的比重　　　　　　单位：%

年份	1980	1990	2000	2001	2002	2003
中部	30.1	30.2	27	29.9	26.6	26.3
东部	55.7	55	59.4	66	59.9	60.9
西部	14.2	14.8	13.6	15	13.5	13.4

表 6-2　　　　　　　　　1980～2003 年中部人均 GDP

年份	1980	1990	2000	2001	2002	2003
全国人均 GDP	460	1634	7086	7651	8214	9073
东部地区	570	2129	11012	12071	13335	15337
中部地区	389	1346	5895	6401	6978	7842
西部地区	318	1162	4542	4942	5883	6087
各地区人均 GDP 相对于全国人均水平的比例						
东部地区	123.90	130.32	155.40	157.77	162.34	169.04
中部地区	84.60	82.36	83.20	83.66	84.96	86.43
西部地区	69.13	71.09	64.10	64.59	71.62	67.08

资料来源：根据《中国统计年鉴》相关年份整理。

中部不仅在经济实力上落后于东部，自从西部大开发政策后，GDP 增长速度上连续 3 年落后于西部，2003 年，东部 11 省市、中部 8 省和西部 11 省区市 （未包括西藏）GDP 增长速度分别为 12.88%、10.37% 和 11.27%，西部 11 省区市 GDP 增长快于中部 8 省 0.9 个百分点。

从投资增长来看，2001 年是西部超越东部和中部的分界点，连续三年西部开发区全社会固定资产投资增长速度高于中部（8省，含黑龙江和吉林）3%左右（见表6-3）。

表6-3　　　　　　　各地区全社会固定资产投资及增长率

年份	全社会固定资产投资（亿元）				全社会固定资产投资增长（%）			
	东部	中部	西部开发区	地区合计	东部	中部	西部开发区	地区合计
1998	16369.71	6023.32	5046.8	27439.83				
1999	17330.27	6217.05	5421.3	28968.62	5.87	3.22	7.42	5.57
2000	18752.47	7033.54	6110.72	31896.73	8.21	13.13	12.72	10.11
2001	20874.16	8058.98	7158.76	36091.90	11.31	14.58	17.15	13.15
2002	24183.47	9336.21	8515.36	42035.04	15.85	15.85	18.95	16.47
2003	32140.13	11620.72	10843.51	54604.36	32.90	24.47	27.34	29.9
2000~2003					19.67	18.22	21.07	19.63

注：1. 资料来源：根据国家统计局编《中国统计年鉴》；2. 增长速度按当年价格计算；3. 地区合计为各省份之和，未包括不分地区，地区合计小于全国数据。

2. 中部省份呈现离"中"现象

经济发展，特别是在起飞阶段，资本是不可欠缺的重要因素。由于国家西部大开发政策的倾斜，西部在全社会固定资产投资中比重快速增长，而中部则呈现胶着盘下之势（见表6-4）。

表6-4　　　1995~2003年西部开发区占全社会固定资产投资比重　　单位：%

地区	1995年	1998年	1999年	2000年	2001年	2002年
东部11省市	62.50	59.66	59.82	58.79	57.84	57.53
中部8省	20.82	21.95	21.46	22.05	22.33	22.21
西部开发区	16.68	18.39	18.71	19.16	19.83	20.26

有人计算过，中国人均固定资产投资每增加1%，就可以带来人均GDP增长0.3%。因此，努力获取资本资源就理所当然地成为地方政府应对竞争的首位工作。但是，在吸引资本的竞赛中，中部地区明显落后了。资本资源在中国存在着两种流动机制和方式：一种是受中央政策影响的，以财政划拨和银行政策性资金分配为代表的政府主导性资本；另一种是受

市场引导影响的，以外资、民间资金和资本市场提供的资金为代表的市场主导的资本。研究表明，两种资金的机制是不同的。有人计算，20 世纪90 年代以后东部地区多数年份是几百亿元的国内资本净流出，但加上外资后则成为多数年份超过 2000 亿元的资本净流入状态。而中部基本呈资本净流出状态，西部是每年仅增加 100 多亿元的流入格局，由于中部对资源吸引力不够，从地域上属于中部的省份，纷纷去"中"，内蒙古争取到了西部大开发的政策，并入西部大开发地带，吉林、黑龙江在东北振兴的政策下重新明确了自己的经济区位，湖北强调自己的长江经济带地位，安徽部分地区希望挤入长三角经济区，剩下的几省，也以"非东非西，不是东西"来自嘲。这样一个局面如果不能迅速得到扭转，中部地区腾飞连起码的人气都会丧失了。

3. 中部地区城市化水平滞后

中部地区经济发展势头下降，而一个重要表现是城市化水平滞后。1990 年全国城市化水平为 26.41%，2001 年达到 37.7%，2002 年为39.09%，年平均增长 1.05%，中部地区 1990 年城市化水平 20.19%，2001 年达到31.25%，年平均增长 1.0%，呈稳步上升趋势。但仍然低于全国的平均水平，且差距 1990 年为 6.22%，2000 年为 6.36%，2001 年为 6.45%，有逐步扩大的趋势。在区域内，六省的城市化发展水平差距较大，城市化水平较高的湖北省（41.35%）与城市化水平最低的河南省（24.4%），差距达到 16.95 个百分点。

从大城市发育情况看，中部也相对落后。1980 年全国有 18 座 100 万以上人口城市，其中有 5 个分布在中部占 27.8%；28 座 50 万~100 万人口城市，其中 13 座分布在中部，占 46.4%；2002 年中部六省有 100 万以上人口城市为 38 座（全国 161 座），50 万~100 万人口城市为 82 座（全国 279 座），分别占全国的比重为 23.6% 和 29.3%，中部不仅 50 万~100万级城市发育迟缓，在特大城市发育方面明显落后，全国 10 个 400 万以上人口城市中部只有 1 座，200 万~400 万人口城市也只有 3 座。缺乏大城市，使中部经济发展没有形成龙头带动效应。

（二）中部塌陷是中国经济发展过程中深层矛盾的折射

中部地区在全国区域经济中占有重要地位。山西、河南、安徽、湖北、湖南和江西6省土地面积102.7万平方公里，占全国的10.7%；2003年，人口总数3.6亿，占全国的28.1%；国内生产总值2.6万亿元，占全国的22.5%。中部地区是全国重要的农产品生产基地，粮、棉、油产量分别占全国的30.6%、35%和41%，肉类总产量占全国的28.8%。中部地区是我国重要的能源原材料和加工制造业基地，原煤产量和发电量分别占全国的31.9%和20.9%，汽车、机械、化工、农产品加工等产业较为发达。中部地区旅游资源十分丰富，全国重点风景名胜区、历史文化名城众多。中部地区还拥有丰富的科教资源，武汉东湖是全国第二大智力密集区，合肥是全国四大科教基地之一。但改革开放20多年来，中部的发展势头明显受到抑制，这不仅有政策原因，更主要的是我们必须要对整体外向型发展战略进行反思。

1. 中国经济增长过程中最严重的问题是对外依赖度过高

中国经济增长过程中，最严重的问题是对外依赖度过高，从行业、区域发展到国家经济增长都呈现出对外资的高度依赖。

2001年，外资企业占我国工业增加值的25%、税收的18%和利润的31%，占出口的52%、进口的50%（见表6－5）。

表6－5　　　　　　2001年三资企业在全部工业中的比重　　　　单位：亿元

指　　标	全部国有及规模以上工业	三资工业企业	三资/全部工业（%）
工业总产值	95449	27221	28.5
工业增加值	28329	7128	25.2
销售收入	93733	26022	27.8
税收	5572	1002	18
利润	4733	1443	30.5
增加值率	29.68	26.19	低3.5%
总资产贡献率	8.91	9.83	高0.9%
劳动生产率	52062	75913	高45.8%
进口（美元）	2662	1332	50
出口（美元）	2436	1259	52

资料来源：《中国统计年鉴（2001）》。

特别是增长快的行业，利用外资的比重也较大。如2001年电子设备制造业工业增加值年均增长 22%，三资企业所占比重高达 67.2%，仪器仪表、电器机械行业的比重也分别高达 50% 和 34%。可见，外资利用及跨国公司转移制造能力对我国工业发展起到了重要作用（见表 6 – 6）。

表 6 – 6　　　　　　外商投资企业对增长速度最快行业的贡献　　　　单位：%

行　　业	1991～2001 年均增长速度	2001 年外资企业工业增加值占全行业的比重
普通机械制造业	24.1	23.1
电子及通信设备制造业	22	67.2
交通运输设备制造业	18.8	31.8
石油加工及炼焦业	13.6	8.2
仪器仪表及文化、办公用机械制造业	13	49.9
专用设备制造业	12.8	16.2
化学纤维制造业	9.6	32.9
电气机械及器材制造业	12.4	33.7
饮料制造业	11.4	28
医药制造业	12.2	24.2

资料来源：《中国统计年鉴（2011）》、《中国工业经济年鉴（2001）》。

　　从区域来看，也呈现出同样的特点，外资集中的东部地区经济增长速度高，中西部对外资吸引力度差，经济水平略低。

　　一个国家的进口和出口贸易总额在本国国内生产总值（GDP）中所占的比重被称为该国的外贸依存度。外贸依存度反映了一个国家经济对外贸的依赖程度和参与国际分工的程度，折射出其经济发展战略的许多构成要素，并对其国际关系产生重要的影响。统计表明，从 1980～2001 年，美国、日本、印度、德国的外贸依存度大体稳定在 14%～20% 的范围内。同一时期，中国外贸总额却连创新高，外贸依存度从 15% 一路蹿升，2003 年更高达 60.2%，远远高于上述发达大国和发展中大国的水平。

　　中国作为一个发展中的大国，经济发展过程伴随着对国际市场的高度依赖，这和世界上其他大国的发展战略是有本质差异的，改革开放以来，中国遵循比较优势原则，大力发展劳动密集型产业，中国贸易盈余大部分来自劳动密集型产品。2002 年海关统计显示，我国出口商品中 55% 是属于来料加工或进料加工，是典型的劳动密集型产品；一般商品贸易占

41.8%，其中绝大部分属于日用消费品和杂品，同属于劳动密集型产业。从 1980 年到 2001 年仅普通贸易中的杂品出口就为中国实现了 5000 多亿美元的贸易盈余，为中国外贸增长作出了重要贡献。但随着其他一些发展中国家开发市场，中国的比较优势受到了很大的挑战。具体表现在，单纯的价格竞争使产品的价格普遍大幅度下降，以致使各国采取措施，对中国产品实施"反倾销"贸易制裁，使我国成为世界上反倾销和保障措施的最大受害国。截至 2002 年 10 月底，已有 33 个国家和地区发起了 544 起涉及我国出口产品的反倾销和保障措施调查，涉及 4000 多种商品，影响了我国约 160 亿美元的出口贸易，对我国出口已造成严重影响。也提示我们外向型为主的发展模式需要全面反思。

2. 对外依赖度高的原因是内需不足

中国外贸依存度增长到了今天这样的高度，如果继续快速增长下去，那么，消极因素的积累将危及我国的可持续发展。转变外贸依存度过高的根本措施是启动内需，总需求由消费、投资和出口三大部分构成。从世界其他国家总需求结构看，不论发达与不发达国家一般在总需求中，消费占比超过70%，2003 年我国居民消费占总需求的比重仅为43%。我国的内需不足主要是消费不足。当前消费市场存在着明显的"二元结构"特征，一方面城市需要新的消费热点和升级换代产品，使有效需求得以释放；另一方面是广大农村市场有待开发。而后者是主要矛盾。

3. 内需不足的根源在于城乡二元结构

伴随中国经济的高速成长，许多深层社会矛盾也在不断积累，进入20 世纪 90 年代中期以来，城乡二元社会结构的矛盾空前尖锐起来。2000年占人口 64%的 8 亿农民收入仅相当于城市居民收入的 36%，比 1978 年还低 3%。

2000 年，我国农民家庭平均每人总收入为 3078.80 元；现金收入为2398.28 元；纯收入为 2253.42 元。现金支出仅 2140.37 元，其中生活费支出 1284.74 元。仅就生活费支出而言，占人口 63.78%的农民现金消费支出总量只相当于城镇人口消费总量的 43.77%。农民平均仅仅 1285 元的现金消费，加上消费中很多是非工业品（464.26 元，占 36.14%），盖房子用的主要是手工业产品原料（231.06 元，占 18%），因此农民对现代社会生产的消费品和提供的服务需求很低，大约人均不足 800 元，其中现代典型意义的工业产品和服务支出与城镇差距极大（见表6－7、表6－8）。

表6－7　　　1978~2000 年我国城乡居民人均纯收入与年均增长率

年　　份	1978	1990	2000
城镇居民（元）	343.4	1510.2	6280.0
农村居民（元）	133.6	686.3	2253.4
城镇比上阶段增长（%）*		4.76	6.83
农村比上阶段年均增长（%）		7.91	4.51
城镇居民收入/农村居民收入	100/39	100/45	100/36

资料来源：《中国统计年鉴（2001）》。
*：增长率按指数换算。

表6－8　　　　　　　2000 年我国农村与城镇居民人均
部分生活消费现金支出项目比较　　　　　　单位：元

	消费支出总计	后项合计	衣着	家庭设备/服务	医疗保健	交通和通讯	文教娱乐用品服务	其他商品/服务
农村	1248.74	589.43	95.18	74.37	87.57	93.13	186.72	52.46
城镇	4998.00	2539.2	500.46	439.29	318.07	395.01	627.82	258.54
比较	25/100	23/100	19/100	17/100	28/100	24/100	30/100	20/100

资料来源：《中国统计年鉴（2001）》。

　　以上数据不仅仅表明我国分配领域的问题，也说明了一个巨大的人群对加工业和服务的需求是多么小，我国城乡二元结构的严重性使需求的市场梯度跟进能力很低，这是我们经济增长高度依赖国外市场的最主要原因。

　　4. 中部"三农"问题是中国经济发展过程中深层矛盾的折射

　　加快中部城市建设，提高中部城市化水平是当前解决"三农"问题的重要举措。1990 年，中部地区有城镇人口 5990.54 万，2001 年，中部有城镇人口 9457.38 万，这就意味着中部城市化水平每提高一个百分点，就有 320 万乡村人口转入城市（镇）。以我国现有城市化发展速度预测2010 年，全国城市化平均水平将达到 51%，如中部地区能实现城市的跨越发展，达到全国平均水平，那么将有近 6000 万乡村人口转入城市，从目前来看，实现这一目标的难度是相当高的。可以说，转变二元结构是中国实现小康的最大障碍，而中部"三农"问题正是中国经济发展过程中深层矛盾所在，中部崛起将从根本上改变中国的经济结构和增长模式。

（三）中部崛起架起全国区域统筹发展的桥梁

中部六省整体呈"○"型，兼具聚集效应和扩散效应。从区位条件看中部位于我国内陆腹地，北抵北京，南近香港，东邻上海，西靠重庆，处于"十"字形构架的核心地带。中部整体上形成了以"三纵三横"干线为骨架的交通网，是全国交通运输体系的枢纽。"三纵"由北京—广州铁路、北京—九龙铁路、北京—珠海高速公路构成，是中部南北向联系的重要运输通道；"三横"由连云港—兰州铁路、沪蓉高速、长江等路航构成，是中部地区东西向联系的重要运输通道。这些交通干线运输能力巨大，为沿线地区的经济发展提供了强有力的保障，在沟通南北、联系东西中发挥了重要作用。

从产业转移规律看，中部比西部有更大的优势和条件，经过20多年的率先改革开放和政策倾斜，东部沿海经济率先发展起来了，但随着经济的发展，也开始出现新的问题，如土地、水和其他资源越来越稀缺，油电煤等能源越来越紧张，劳动力成本越来越高（"民工荒"就是明证），总之东部的商务成本越来越高。因此，一些占地多、耗水多、能耗高、用工多的高成本低附加值的产业和企业在东部越来越难以生存。它们唯一的出路就是向外转移。由于中部紧靠东部，显然是中部而非西部应成为其向外转移的首选地。

二、中原城市群在中部崛起中的地位

（一）中部经济发展的龙头

1. 中部具有经济崛起的潜力

中部六省不仅区位处于我国承东启西，连南贯北的枢纽位置，其经济地位也十分重要，2003年中部以占全国17%的投资，创造了20%的社会总产值，与东部明显的区别在于中部经济是内需型的，它的社会消费零售总额占全国的20%，而进出口比重非常低，不足全国的3%。近年来中部的发展水平虽然落后于东部，但其经济发展总体是健康的、稳健的。更加难得的是中部的人才储备非常丰富，中部人口占全国的28%，人口中受过高等教育的人数占全国的31%，高等学校在校学生比重是全国的24.6%。这一切说明中部具有经济崛起的潜力（见表6-9）。

表6-9 　　　　　　　　　　中部六省主要经济指标

指标	山西	河南	安徽	湖北	湖南	江西	中部/全国
人口（万人）	3272	9555	6328	5975	6596	4186	0.281
GDP（亿元）	2445.58	7025.93	3973.2	5395.91	4633.73	2830	0.195
固定资产投资（亿元）	931.73	1553.95	1093.92	1460.77	1160.24	975.4	0.171
社会消费零售总额（亿元）	729.3	2426.4	1331.2	2358.7	1816.3	923.2	0.201
海关进出口总额（亿美元）	30.84	47.12	59.43	51.1	37.33	25.27	0.029
受过高等教育人数（万人）	111.1	244	136.4	232.1	185.2	104.5	0.313
高校在校学生数（万人）	16.5	36.9	25.2	45.3	33.1	19.6	0.246

资料来源：人口、高等教育人数、在校学生数来自《中国统计年鉴（2002）》。
其他数据来自《中国地区经济发展年度报告（2004）》。

2. 中部经济崛起最大的问题就是缺乏龙头

按照空间经济学的基本观点，经济增长不可能平均地出现在每个地区，国外、国内城市发展及城市群崛起的经验也证明了这一点。经济增长需要成长中心发挥龙头带动作用。以中部目前发展状况看，短时间不可能形成上海、广州、北京等有强大集聚效应和扩散效应的经济增长中心，因此必须发挥城市联合体的作用，以城市群作为竞争单元，参与竞争。

当前中原五省都提出了自己的城市群或类群发展战略，基本情况如表6-10所示。

但是，无论是城市化水平还是经济发展质量，中部目前的五大城市联合体与长三角、珠三角等较发达的城市圈都存在较大差距。以五省目前实力最强劲的武汉城市圈为例，2002年，城市化水平比珠三角低了22个百分点，经济规模还不到珠三角的1/4，人均GDP只有其23.74%。珠三角的核心城市广州和深圳人均GDP是武汉的2.14倍和2.36倍。

表6-10　　　　　　　　中部地区的城市群基本情况　　　　　　　单位：%

位置	基本模式	土地/全省	人口/全省	GDP/全省	财政收入/全省	工业总产值/全省	固定资产投资/全省
湖北	"1+8"城市圈（武汉、黄石、鄂州、孝感、黄冈、咸宁、仙桃、潜江、天门）	33	50.4	55.6	51.15	60.56	57.2
安徽	"一城四市"（合肥、芜湖、马鞍山、铜陵、安庆）	20.64	23.3	32.36	16.5	53.44	30.47
江西	绕鄱阳湖分布"昌九"工业带区域（南昌、九江、景德镇）	18.87	24.74	37.8	50.46	19.8	16.6
湖南	"长湘株城市圈"（长沙、湘潭、株洲）	13.27	18.8	32.36	24.09		
河南	中原城市群（郑州、洛阳、开封、新乡、焦作、许昌、漯河、平顶山、济源）	35.1	40.4	55.2	55		

资料来源：根据中部区域创新发展战略研究报告整理。

（二）两大支柱才能撑起中部

从上面的分析可以看出中部崛起不具备一个单极突进，扩散带动的中心。从中部六省目前的经济实力看河南最强、湖北次之。特别是河南经济总量比湖北多1000多亿元，河南经济总量在全国排第六位，其中一、二、三产在全国排名分别为二、六、八位。在中部是绝对的经济和人口的高地（见表6-11）。

从中部发展的条件看，河南人口接近一亿，是一个人口大省，很难通过接受别人的辐射而经济起飞，河南人口约束使其只有两条路线可以选择，一是成为火车头在中部经济增长中承担起大省应当承担的责任，另一条道路就是走向衰退。

表 6 – 11　　　　　　　　　　2003 年中部六省经济总量排序

国内生产总值 排序（亿元）		第一产业增加值 排序（亿元）		第二产业增加值 排序（亿元）		第三产业增加值 排序（亿元）	
河南	7025.93	河南	1237	河南	3550.47	河南	2238.46
湖北	5395.91	湖南	885.87	湖北	2580.58	湖北	2022.78
湖南	4633.73	湖北	792.55	湖南	1793.71	湖南	1954.15
安徽	3973.2	安徽	749.1	安徽	1780.6	安徽	1443.5
江西	2830	江西	560	山西	1400.12	江西	1043
山西	2445.58	山西	213.28	江西	1227	山西	832.18

资料来源：国家发改委地区司，2004 年地区经济发展报告。

从区位看，河南和湖北北守黄河，南踞长江，分属不同的流域，经济特征也有一定的差异，如果能南北呼应，经济总量占中部六省的 50% 左右，可以成为中部崛起的两大支柱，带动中部整体经济振兴。

（三）中原城市群是中部崛起的重要载体

1. 河南省主要城市不能单独作为区域经济增长的带动中心

河南经济崛起是中部崛起的重要一环，而带动河南、进而带动中部同样需要一个区域增长中心。从河南省内居前四位的城市发育来看，个别城市还没有此实力。根据 2003 年《河南城市统计年鉴》计算的郑州市首位度为 1.67，按首位城市与第二位城市计算的首位度和前 4 位城市与第 5 位城市计算的首位度（首位度 II）相等，均为 1.67（见表6 – 12）。

表 6 – 12　　　　　　　　　　郑州主要城市首位度分析

	人口数（万人）	首位度 I	首位度 II
郑州市	177.08		
洛阳市	105.98	1.67	
商丘市	80.02		
平顶山市	68.7		
新乡市	64.79		1.67

资料来源：《河南省城市统计年鉴（2003）》。

一般来说，首位度在4.5以上才是典型的首位型城镇体系，1.6以下可算双核型城镇体系，1.6~4.5之间可算均衡型或位序型城镇体系。

根据2003年《河南城市统计年鉴》提供各市非农业人口计算的河南省城市体系规模分布模型如下：

$$y = 6.012 - 1.17x$$
$$(24.66)(-13.65)$$

$R^2 = 0.84$，$F = 18$，括号内为系数T检验值

从模型中可以得出以下几点结论：

（1）根据河南省城市规模分布现状，首位城市人口规模应在410万人以上，目前只有不到200万人口，首位城市人口规模偏少；

（2）模型K值为1.17，接近于1，表明城市首位度偏低；

（3）前4位城市人口规模偏小（见图6-1）。

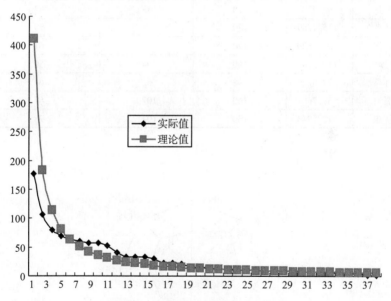

图6-1　河南省城镇体系分布图

资料来源：《河南省城市统计年鉴（2003）》。

注：实际值是河南省城市规模分布实际状况，理论值是根据上述分布模型计算的理论值。前4位城市人口实际规模位于理论曲线之下，可见，河南省主要城市无法单独形成区域经济增长的带动中心。

2. 以郑州为中心的城市群具备了空间联合的条件

美国学者赖利曾提出过城市引力模式的说法，两个城市间的相互作用与这两个城市的人口规模成正比，与它们之间的距离成反比。也就是说，两城市之间的距离越近，城市之间的引力越大，反之，距离越远，引力越小，而城市与城市之间的联合，从古希腊的"城邦"（City-state）到现在的区域共同体或"现代城邦"（Citistate），都是城市和区域的大概念联合。在以郑州为中心的160公里范围内分布着河南9个主要城市，这些城市与郑州之间形成了1.5小时通达紧密联系圈（见表6-13、图6-2）。

在空间和通达程度上具备城市群的基本特征。

表6-13   郑州市对中原城市群其他城市引力表

市	人口（万人）	城市距离（公里）	引力距离（公里）	引力距离/城市距离（%）
洛阳	159.657	125	69	55
开封	93.4374	70	43	62
新乡	115.1769	70	41	59
焦作	96.7629	120	73	61
平顶山	119.3747	160	94	59
许昌	78.9221	98	62	64
漯河	59.7607	160	107	67
济源	18.6343	130	102	78

郑州市引力分析

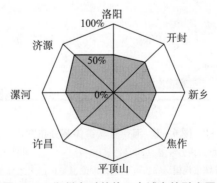

图6-2   郑州市对其他8个城市的引力图

资料来源：《河南省城市统计年鉴（2003）》。

注：图中阴影为郑州对各城市引力达到的距离占两城市距离的百分比。

3. 中原城市群是中部崛起的重要载体

中原城市群以省会郑州为中心，包括洛阳、开封、新乡、焦作、许昌、平顶山、漯河、济源9市，土地面积5.87万平方公里，人口3900万，该区域GDP、财政收入分别占全省的55.2%和55%，人均GDP、产业结构、产业发展优于全省。教育、科技水平较高，是中部地区城镇最为密集的地区，矿产资源丰富，水资源条件相对较好，区位优势明显，是中部崛起的重要载体。

第二节　中原城市群经济格局的基本态势

一、中原城市群产业发展现状

（一）中原城市群是河南第二、第三产业密集区

中原城市群占全省土地面积的35%，人口的40%，但该区域国内生产总值2002年为全省的53.62%，2003年为55.2%；其中第二、第三产业比重分别为57.2%和59.95%，是河南工业和第三产业密集的核心区（见表6－14）。

表6－14　　　　　　　　2002年中原城市群总体情况

市	GDP（万元）	第一产业	第二产业	工业	建筑业	第三产业	人均GDP（元）
郑州市	9282890	472844	4537149	3821730	715419	4272897	14527
开封市	2698982	820261	970059	795836	174223	908662	5757
洛阳市	5350145	545435	2864982	2502667	362315	1939728	8489
平顶山市	3215130	456274	1712609	1572208	140401	1046247	6634
新乡市	3404699	726066	1505521	1243077	262444	1173112	6268
焦作市	2876249	425055	1513699	1351930	161769	937495	8599
许昌市	3628207	688463	2010283	1866726	143557	929461	8173
漯河市	2007737	441599	1110820	1037736	73084	455318	8108
济源市	796182	73611	493530	427526	66004	229041	12326
城市群合计	33260221	4649608	16718652	14619436	2099216	11891961	8590
全省合计	62030182	12965571	29229697	25201017	4028680	19834914	6436.5
城市群占比全省	53.62	35.86	57.20	58.01	52.11	59.95	

资料来源：《河南省统计年鉴（2003）》。

（二）河南省的优势产业集中在中原城市群

根据课题组对各市行业增加值资料的计算，其中电力蒸汽热水生产供应业是城市群中创造工业增加值最高的行业，这与河南全省的情况一致；在工业增加值排名前十位的行业中，与全省排名前十位相同的有煤炭采选业、非金属矿物制品业、石油加工及炼焦业、化学原料及制品制造业、有色金属冶炼及压延加工业、烟草加工业及食品加工业等9个行业，在排名前20位的行业中相同的有18个行业，可见，河南省的优势产业主要集中在中原城市群地带（见表6－15、图6－3）。

表6－15 按工业增加值比重排序

序号	中原城市群	全省
1	电力蒸汽热水生产供应业	电力蒸汽热水生产和供应业
2	煤炭采选业	煤炭采选业
3	非金属矿物制品业	非金属矿物制品业
4	石油加工及炼焦业	食品加工业
5	专用设备制造业	化学原料及化学制品制造业
6	有色金属冶炼及压延加工业	石油和天然气开采业
7	食品加工业	黑色金属冶炼及压延加工业
8	化学原料及制品制造业	烟草加工业
9	烟草加工业	有色金属冶炼及压延加工业
10	电气机械及器材制造业	纺织工业
11	普通机械制造业	专用设备制造业
12	交通运输设备制造业	石油加工及炼焦业
13	纺织业	食品制造业
14	黑色金属冶炼及压延加工业	交通运输设备制造业
15	造纸及纸制品业	电气机械及器材制造业
16	食品制造业	普通机械制造业
17	化学纤维制造业	造纸及纸制品业
18	饮料制造业	饮料制造业
19	医药制造业	有色金属矿采选业
20	橡胶制品业	医药制造业

资料来源：中原城市群资料来自各市统计年鉴，由课题组汇总计算结果，全省资料来自《河南省统计年鉴（2003）》。

　　其中，在 18 个相同行业中，工业增加值排序在中原城市群中的位置比河南省靠前的有石油加工及炼焦业、专用设备制造业、有色金属冶炼及压延加工业、电气机械及器材制造业、普通机械制造业、交通运输设备制造业、造纸及纸制品业、医药制造业、化学纤维制造业等行业，上述行业基本属于资源型产业和传统产业，可见中原城市群的优势产业还主要体现在传统产业方面。

（三）中原城市群肩负着振兴河南工业的使命

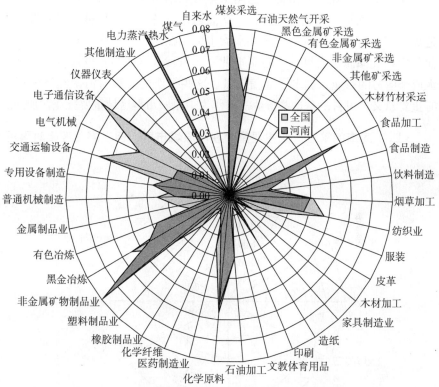

图 6 - 3　河南省工业行业结构与全国工业行业结构比较图

　　注：上图是按 40 个工业行业表示的工业行业增加值结构图。每条放射线表示一个行业，放射线上的刻度表示该行业增加值占全部工业增加值的份额，圆圈为等份额线。如果全部工业增加值份额相同，上图将显示为一个圆；如果只有一个行业，则该图退化为一根取值为 100 的线段，其他行业取值为 0。

　　资料来源：《中国统计年鉴（2003）》、《河南省统计年鉴（2003）》。

从河南省工业行业结构与全国工业行业结构比较看，河南省电力蒸汽热气生产供应业、煤炭采选业、食品加工业、食品制造业、非金属矿物制品业和专用设备制造业占工业增加值的比重超过了全国平均水平，是河南省的优势产业，其中电力蒸汽热水供应业比重高达15.5%，远远高于全国比重。煤炭采选、食品加工和非金属矿物制品业比重也大大高于全国平均水平。这些产业在全国有比较优势，河南省的四大优势产业其中有3个是中原城市群的最强产业，此外，食品加工业在城市群中排名第7位，可见，保持河南产业优势和特色是城市群的基本职能。

从河南省工业行业结构与全国工业行业结构比较中我们也看到了河南的差距，特别是在电子通信设备、交通运输设备、电气机械、普通机械制造和纺织等行业河南落后于全国平均水平。在这些行业中，有一部分是工业化中期我国急需发展的装备制造业，还有代表未来技术发展方向，有巨大成长潜力的行业，如电子通信设备。这些行业的发展对河南经济的振兴有重要意义。可喜的是这些行业都已作为中原城市群区域重要行业在加强。

（四）河南的第三产业主要集中在中原城市群，但发展程度相对落后

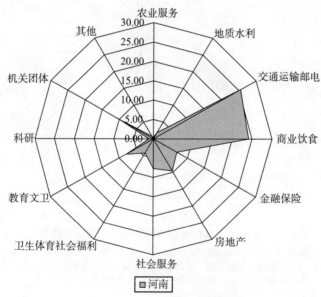

图6－4　河南省服务业结构图

资料来源：《河南省统计年鉴（2003）》。

从服务业内部结构图看（见图6-4），服务业中，交通运输仓储邮电通讯业和商业饮食业是主体。作为农业大省和人口大省，农业服务和科研却是短腿。

二、中原城市群的产业布局

产业结构决定城市功能，从中原城市群产业结构看，一产占14%，而二、三产业占86%，因此工业、服务业是支撑城市群发展的主要动力是不容置疑的，本部分重点分析二、三产业在城市群内的空间布局。

（一）郑洛工业走廊是中原城市群优势产业最集中的地区

在郑洛工业走廊地区集中了中原城市群的主要优势产业，其中石油加工及炼焦业的91.3%、电力蒸汽热水生产供应业的61.4%、非金属矿物制品业的57.4%、专业设备制造业的60.4%、有色金属冶炼及压延加工业的59.2%、烟草加工业的61.1%，交通运输设备制造业的75.1%、化学原料及制品制造业的39.4%、煤炭采选业的34.8%，造纸及纸制品业的33.4%都集中在这一地区。

其中郑州市行业增加值比重排名前十位的行业在中原城市群中占比有6个行业为第1位，4个行业为第2位，均超过10%。此外，在食品制造业（27.8%）、饮料制造业（24.3%）和医药制造业（31%）方面郑州也有比较强的优势。

洛阳行业增加值比重排名前十位的行业在中原城市群中占比有4个行业为第1位，2个第2位，作为我国老工业基地之一，洛阳在石油加工及炼焦业、专用设备制造业和普通机械制造业、电力蒸汽热水生产供应业方面有很强的实力。

（二）开封轻工业有发展潜力

从开封的优势产业及在城市群中的排序看，开封的纺织业是它的一个优势，其次是饮料制造业在城市群中的比重超过10%，但在本市产业增加值排序中只占第9位，另外普通机械制造业和专用设备制造业及食品加工业在城市群中的比重是7.7%~9.5%，从开封市内看上述三个产业分别排在4~6位。总体看，开封的优势产业应该向纺织、饮料制造和食品加工业方向发展。

（三）济源、焦作的优势产业是资源加工业，新乡是装备制造业

在北线三市中济源和焦作的资源加工业具有优势，但二者特色不一样。焦作的十大优势产业中，只有专用设备制造业在城市群中的比重低于10%，其他有3个产业在城市群（电力蒸汽热水生产供应业、非金属矿物制造业、煤炭采选业）排第3位，有2个产业（有色金属冶炼及压延加工业、化学原料及制品制造业）排第2位，三个产业排第4位。与焦作不同，济源只有黑色金属冶炼及压延加工业有优势，其他作为市第2支柱产业的有色金属冶炼及压延加工业在城市群中的比重仅为8.7%，其他行业占比均低于5%。相比之下，焦作的产业发展空间更宽一些。

在新乡的十大优势产业中，电气机械及器材制造业占中原城市群该行业总量的24.4%，排名第1位，其次，化学原料及制品制造业、专用设备制造业、普通机械制造业和交通运输设备制造业等4个行业在城市群中的排名都是第3位，从比重看，除专用设备制造业为10.4%外，其他都为16%左右，有较强的竞争力。此外，新乡的造纸业在城市群中的地位仅次于郑州，排名第2位，更加可贵的是新乡的电子及通讯设备制造业作为新兴产业已经得到了较大的发展，排在本市产业增加值的第9位。

（四）平顶山和漯河产业有特色，许昌的优势产业不突出

南线三市中平顶山依托自己的煤炭资源在煤炭采选业、黑色金属冶炼及压延业、化学纤维制造业方面在中原城市群有绝对优势，漯河在食品加工（49.7%）、食品制造业（44.3%）、饮料制造业和烟草加工业等方面优势明显。

许昌目前有4大产业在城市群中排名居2~4位，占比超过10%，分别是非金属矿物制品业、电气机械及器材制造业、烟草加工业和纺织业，优势产业不突出（见表6-16、表6-17）。

表6-16 中原城市群前20个工业行业各城市增加值份额排序——空间集中度①

排 序	洛阳	郑州	焦作	新乡	平顶山	许昌	开封	漯河	济源
电力蒸汽热水	38.9	22.5	11.9	8.8	8.1	4.1	3.3	1.3	1.0
排 序	平顶山	郑州	焦作	许昌	洛阳	新乡	济源	漯河	开封

续表

煤炭采选业	42.9	31.3	10.4	7.0	3.5	3.5	1.3	0.1	0.0
排　序	郑州	洛阳	焦作	许昌	新乡	平顶山	漯河	济源	开封
非金属矿物制品业	43.6	13.8	12.6	12.1	5.4	4.1	3.8	2.4	2.2
排　序	洛阳	漯河	济源	平顶山	郑州	新乡	开封	焦作	许昌
石油加工及炼焦业	91.3	4.7	1.3	1.2	1.2	0.2	0.0	0.0	0.0
排　序	洛阳	郑州	新乡	许昌	开封	焦作	漯河	平顶山	济源
专用设备制造业	33.5	26.9	10.4	8.2	7.7	7.2	3.9	1.7	0.4
排　序	郑州	焦作	洛阳	济源	许昌	新乡	平顶山	开封	漯河
有色金属冶炼及压延	46.7	19.1	12.5	8.7	6.2	4.6	1.1	0.6	0.3
排　序	漯河	郑州	新乡	开封	平顶山	许昌	焦作	洛阳	济源
食品加工业	49.7	12.2	8.7	8.6	5.8	5.6	5.0	4.3	0.1
排　序	郑州	焦作	新乡	洛阳	开封	许昌	济源	平顶山	漯河
化学原料及制品制造业	26.2	20.6	16.6	13.2	11.8	4.3	4.1	3.2	0.0
排　序	郑州	许昌	漯河	洛阳	平顶山	开封	焦作	新乡	济源
烟草加工业	47.5	19.3	14.0	13.6	2.9	1.1	1.0	0.6	0.0
排　序	新乡	许昌	郑州	焦作	平顶山	漯河	洛阳	开封	济源
电气机械及器材制造业	24.4	21.8	16.5	13.1	13.1	4.3	3.3	2.1	1.2
排　序	洛阳	郑州	新乡	焦作	开封	平顶山	济源	许昌	漯河
普通机械制造业	26.2	21.9	16.6	12.5	9.5	4.8	3.6	3.3	1.6
排　序	郑州	洛阳	新乡	许昌	焦作	开封	漯河	平顶山	济源
交通运输设备制造业	53.9	21.2	16.0	4.3	3.3	0.5	0.4	0.4	0.1
排　序	开封	郑州	新乡	许昌	洛阳	漯河	平顶山	焦作	济源
纺织业	18.5	17.2	16.4	15.1	12.7	6.8	6.2	6.0	1.0
排　序	平顶山	济源	郑州	洛阳	漯河	焦作	许昌	新乡	开封
黑色金属冶炼及压延	33.5	18.5	15.2	14.3	6.4	5.2	3.1	2.8	1.1

续表

排　序	郑州	新乡	漯河	焦作	许昌	开封	洛阳	平顶山	济源
造纸及纸制品业	33.4	22.6	15.9	14.8	5.9	3.6	1.6	1.6	0.6
排　序	漯河	郑州	焦作	新乡	平顶山	许昌	洛阳	开封	济源
食品制造业	44.3	27.8	11.0	4.4	4.3	2.6	2.0	2.0	1.6
排　序	平顶山	新乡	郑州	洛阳	漯河	开封	焦作	济源	许昌
化学纤维制造业	73.0	18.1	4.6	2.8	1.5	0.0	0.0	0.0	0.0
排　序	郑州	漯河	焦作	开封	洛阳	新乡	平顶山	许昌	济源
饮料制造业	24.3	19.2	18.7	11.0	7.1	6.4	6.4	3.8	3.0
排　序	新乡	郑州	开封	洛阳	焦作	平顶山	许昌	济源	漯河
医药制造业	36.0	31.0	10.1	8.5	7.0	3.8	1.8	1.8	0.0
排　序	焦作	开封	郑州	许昌	洛阳	漯河	新乡	济源	平顶山
橡胶制品业	63.9	12.6	8.4	5.9	4.1	3.6	1.5	0.0	0.0

资料来源:《河南省统计年鉴(2003)》。

①空间集中度:各城市各行业增加值占中原城市群相应行业增加值之和的比重(%)。

表6-17　　2002年各市分行业增加值占工业增加值比重排名前10位的行业

郑　州	份额(%)	洛　阳	份额(%)
非金属矿物制品业	16.18	专用设备制造业	21.09
电力蒸汽热水生产供应业	12.79	非金属矿物制品业	13.63
有色金属冶炼及压延加工业	10.27	普通机械制造业	9.87
#煤炭采选业	9.17	交通运输设备制造业	7.44
烟草加工业	7.25	有色金属冶炼及压延加工业	6.77
专用设备制造业	5.42	化学原料及制品制造业	6.25
化学原料及制品制造业	4.52	烟草加工业	5.51
交通运输设备制造业	4.32	黑色金属冶炼及压延加工业	4.73
造纸及纸制品业	3.63	纺织业	4.23
普通机械制造业	3.33	有色金属矿采选业	3.92
开　封	份额(%)	新　乡	份额(%)
纺织业	13.38	电力蒸汽热水生产供应业	11.36
化学原料及制品制造业	12.13	电气机械及器材制造业	8.36
电力蒸汽热水生产供应业	11.97	化学原料及制品制造业	6.90

续表

开　封	份额（%）	新　乡	份额（%）
专用设备制造业	10.53	化学纤维制造业	6.90
食品加工业	9.91	普通机械制造业	6.37
普通机械制造业	7.81	医药制造业	6.04
木材加工及竹藤棕草制品业	5.51	造纸及纸制品业	5.44
非金属矿物制品业	4.63	交通运输设备制造业	5.30
饮料制造业	3.97	纺织业	5.09
橡胶制品业	3.03	食品加工业	4.57
焦　作	份额（%）	济　源	份额（%）
电力蒸汽热水生产供应业	17.47	黑色金属冶炼及压延加工业	26.50
非金属矿物制品业	10.95	有色金属冶炼及压延加工业	20.30
#煤炭采选业	9.47	非金属矿物制品业	10.20
有色金属冶炼及压延加工业	9.09	化学原料及制品制造业	8.42
化学原料及制品制造业	8.62	电力蒸汽热水生产供应业	7.52
橡胶制品业	6.23	#煤炭采选业	5.87
电气机械及器材制造业	4.42	普通机械制造业	5.86
造纸及纸制品业	4.15	石油加工及炼焦业	3.75
普通机械制造业	4.14	饮料制造业	2.12
专用设备制造业	3.98	电气机械及器材制造业	2.00
平　顶　山	份额（%）	漯　河	份额（%）
#煤炭采选业	34.32	食品加工业	44.78
电力蒸汽热水生产供应业	17.52	烟草加工业	11.45
化学纤维制造业	13.23	食品制造业	11.33
黑色金属冶炼及压延加工业	6.10	造纸及纸制品业	4.99
非金属矿物制品业	5.35	化学原料及制品制造业	4.40
电气机械及器材制造业	4.75	饮料制造业	4.28
食品加工业	3.37	塑料制品业	3.88
化学原料及制品制造业	2.13	黑色金属冶炼及压延加工业	3.84
石油加工及炼焦业	2.05	电力蒸汽热水生产供应业	3.21
烟草加工业	1.86	非金属矿物制品业	2.60
许　昌	增加值份额（%）		
非金属矿物制品业	15.86		
电气机械及器材制造业	11.08		

续表

许　昌	增加值 份额（%）		
烟草加工业	10.36		
#煤炭采选业	9.56		
电力蒸汽热水生产供应业	8.96		
专用设备制造业	6.84		
纺织业	6.66		
有色金属冶炼及压延加工业	4.44		
食品加工业	3.96		
化学原料及制品制造业	2.71		

资料来源：课题组根据各地统计年鉴数据计算。

（五）尚未形成有带动地区的服务行业

从各市第三产业优势行业排序看，郑州、开封和洛阳有一定的特色，特别是郑州的金融保险、洛阳和郑州的科技服务、开封的农业服务等。但通过优势产业与目前各市第三产业中行业增加值比重的对比，就会发现，各市第三产业除郑州的金融、保险业和新乡与济源的房地产业进入第三名外，9市第三产业高度雷同，基本是服务于市域与周边地区的批发零售贸易餐饮和交通运输仓储邮电通信占主要比重，特色服务业和有带动辐射作用的服务行业还没有形成（见表6-18、表6-19）。

表6-18　　　　各市第三产业中居前3位的行业占第三产业比重　　　单位：%

	郑州		开封		洛阳
批发零售贸易餐饮	26.7	批发零售贸易餐饮	25.5	批发零售贸易餐饮	21.7
交通运输仓储邮电通信	24.5	交通运输仓储邮电通信	18.9	交通运输仓储邮电通信	20.7
金融、保险业	11.6	政党机关和社会团体	14.3	政党机关和社会团体	12.9
	平顶山		新乡		焦作
批发零售贸易餐饮	28.5	交通运输仓储邮电通信	41.1	交通运输仓储邮电通信	46.9

续表

	平顶山		新乡		焦作
交通运输仓储邮电通信	22.4	批发零售贸易餐饮	24.5	批发零售贸易餐饮	15.1
政党机关和社会团体	11.6	房地产业	9.7	政党机关和社会团体	10.3
	许昌		漯河		济源
交通运输仓储邮电通信	28.0	批发零售贸易餐饮	30.6	交通运输仓储邮电通信	52.5
批发零售贸易餐饮	26.9	交通运输仓储邮电通信	20.7	批发零售贸易餐饮	11.9
政党机关和社会团体	10.0	政党机关和社会团体	12.0	房地产业	10.6

资料来源：《河南省统计年鉴（2003）》。

表 6-19　　　　　　　　　　各市第三产业优势行业排序

	郑州		开封		洛阳
金融保险	1.686	农业服务	1.971	科研技术服务	4.365
科研技术服务	1.455	地质勘察水利	1.943	党政社团	1.316
批发零售贸易餐饮	1.105	党政社团	1.459	地质勘察水利	1.234
艺术广播影视	1.057	房地产业	1.285	金融保险	1.159
社会服务	0.974	艺术广播影视	1.195	社会服务	1.091
交通运输仓储通信	0.962	批发零售贸易餐饮	1.055	艺术广播影视	0.994
房地产业	0.898	卫生体育福利	1.046	卫生体育福利	0.951
政党社团	0.704	交通运输仓储通信	0.742	批发零售贸易餐饮	0.898
卫生体育福利	0.642	社会服务	0.740	其他行业	0.876
其他行业	0.501	其他行业	0.626	房地产业	0.829
地质勘察水利	0.429	科研技术服务	0.599	交通运输仓储通信	0.812
农业服务	0.398	金融保险	0.546	农业服务	0.696
	平顶山		新乡		焦作
卫生体育福利	1.284	交通运输仓储通信	1.612	交通运输仓储通信	1.840
农业服务	1.234	批发零售贸易餐饮	1.013	党政社团	1.051
党政社团	1.184	房地产业	1.003	房地产业	0.873
批发零售贸易餐饮	1.178	农业服务	0.961	卫生体育福利	0.808

续表

平顶山		新乡		焦作	
艺术广播影视	1.120	党政社团	0.888	艺术广播影视	0.755
房地产业	1.009	卫生体育福利	0.713	批发零售贸易餐饮	0.623
科研技术服务	0.942	艺术广播影视	0.667	金融保险	0.609
交通运输仓储电信	0.880	科研技术服务	0.599	社会服务	0.597
社会服务	0.818	社会服务	0.545	农业服务	0.561
金融保险	0.650	其他行业	0.501	其他行业	0.376
地质勘察水利	0.495	地质勘察水利	0.399	地质勘察水利	0.221
其他行业	0.250	金融保险	0.192	科研技术服务	0.171
许昌		漯河		济源	
金融保险	1.121	卫生体育福利	1.736	交通运输仓储电信	2.059
批发零售贸易餐饮	1.112	农业服务	1.532	房地产业	1.105
交通运输仓储电信	1.098	批发零售贸易餐饮	1.268	卫生体育福利	0.808
农业服务	1.092	党政社团	1.224	农业服务	0.757
党政社团	1.020	房地产业	1.126	其他行业	0.751
房地产业	0.962	艺术广播影视	0.981	地质勘察水利	0.719
卫生体育福利	0.951	社会服务	0.909	艺术广播影视	0.717
社会服务	0.870	交通运输仓储电信	0.814	党政社团	0.653
艺术广播影视	0.755	地质勘察水利	0.425	社会服务	0.623
地质勘察水利	0.259	金融保险	0.284	批发零售贸易餐饮	0.491
科研技术服务	0.257	科研技术服务	0.257	金融保险	0.325
其他行业	0.250	其他行业	0.000	科研技术服务	0.171

资料来源：《河南省统计年鉴（2003）》。

第三节　中原城市群总体特征

一、外部认同度不高

中原城市群与中西部其他城市群相比，认知度不高，优势不够明显，有些方面甚至处于劣势。一是 2000 年中原城市群的 GDP 总量和人口虽然超过长株潭和武汉城市群经济区的水平，但人均国内生产总值 7055 元，低于长株潭和武汉城市群 8000 元和 7660 元；二是城镇化水平 31%，低于长株潭 40%，与武汉城市群经济区水平相当。三是郑州市的核心地位不够突出。作为中原城市群的核心城市，2000 年郑州市 GDP 仅占河南省的 14.4%，而全国 31 个省会城市 GDP 占全省的比例超过 20% 的有 22 个，其中超过 30% 的有 11 个。郑州市城市人口仅为 229 万人，与周边的武汉、南京、西安、济南相差甚远，对中原城市群社会经济和城镇发展的影响带动作用明显不足。

二、产业结构面临调整压力

一方面，中原城市群地区集中了河南优势产业的主要份额，电力、煤炭、食品加工制造和非金属矿物制品业在全国都有比较优势，总体经济实力较强。另一方面中原城市群产业多是在地理区位优势和资源优势的基础上发展起来的，由此形成的产业群对城市和区域的发展具有巨大的局限性，很难参与中国乃至世界经济大循环。故中原城市工业经济将面临严峻的挑战，工业结构亟待调整。从城市群产业发展看，新兴产业和高技术产业还处在培育期，依托资源优势发展的冶金、有色金属工业关键尚需提高技术水平，食品加工制造空间比较大，可加大支持力度。其他如机械工业具有一定的出口能力，需提高国际竞争力。此外，第三产业发展还比较落后，需要培育多层次的信息、金融服务、旅游等行业。基础工业，电力和煤炭会有一定的成长空间，也是当前区域经济的支柱产业，但立足优势资源的开发程度远远不够，在地域经济发展中的带动和辐射作用还不够；其次的问题是，靠简单的挖资源卖资源也形成不了经济优势，所以对下一步资源的开发必须有新的思路，就是在资源的深度加工和增值上做文章，比如把煤转化成电，把煤电转化成载能工业，把煤电油盐转化成化工产品，延长基础工业的产业链条，使资源优势转化为经济优势。

三、内部一体化程度低

中原城市群战略提出时间不长，各市对城市群的认同不一，区域各城市的发展和建设、城市群各城市的产业发展与布局、交通体系尤其是快速交通体系建设、水资源开发利用、旅游资源开发利用、生态环境保护以及各城市用地空间发展等尚缺乏统一协调的有效机制，一体化发展的态势尚未形成。各地争项目，上资源型产业，一定程度上存在着重复建设和资金浪费现象，但目前还没有形成有效的约束机制。

四、资源过度开发，环境污染较严重

该区域能源原材料工业的发展是建立在对矿产资源的强力开发基础上的，部分矿产资源量的减少已影响到城市经济的发展。同时，区域内煤炭、电力、冶金、建材、造纸等支柱产业对水体、大气均造成了一定程度的污染。洛阳在 2003 年全国污染最严重的城市排名第 7。资源的过度开发，环境污染加重使该地区面临严重的可持续发展问题。

第四节　中原城市群的发展方向

一、中原城市群的发展方向是区域一体化

20 世纪中期以后，交通运输和通信技术的迅猛发展极大地改变了传统的产业布局模式。70 年代以来，随着计算机技术的日趋成熟及其日新月异的发展，空间距离对于市场、交易和消费等经济过程的影响显著降低，产业布局的空间尺度冲破了单个城市的约束，开始走向各种形态的城市群体。大都市区、城市群以及城市连绵带等成为空间上主导全球经济发展的基本力量。国家之间、区域之间的竞争也越来越显著地呈现出城市群体参与的方式。90 年代以后日趋明显的经济全球化进程进一步压缩了国家和区域的空间尺度，作为应对经济全球化的重要举措，城市主导下的区域经济一体化成为各国普遍的发展策略。

经过 20 多年的迅速发展，我国各级地方政府的利益主体地位不断得到强化。随着市场化改革进程的不断深入，我国融入世界经济体系的步伐显著加快。面对来自国内外的激烈竞争，在国内经济发展中处于领先地位的长三角、珠三角和环渤海地区，以及中部有条件的城市密集地区，都在以不同的方式加快经济一体化步伐，以获取在更大范围内配置资源，提高区域整体竞争力的效益。随之出现了省际、城际之间打破行政界限的束缚，谋求经济上融合共进的局面。

郑州、开封、洛阳、平顶山、新乡、焦作、许昌、漯河和济源 9 市处

在河南中心位置，城市间最大间距在 160 公里左右，城市间的快速交通网络基本形成，是河南规模最大、发展水平最高的城市群体，也是这一区域经济发展的龙头。这一群体的中心城市郑州规模相对偏小，城市之间还没有形成必要的产业分工和内部协作关系。因此，虽然具备城市群的空间形态和基础条件，但在功能上远远没有达到密切关联、互相支持的程度，城市间合作的基础设施平台也还没有完全建立起来。面对国内各区域间的竞争日趋激烈的态势，中部经济不断塌陷的压力，中原要在未来全国区域经济格局中占有一席之地，首先必须加快一体化步伐。只有这样，才能壮大实力，提升整体竞争力，更好地带动中部经济的崛起。因此，抓住机遇，促进中原城市群的一体化发展，既是应对周边竞争态势所必要的，也是客观基础条件发展的大势所趋。

二、中原城市群的总体定位

根据中原城市群在中部乃至全国区域经济格局中的地位和城市与产业发展状况，在未来的发展中中原城市群必须致力于经济一体化，要充分发挥城市群已有的优势，进一步挖掘各城市的发展潜力，立足于优化城市群的产业结构和空间结构，提升各城市的产业竞争力，壮大整体实力，以城市群内部产业分工和城市功能定位为基础，形成区域一体化强势格局，把中原城市群建设成为河南经济发展的龙头，城市群首先成为河南经济发展的龙头，进而形成与武汉南北呼应的中部增长极，带动中部崛起，从而抑制中国区域发展不平衡继续扩张的态势。

（一）以城市群内部产业分工和城市功能定位为基础，形成区域一体化强势格局，把中原城市群建设成为河南经济发展的龙头

区域经济一体化是区域性的经济结构和空间结构调整的过程。这种调整既是当前区域经济发展的大势所趋，更是对河南自身城市发展弱式多核的一个弥补战略。因此，中原城市群的一体化既有与其他地区相同的共性，但其特色会更鲜明。它的一体化是把多个经济体变为一个经济体的过程。如果说其他地区的一体化会影响区域经济整体竞争力的话，中原城市群的一体化关系到河南的话语权和生存空间。如何一体化？结构决定功能。一个地域由于种种原因形成了经济结构大体相同、自成体系的多个经济体。同性相斥，异性相吸。它们因同构而异体，因同构异体而竞争大于

合作，被迫远交近攻，从而造成区域内部资源浪费，在更大范围的市场竞争中处于不利地位。所以经济一体化的对象就是同构，就是化掉同构病，化掉共性，强化个性形成互补结构的过程。只有结构互补，才能形成整体功能。因此城市群的一体化不是消除各个城市的个性，不是把城市群变成一个模式的城市，而是要强化各个城市的个性，减少它们的共性，以发挥差异型竞争优势为基础实现各个城市的融合协调发展，在发挥城市群组合竞争力优势的同时，促使各个城市优势更优、特色更特，使它们成为区域内部分工体系中具有不可替代地位的特殊功能区，形成形散神不散、结构一体化的区域体系，把中原城市群建设成为河南经济发展的龙头。

（二）作为中部经济隆起带，与长江流域的武汉城市群形成南北呼应格局，带动中部崛起，辐射全国

中原城市群区位特征决定其发展的空间是超越河南，带动中部，辐射全国的。我国中部地区现有城市147个，其中超大、特大城市各1个，大城市34个、中等城市74个、中小城市33个、小城市4个。中部城市大多沿长江、京广线集聚分布，形成"十"字形构架。纵向贯通中部的京广线，连接中部21个大中城市，形成中部辐射面积最为广泛的城市带；沿着横贯中部东西向的长江，分布了中部19个大中城市，是中部城市分布最密集的经济带和创新走廊。交通密集、城市密集、经济密集是两大经济带的重要特征，也是使其成为带动中部整体经济的重点发展轴的必要条件。目前已经形成五大城市圈：其中武汉"1+8"城市圈（武汉、黄石、鄂州、孝感、黄冈、咸宁、仙桃、潜江、天门）和河南"中原城市群"经济实力最强，呈南北对称分布，它们对整个中部以至全国经济的发展起着非常重要的作用。中原城市群作为中部新增长极有条件成为陇海、京广产业带的重大发动机，在东西产业衔接中发挥桥梁作用。

第七章　中原城市群空间结构优化

　　形成合理的空间结构是中原城市群加快发展的重要内容之一。当前，中原城市群的空间结构仍存在一些问题，如中心城市首位度低，辐射带动力不强，城市间要素竞争日趋激烈，产业集群化水平低，城市群间缺乏产业联系，没有形成一体化的产业体系，小城镇数量多，规模小，中心地位不明显，生态环境不断恶化，实现可持续发展的压力较大等。应通过空间结构优化，使其资源共享、生态共建、合作多赢、功能互补、各具特色、协调发展。

第一节　空间结构优化的基本思路

一、区域经济一体化是中原城市群空间结构调整的目标

　　虽然中原城市群各城市相距很近，但城镇体系明显不合理，内聚力比较差。由于受体制分割和经济利益机制的激发，各市、县、区作为具有决策权的利益主体，往往更注重短期的利益，追求自我平衡、自成体系的生产力布局。自成体系的布局倾向和产业同构趋势，往往限制生产要素的区域内流动，妨碍区域内共同市场的形成，影响或削弱区域竞争力，因此应采用市场力量和行政力量相结合的方式加强整合力度，尽快实现中原城市群的区域经济一体化。

　　区域经济一体化是市场经济条件下增强区域竞争力的必然要求，也是区域内各个城市、各家企业及各个市场主体的共同需求。中原城市群的一体化首先是化分力为合力，由过去自成系统各自建立自己的经济体系化为

一个大系统，无论是中原城市群的 9 个城市，还是 9 个城市周边的县市都应成为中原城市群的有机组成部分，发挥优势、强化优势、突出优势。在内部进行资源和要素重新合理配置，消除城市同构和产业同构现象，使中原城市群的各个部分各具特色，各具优势。其次是实现基础设施共享，降低建设成本和交易成本，提高区域竞争力和城市竞争力。从原来各自为中心的"全"功能转变为优势互补的特性化功能分工，从而达到功能互补、相互协作的空间格局，构成完善的城市体系，继而提升整个城市群的竞争力。

二、提高城市群整体竞争力，使之成为中部崛起的动力源

随着现代交通系统和信息系统的发展以及经济收入水平的提高，生产要素流动的空间阻碍已大为缩小，传统观念上的地域概念将逐渐被新的区位观所取代。区位是决定劳动地域分工的基本因素，在一定程度上能促进或制约一个区域和城镇的发展。从国内外大环境看，当今世界经济发展重心正由大西洋沿岸向亚太地区转移，中国产业转移北上趋势也日益明显。在区位空间上，郑州位于中国承接南北贯穿东西的枢纽，中原城市群的东西发展轴则是东部沿海长江三角洲经济向西部延伸的必经之路，南北发展轴则是南部沿海珠江三角洲经济向北方地区推进的通道。

中原城市群应立足中原，接轨长三角、珠三角、京津冀，放眼国际，带动腹地，从更大的空间范围、更宽的视野和更高的起点来考虑中原城市群的战略地位、发展方向、发展动力与机遇，必须利用整体优势，不能再用一市一县面对汹涌蓬勃的区域经济发展大潮。尽快使中原城市群进入继"长三角"、"珠三角"、"京津冀"第一集团军之后的第二集团军中，成为中部经济崛起的动力源。形成实力雄厚优势互补的中原城市群是中原城市群政府的重要任务，也是中原人民的共同愿望，历史也提供了实现这一目标的机遇。

三、发挥优势，功能互补，分工合作

作为城市群，就是要各城市在城市群内部承担相应的功能，形成分工合理的有机整体，从而增强整个城市群对外的竞争力。

首先，中原城市群要在基础结构方面实现统筹发展。对于基础结构中

的基础设施，特别是交通、供电、供水、环境治理等基础设施要从整个中原城市群的整体角度进行统一规划，重点解决单靠单个城市难以解决的问题。其次，要在产业上形成分工合理的有机整体。目前中原城市群的重点城市之间的产业特色比较明显，但是，不同城市之间的大部分产业相互之间独立发展，没有形成产业链条。中原城市群要想形成整体优势，就必须按照各自的比较优势，发挥各自特长，按照功能互补，共存共赢的原则，确定每个城市在整个城市群中的功能定位。

四、扩大中心城市和节点城市的规模、完善城镇体系

扩大郑州、洛阳、新乡和漯河的规模，增加中心城市和节点城市的聚集作用和辐射带动作用。扩大中小城市的规模，扩大县城的规模，使腹地的人口和要素不断聚集。逐步形成大城市、中等城市、小城市、小城镇规模等级合理的城镇体系，使资源配置更加合理，人口分布更加合理有序。

空间优化就是要素不断聚集的过程，这一过程由三个途径来实现：由城市群外向城市群聚集的过程、由边缘向中心聚集的过程、由农村向城镇聚集的过程。通过三个途径使要素不断地聚集，从而达到空间优化的目的，继而达到增强中原城市群竞争力的目的。

五、发展工业是中原城市群的重点，也是轴带经济发展的重点

我们曾对140多个国家和地区的截面分析以及伦敦、巴黎、东京、纽约等国际大都市的案例研究，结果表明，随着经济发展水平的提高，地区工业尤其是制造业的演变呈现出倒"U"型变化。即在工业化和城市化的初中期阶段，工业在经济中的地位呈现出逐步上升的态势；当经济发展达到一定阶段，工业的地位呈现出稳定的趋势，之后开始出现逆工业化的趋势，制造业在经济中的地位趋于下降。

当前，中原城市群的轴、带上的城市仍处于工业化过程中，其工业化的历史任务刚刚开始。在这一阶段，制造业在经济发展中的地位将不断增强，对城市化的带动作用也日趋明显。应促进产业向园区集中，园区向轴、带靠近。不断延长产业链条，提高工业产品的附加价值，尽快实现向高加工度化阶段的转变。

第二节　空间结构优化的基本设想

　　根据中原城市群的经济活动在空间上的分布情况，以及空间经济发展的规律，中原城市群的空间结构可概括为：两轴、两带、三圈。其中，"两轴"是指郑—汴—洛重点发展轴线（以下简称东西发展轴）和郑新许漯重点发展轴线（以下简称南北发展轴）；两带是指新焦济产业带和洛平漯产业带；三圈是指郑州都市圈、城市群紧密圈和城市群辐射圈。其基本构想是：不断壮大两轴，加快培育两带，形成三大圈层。与此同时，促进县域经济的发展，构建并不断完善合理的城镇体系。

一、不断壮大两轴

（一）东西发展轴（郑—汴—洛）

　　东西发展轴主要是沿黄河由东西向的陇海铁路、连霍高速公路、310国道组成的复合交通枢纽，以郑州、洛阳、开封等重要城市作为节点的发展轴线，这是中原城市群承东启西的重要组成部分，也是东部产业向内地转移的重要承接区。从更大范围来看，东西发展轴是我国亚欧大陆桥的主要组成部分，这里西贯西安、兰州，直达我国西部地区，东通徐州、连云港、日照，直接我国东部沿海，是新亚欧大陆桥沿海港口的重要腹地。在河南的中原城市群内，该发展轴分布有郑州、洛阳、开封等中心城市及巩义、偃师、荥阳等中小城市，是中原城市群中经济最密集、具有较强发展活力的区段，也是中原城市群中最重要的发展轴线。其中，郑州、洛阳和开封3市的城市人口总计为467.12万人，市区国内生产总值为929.2万元，分别占中原城市群8个地级城市的59%和66%。随着新亚欧大陆桥桥头堡地区经济的不断发展以及西部地区的跨越式发展，河南中原城市群内部的东西发展轴将在经济发展中发挥重要的承东启西作用。

　　统筹考虑现有资源赋存、城镇分布、产业发展、基础设施、生态环境等因素，依托陇海铁路、连霍高速、310国道、郑西铁路客运专线（在建）等密集的陆路通道，按照"整体规划、点轴结合、分层推进"的思路，以郑州、洛阳两个城市作为产业、技术、资金、人才等要素高势能的辐射源，以开封、中牟、新密、荥阳、上街、巩义、偃师、吉利、孟津、新安、义马、渑池等 12 个沿线城市（区）为节点，在开封至渑池之间长约 300 公里、310 国道两侧宽约 30 公里范围内的节点、节点城市和交通通道两侧展开布局。布局的重点：一是充分发挥郑州高新技术产业开发区、郑州经济技术开发区、郑州出口加工区、郑州惠济经济开发区、洛阳高新技术产业开发区、洛阳经济技术开发区、洛阳经济技术开发区红山园区、开封经济技术开发区等 8 个现有的国家级和省级开发区在招商引资、产业集聚、促进经济结构优化升级中的主导作用。二是依托重点企业和重大项目，规划建设高新技术、装备制造业、汽车、电力、铝工业、煤化工、石油化工等 7 大产业基地。三是规划建设和积极培育 18 个工业园区及特色产业集群。同时，积极推动工业走廊向三门峡、商丘方向辐射，适时将工业走廊向西拓展到三门峡，形成横贯中原城市群东西，呼应长三角，辐射西北地区，发挥承东启西作用的城市连绵带与产业密集区。

郑汴洛城市工业走廊规划建设布局按三级层面展开：一级层面为郑州、洛阳、开封市区；二级层面为巩义、偃师两个重要的节点城市；三级层面为义马、新安等其他 9 个节点县（市、区）。

强化郑州、洛阳市区在产业发展中的龙头带动作用。两市市区重点发展高新技术产业和先进制造业，对环境影响较大的一般工业企业项目，如郑州和洛阳的纺织、酿造、玻璃等企业，要逐步向城市外围转移。郑州市区重点布局电子信息、软件开发、新材料、生物医药等高新技术产业，引导高新技术企业向郑州高新技术产业开发区和郑州经济技术开发区集聚，其中软件开发类企业重点向郑州中部软件园集聚，电子信息类企业重点向郑州信息安全产品研发生产基地集聚，建设高新技术产业基地。同时，积极引导食品企业向郑州惠济经济开发区集聚，加快发展汽车工业和以纺织机械、煤炭机械、工程机械为主的装备工业，建设先进制造业基地。洛阳市区重点布局装备工业、新型电子材料和高档建筑材料、有色金属深加工等先进制造业，积极推动装备制造企业向红山园区和洛龙工业区集聚，引导高新技术企业向洛阳高新技术产业开发区和洛阳经济技术开发区集聚，建设先进制造业和高新技术产业基地。

增强开封市区的产业支撑能力。开封市区重点布局食品、医药、精细化工、专用设备制造业和现代物流业，加快开封经济技术开发区建设发展，新上项目重点向市区西部杏花营组团集中布局，规划建设杏花营工业园区。加强旅游综合服务中心建设，大力发展文化、旅游文化产品和休闲娱乐产业。

加强巩义、偃师两市的战略支撑地位。巩义市重点布局铝加工、机械、建材和化学工业，规划建设巩义铝加工园区，积极培育回郭镇电线电缆、芝田净水剂、北山口中高档耐火材料、米河建材等4个特色产业集群。偃师市重点布局电力、建材、机械制造、轻纺工业，积极培育岳滩摩托车及配件、庞村钢木机具、翟村针织、首阳山制鞋等4个特色产业集群。

优化中牟、新安等其他9个节点城市的产业布局。中牟重点布局汽车工业，规划建设汽车零部件工业园区，努力建设整车和专用车生产基地。新密重点布局能源、高档耐材、新型建材、服装工业，适度发展产出效益好的高载能工业，积极培育曲梁服装产业集群。荥阳重点布局铝精深加工、纺织、服装、汽车及零部件、建筑机械工业，规划建设铝型材工业园区和纺织服装工业园区。上街重点布局铝工业，努力建设铝工业基地。新安重点布局煤—电—铝—铝深加工工业。吉利重点布局石化工业，努力建设石化工业基地和化纤纺织工业园区。孟津重点布局电力、机械制造等工业。义马重点布局能源和煤化工，努力建设煤化工基地。渑池重点布局铝工业、能源、建材和食品工业。

通过建设产业基地、发展工业园区和特色产业集群，积极推动工业走廊内生产要素的集聚和整合，力争2010年区域工业增加值占中原城市群工业增加值的比重达到45%，其中制造业占区域工业增加值的比重达到40%，优势产业利润率高于全国同行业平均水平；2020年工业增加值占区域生产总值的比重超过50%，工业经济增长的质量和效益高于全国平均水平，在河南省率先实现工业化。

（二）南北发展轴（新—郑—许—漯）

南北发展轴主要是自北向南由京广铁路、京珠高速、107国道组成的复合交通线，以新乡、郑州、许昌、漯河等城市为节点所组成的发展轴线，还有4市所属的卫辉、原阳、新郑、长葛、尉氏、临颍等6个县（市），承担着辐射鹤壁、安阳、濮阳等豫北地区和驻马店、信阳等豫南地区的功能。这是中原城市群联南贯北，促进产业集聚的重要轴线。从大的范围来看，河南城市群南北发展轴北贯邯郸、邢台、石家庄、保定、北京，南连武汉、长沙、广州等重要城市，在这一轴线上的城市，经济都比较发达，产业基础雄厚。新乡、郑州、许昌和漯河4个地级城市的城市总人口为393.43万人，市区生产总值为775.28万元，分别占中原城市群8个地级城市的50%和55%。这一条发展轴线在中原城市群中起着联南贯北的重要作用，便利的交通区位将会吸引更多的产业向这里集聚，并且会与南北方向的发达城市建立起分工协作的产业配套体系，是具有很大发展潜力的轴线。

结合区域产业发展基础和资源条件，该产业发展带规划以轻纺、高新技术、食品产业为主，在新乡至漯河南北长约250公里，107国道两侧宽约30公里范围内的城镇和交通通道两侧展开布局。重点布局电子电器、生物医药、新材料、化纤纺织、电力装备、超硬材料、食品、造纸、汽车零部件等产业。规划建设高新技术、食品、造纸、化纤纺织4大产业基地和15个工业园区及特色产业集群。辐射鹤壁、安阳、濮阳等豫北地区和驻马店、信阳等豫南地区，努力形成纵贯中原城市群南北、呼应京津冀和珠三角城市群及武汉都市圈、发挥联南贯北作用的产业密集区。

具体布局为：新乡市区重点布局建设化纤、造纸工业基地和以电子电器、生物医药、新材料为主的高新技术产业基地，规划建设新乡绿色电池产业园，积极培育电子电池产业集群、小冀和七里营医药化工产业集群、卫辉后河粮油加工产业集群和原阳汽车零部件产业集群。新郑重点培育医药工业集群、辛村和薛店食品工业集群。长葛市重点培育再生金属加工、超硬材料产业集群、食品加工产业集群。尉氏县重点布局建设纺织工业基地。许昌市重点布局建设以电子信息、电力装备制造为主的高新技术产业基地，积极培育档发、制鞋、汽车零部件产业集群。临颍县重点培育南街村食品工业集群。漯河市重点布局建设食品工业基地和造纸工业基地。

二、加快培育两带

（一）新焦济产业带

新焦济产业带是由连接新乡、焦作、济源的铁路和公路构成的复合轴线，是中原城市群中重要的产业带和我国重要的电源点建设基地，也是中原城市群辐射豫西北、连接晋东南的重要轴线。从中原城市群内部的城市分布来看，在城市群北部，分布有比较密集的中小城市，从济源，经过沁阳、博爱、焦作、修武、获嘉直到新乡，这些中小城市之间距离很短，有的只有不到半个小时的车程，产业也相对比较集中，是中原城市群北部一条重要的产业带。从周边毗邻地区来看，这一产业带连接晋东南的晋城，向北通过鹤壁、安阳可以连接到河北的邯郸、邢台、石家庄，向东经过濮阳可以连接山东西部的聊城、菏泽，这一范围内，焦作—新乡—济源城市带具有便捷的交通区位优势、能源水资源优势，此外当地的电器机械、化工业也有一定基础。今后，要依托既有的产业基础，充分发挥不同城市之间的比较优势，加快推进城市化，形成中原城市群城镇体系中北部重要的组成部分。依托现有的区域中心城市，培育中原城市群北部的大城市，同时，加快产业带内部的中小城市建设，使之形成分布明确的有机整体。

结合区域资源禀赋条件和产业特征，该产业发展带规划以能源、原材料工业和重化工业为主，在新乡至济源东西长约120公里，省道309线和南太行旅游公路之间展开布局。重点规划建设煤炭、电力、铝工业、化工、汽车零部件、铅锌加工等6大产业基地和9个工业园区及特色产业集群。联接辐射晋城等晋东南地区，努力形成横亘中原城市群北部区域，呼应京津冀和山东半岛城市群，辐射西部地区的产业密集区。

具体布局为：辉县重点布局煤炭、电力、化工、建材、纺织工业，积极培育孟庄建材和吴村纺织产业集群。获嘉重点布局煤化工、农机制造、农副产品加工业。修武重点布局煤炭、食品、轻型机械制造工业，规划建设郇封食品、周庄轻型机械制造和方庄有色工业园区。焦作市重点布局建设煤炭、化工、铝电和汽车零部件基地，加快建设奶业生产园区，积极培育中高档耐火材料、机械制造产业集群。博爱重点布局汽车零部件、建材、食品、纺织工业。沁阳重点布局机械制造、铝电、制革、材料工业，积极培育制革、玻璃纤维制品产业集群。孟州重点布局汽车零部件、化工、制革工业，积极培育汽车零部件、桑坡制革产业集群。济源重点布局电力、煤化工、钢铁、有色金属、建材工业，加快建设电力基地、煤化工基地、铅锌加工基地。

（二）洛平漯产业带

洛平漯产业带是由连接洛阳、漯河、平顶山等市的焦枝、漯阜铁路和即将开工建设的洛阳至上海高速公路组成的复合轴线，这是中原城市群与长江三角洲联系的一条产业带，也是中原城市群南部具有较大发展潜力的能源、电力装备和农副产品加工产业带。从大的区位条件来看，平顶山、漯河、周口经过安徽、江苏可以与上海连接，是长三角经济圈的重要腹地。从城市规模来看，洛平漯产业带中，除洛阳外，平顶山市区人口规模较大，约93万人，漯河的市区人口比较小，不到40万人。平顶山是一个资源型城市，漯河的工业基础较差，但是农产品加工业比较发达，形成了很大规模。今后，在不断壮大城市规模的同时，要同时提升城市的综合竞争力，形成空间布局合理，产业分工协调的产业带。同时，加强洛平漯产业带对豫南地区的辐射力度，以及与安徽、江苏等相关城市的合作力度，形成有机整体。

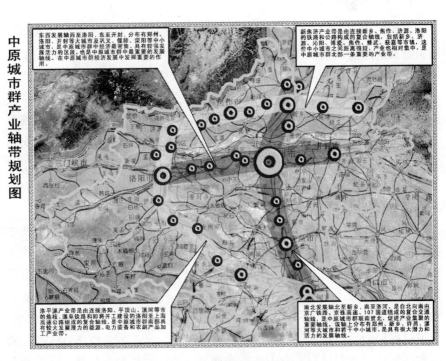

图7-1 中原城市群产业带

结合区域产业基础和资源条件，该产业发展带规划以能源工业和重化工业为主。以豫港龙泉、姚孟、平煤、舞钢、神马、平盐、天瑞、平高等骨干企业为基础，重点布局能源、煤化工、钢铁、盐化工、建材等产业。目前洛—平—漯产业发展带还比较薄弱，但该区资源丰富，优势产业突出，城市工业和县域经济的基础较好。加之区域多属浅山丘陵区，基本农田比重小，宜于集中连片发展工业，从长远来看，随着交通体系的完善和能源重化工基地及农副产品加工聚集区建设步伐的加快，有望成为中原城市群又一产业密集区。

三、形成三大圈层（郑州都市圈、紧密圈、辐射圈）

上述轴带发展表现在"面"上将形成三大圈层，即郑州都市圈、紧密圈和辐射圈。

（一）郑州都市圈

随着郑州市规模的扩大和实力的增强，其辐射和带动能力也将不断提高，在其周边将出现依托郑州发展起来的工业基地和中小城市，形成半径不断扩大的都市圈。从城市规模来看，郑州市市区人口约 240 万人，是中原城市群的核心城市。从大的区位条件看，郑州位于亚欧大陆桥和京广铁路的交汇点，是中原城市群联南贯北、承东启西的中心城市。从郑州城市自身发展来看，郑州在继续搞好中心城区组团改造建设的同时，重点向东发展，加快建设郑东新区（圃田组团）。通过新区建设和旧城改造，逐步消除郑州都市圈内部的二元结构，把郑州建设成为功能完善、环境优美的现代都市，使其发挥中原城市群核心城市应有的辐射带动作用。

通过比较研究可以发现，都市圈制造业的空间演变大体经历了早期的集中、集中后的分散以及在郊区的再次集中的过程。首先，在工业化的初中期阶段，各种制造业逐步向中心城区集中；其次，随着工业化和城市郊区化的推进，受土地级差地租的制约，制造业的生产环节逐步向郊区扩散，而把其总部、研发和市场营销环节留在中心城区，由此出现制造业的分散过程；最后，随着制造业及相关产业的进一步扩散，将在郊区及其周围地区形成一批现代制造业中心或基地，一些企业甚至将总部、研发和营销环节搬迁到此，由此出现制造业在郊区的再集中过程。

根据我们对中外城市工业化进程的研究，认为郑州都市圈目前处于工业的中期阶段，一些制造业向郑州集中，同时一些制造业的生产环节开始向周边地区扩散，如食品加工的生产环节、铝制品生产加工环节向郑州市郊扩散，未来在郑州周围会形成若干制造业基地，中原城市群的其他城市也将成为制造业的中心。

围绕中原城市群建设，应加强郑州都市圈城市体系建设，形成核心—卫星城的空间格局。荥阳、新密、新郑三市及中牟县和上街区，与郑州距离在30～50公里之间，巩义、登封等市距离在70公里内，今后可以发展成为大郑州都市圈的卫星城市。郑州与周边7个市（县区）以农田（都市型农业）、绿地隔离，产业互补，形成了核心—卫星城结构。为了尽快形成核心—卫星城的空间格局，要进一步加快巩义、登封等卫星城市建设，荥阳、新郑等市县适时撤市（县）设区，从而使大郑州都市圈的城市体系得到不断完善。

把开封建成郑州都市圈的功能区，发挥开封历史名城和文化名城优势，强化教育职能，大力发展文化产业，使文化和教育向开封聚集；

（二）紧密圈

城市群紧密圈以包括郑州、洛阳、新乡、焦作、许昌、平顶山、漯河、济源等城市；从空间关系来看，还应包括山西的晋城。城市群紧密圈要发挥郑州的中心聚集、辐射带动作用，把洛阳培育成为城市群的副中心，把新乡和漯河培育成为城市群新的增长极和区域性中心城市。发挥洛阳历史文化名城的优势，提升城市品位。加快洛阳旧城和老工业区改造步伐，建设开发洛南新区，形成带状组团式城市格局，使先进制造业向洛阳聚集。着力建设郑州—洛阳工业走廊。郑州至洛阳间产业和中小城市密集，基础较好，上街、荥阳、巩义、偃师等市县（区）经济实力较强，发展水平较高，以此为依托，壮大中间地带的产业规模，形成具有较强竞争力的产业带，带动整个中原城市群崛起。

突破行政区划分割和黄河天然屏障阻隔，实现黄河两岸呼应发展。建设郑州黄河公路三桥、洛阳黄河公路二桥，加快新乡桥北新区和郑州桥南新区发展，使郑州花园口一带成为郑州的城市新区。武陟、温县、孟州、荥阳、巩义、偃师等临黄河的县（市）依托黄河公路桥梁，加强两岸经济联系，实现协调发展。

加快各中心城市的扩张。各市要按照优势互补、发展互动的要求协调发展，形成产业特色鲜明、竞争实力强劲的特大城市、大城市及中等城市。平顶山的城市人口已经接近 92 万人，开封、新乡、焦作目前的城市人口已经接近 80 万人的规模，它们在短期内可以发展成为 100 万人以上的特大城市，许昌、漯河、济源城市人口规模较小，目前还不到 40 万人，但今后仍有很大发展潜力。大力发展卫星城，巩义、偃师、辉县、长垣、禹州、汝州等市和县城人口达到 20 万～50 万人。到 2020 年，紧密联系圈内将聚集中原城市群区域内 90% 左右的人口。

（三）辐射圈

城市群不是一个封闭的体系，严格来说，是一个有中心无边缘的区域。随着城市群的不断发展，其辐射圈也在不断的动态变化。在一定的历史时期，其辐射力有人们可以感知的半径。根据我们的分析，在未来 10 到 20 年，中原城市群将以郑州都市圈为核心，沿新—漯发展轴向北辐射到鹤壁市、濮阳市、安阳市，向南辐射到驻马店市；沿郑—汴—洛发展轴向东辐射到商丘市；沿新—焦—济经济带向东北辐射到山东菏泽市，向西北辐射到山西的晋城市；沿洛—平—漯经济带向东辐射到周口市。从长远看，中原城市群将辐射到河南省南部大部分地区及河南省北部，并辐射到河北、山东、山西、安徽 4 个与河南省相邻的地区，成为带动中部经济发展的重要力量。

中原城市群辐射圈的范围除了中原城市群紧密圈的 9 个城市、48 个县（或县级市）外，还包括河南省的安阳、鹤壁、商丘、驻马店和周口 5 个城市、32 个县，以及山东的菏泽市及所辖县、山西的晋城及所辖县及与商丘接壤的安徽的亳州、阜阳、淮北等。

第三节　加强城市群之间的联系与合作

优化中原城市群空间布局，必须立足于城市体系和产业布局现有基础，以郑州为中心向四周辐射，有重点突破，一步步拓展。"十一五"期间，重点依托郑汴洛发展轴和新—郑—徐—漯发展轴，率先推动郑汴、郑洛、郑新、郑许之间的空间发展和功能对接，加强巩义、偃师、新郑、长葛等重要节点城市建设，努力形成以郑州为中心、产业集聚、城镇密集的大"十"字型基本构架，确立中原城市群核心区经济一体化发展的空间轮廓。

一、优先推动郑汴一体化

开封紧邻郑州，两市之间交通运输便捷，在规划上相向发展，随着郑东新区和开封杏花营组团建设步伐的加快，目前两市建成区之间的直线距离仅 30 公里左右，加之两市在城市定位上存在明显的互补性，具有率先推进一体化发展的良好基础。"十一五"时期，要统筹推进郑汴两市在城市功能布局、基础设施建设、产业发展等 6 个方面的相互衔接，形成基础设施共建、产业互补、资源共享、功能协调的一体化发展新格局。

突出城市特色，推进功能对接。充分发挥开封国家历史文化名城的优势，突出文化、教育、旅游、休闲、娱乐功能，通过老城改造和新城建设恢复古城风格，尽可能恢复原有水系，焕发古城活力。加快郑州市的休闲、娱乐等服务功能与开封衔接，使开封成为再现宋都繁华风貌的东方不夜城和郑州都市圈中具有浓郁文化特色的休闲娱乐功能区，实现与郑州市的功能互补。

加快郑汴快速通道建设，推进城区对接。建设开封南绕城高速，与郑州西南绕城高速连接，形成开封至郑州新郑国际机场的快速通道，使新郑机场成为开封、郑州共用的城市机场，并与连霍高速形成环型高速大通道。改造 310 国道郑州至开封段，尽快建成一级公路，提高通行能力。按城市道路标准在 2006 年建成郑州金水东路至开封大梁路的连接线，同步建设供排水、电、气、暖、通信等地下管网，在沿线展开加工业、现代物流业、商住、文化和生态建设布局。加快推进郑州至徐州铁路客运专线建设，适时规划建设郑东新区—中牟—开封城市轻轨。力争在"十一五"末，在郑州与开封之间形成以两条高速公路、一条一级快速公路、一条城市道路以及陇海铁路为基本骨架的便利快捷的交通通道。同时，郑州铁路客运专线枢纽站、郑州铁路集装箱货运中心、郑州铁路零担货运中心、郑州高速公路客运枢纽站、郑州国家干线公路物流港、郑州航空货运物流集散中心等交通设施建设也要充分考虑与开封衔接。

促进郑州、开封相向发展，推进空间对接。搞好杏花营组团规划，加快杏花营组团发展。加快郑东新区建设，适时向东拓展。支持中牟撤县设区，建设中牟组团，增强对郑汴两市的支撑和连接作用。尽快编制并实施郑州至开封的区域控制性规划，合理布局城市居民居住区、产业集聚区和生态功能区。

统筹产业布局，推进产业对接。突破中牟规划限制，引导郑州的制造业、物流业等产业向东布局，支持开封新上工业、物流业、高新技术产业等项目向西集中。加快中牟汽车零部件工业园区建设，吸引零部件以及相关产业进入园区，形成贴近整车生产的区域性产业集群。规划建设与开封杏花营工业园区相邻的中牟东工业园区。逐步形成郑汴紧密相连的产业带，为一体化发展奠定良好的产业基础。

加快建立服务业共享机制，推进服务对接。统筹教育、科技、文化、旅游等发展，促进资源共享；推进两市金融票据异地清算为同城清算，实现金融同城化；合并两市电话区号，推进电信同城化。

加强两市间生态共建，推进生态对接。在两市之间主要干道两侧建设绿色走廊。在郑东新区与中牟之间、中牟与开封之间，建设森林、绿地生态调节区，发展都市型农业和观光农业，实现绿化和观光的充分结合。

二、加快郑洛互动发展

建成郑州至西安铁路客运专线，全面完成连霍高速郑州至洛阳段拓宽改造和310国道郑州至洛阳段一级公路改造升级任务，连同郑少和少洛高速公路及既有陇海铁路，在郑洛之间形成5条快速通道。依据郑汴洛城市工业走廊产业布局构架，促进荥阳、上街、巩义、偃师等重要节点城市（区）发育，全面推进郑洛之间的产业布局。重点加强郑洛两市在信息产品制造业、新材料、汽车工业、装备制造业、铝加工业等领域的分工协作，整合科技、教育资源，实现优势互补、共同发展。力争"十一五"末，基本建成上街—巩义—新安铝工业基地、洛阳先进制造业基地、吉利石化工业基地、巩义铝加工园区、偃师轻纺产业密集区、荥阳铝型材工业园区，培育形成一批具有明显特色的产业集群。

三、促进郑新呼应发展

建成郑州至北京铁路客运专线，全面完成京港澳高速郑州至新乡段拓宽改造和 107 国道郑州至新乡段移线改建任务。加快原阳桥北新区建设，加快郑州花园口黄河生态旅游区、新乡桥北—韩董庄区域开发，通过现有郑州黄河公路大桥和新建郑州黄河公路铁路两用桥（预留轻轨线路），促进两岸呼应发展，进一步拓展郑州向北发展的空间。逐步展开郑州和新乡之间的产业布局，建成新乡化纤工业基地和造纸工业基地，培育形成新乡电子电池、原阳汽车零部件等一批规模优势明显、特色鲜明的产业集群。

四、密切郑许经济联系

建成郑州至武汉铁路客运专线，全面完成京港澳高速郑州至许昌段拓宽和 107 国道郑州至许昌段改扩建任务，形成郑州和许昌之间的快速通道。积极推动郑州航空港组团发展，促进新郑、长葛等重要节点城市发育。加快实施郑许之间的产业布局规划，重点加强两市在高新技术产业、轻工、食品、烟草等领域以及人才、信息等方面的合作，促进两市协调发展。力争"十一五"末，基本建成以电子信息、电力装备制造为主的高新技术产业基地，培育形成长葛铝型材加工、超硬材料等一批特色产业集群。

第四节　加强城乡统筹，构建合理城镇体系

未来 10 ~ 20 年，应大力实施中心城市带动战略，强化郑州市的中心地位，提升洛阳市的副中心地位，发展壮大其他节点城市，积极发展中小城市和中心城镇，构筑功能明晰、组合有序的城市发展体系。

一、积极培育节点城市

在郑州与洛阳、郑州与许昌之间县级城市中，选择人口规模较大、综合经济实力较强、具有良好发展潜力的巩义、偃师、新郑、长葛等市（县）作为重要的节点城市加快发展。

巩义是郑州和洛阳两市之间重要的节点城市之一，在产业发展上要注重调整升级，加快产业集聚，以产业的发展带动城市发展，扩大人口规模。根据巩义在郑洛之间城镇和产业发展中的战略支撑地位以及与两市之

间的空间距离，中心城区近期应向东呼应郑州发展，远期向西呼应洛阳发展。2010 年中心城区建成区面积达到 30 平方公里，人口达到 35 万人；2020 年中心城区建成区面积达到 50 平方公里，人口超过 50 万人，成为大型城市。

偃师是郑州和洛阳两市之间重要的节点城市之一，根据偃师在郑洛之间的战略支撑地位以及空间距离，中心城区近期应主要向西、向南呼应洛阳发展，远期向东呼应巩义发展。2010 年中心城区建成区面积达到 35 平方公里，人口超过 30 万人；2020 年中心城区建成区面积超过 50 平方公里，人口超过 50 万人，成为大型城市。

新郑、长葛是郑州和许昌两市之间的两个重要节点城市，根据其在郑许之间空间布局和产业发展中的战略支撑地位，新郑中心城区近期应主要向北呼应郑州发展，远期向南呼应长葛发展。2010 年中心城区建成区面积达到 25 平方公里以上，人口达到 25 万；2020 年中心城区建成区面积超过 35 平方公里，人口达到 35 万人。长葛中心城区近期主要向南呼应许昌发展，远期向北呼应新郑发展。2010 年中心城区建成区面积达到 25 平方公里以上，人口超过 25 万人；2020 年中心城区建成区面积超过 35 平方公里，人口超过 35 万人。

二、加快中小城市发展

中小城市在中原城市群空间发展布局中承担着拱卫中心城市、承接产业转移、带动农村发展、吸引人口集聚、支撑城市网络体系的重要功能。"十一五"时期，在发展壮大特大城市和大城市的同时，要进一步加快有产业支撑的中小城市发展步伐，努力形成有特色的产业集群、旅游景区和面向农村、服务功能比较完善的人口密集区。

加快培育一批中等城市。"十一五"期间，在加快巩义、偃师两市发展的同时，考虑现有人口规模和产业发展基础，重点培育郑州、洛阳的卫星城市，以及郑州和洛阳、郑州和许昌之间的节点城市，力争新郑、新密、新安、伊川、辉县、长葛、禹州、舞钢 8 市（县）城区人口超过 20 万，进入中等城市行列。2020 年，力争登封、卫辉、汝州、长垣、孟津、沁阳、尉氏、孟州、宝丰等 9 个市（县）成为中等城市。

鼓励其他小城市加快发展。2020 年区域内城区人口 20 万人以下的城市共 22 个,包括宜阳、洛宁、栾川、嵩县、汝阳、开封、兰考、杞县、通许、叶县、郏县、鲁山、温县、武陟、获嘉、原阳、封丘、延津、鄢陵、襄城、临颍、舞阳等市(县)。

规划适时撤县(市)建区的县(市)8 个,包括中牟县、荥阳市、修武县、博爱县、许昌县、新乡县、叶县、宝丰县。

三、构建合理的城市体系

2010 年,预期区域内郑州、洛阳两市中心城区人口规模分别达到 400 万人以上和 260 万人;开封、新乡、焦作、平顶山 4 市人口规模超过 100 万人,进入特大城市行列;许昌市人口规模超过 80 万人,漯河市人口规模超过 60 万人,进入大城市行列;人口规模超过 20 万人的中等城市达到 11 个,人口规模 20 万人以下的小城市 31 个。2020 年,预期郑州市中心城区人口规模突破 500 万人,成为全国区域性中心城市,洛阳市中心城区人口规模达到 350 万~400 万人;开封、新乡、焦作、平顶山、许昌、漯河 6 个城市全部进入特大城市行列;济源、巩义、偃师 3 市进入大城市行列;中等城市达到 17 个,小城市 22 个(见表 7-1)。城市群体规模进一步发展壮大,与周边城市实现融合发展。

表 7-1　　　　　中原城市群城市发展规模一览表

规模	2010 年		2020 年	
	数量	城市	数量	城市
500 万以上			1	郑州
200 万以上	2	洛阳	2	洛阳、新乡
100 万以上	4	开封、焦作、平顶山	6	开封、焦作、许昌、平顶山、漯河
50 万~100 万	2	许昌、漯河	3	济源、巩义、偃师
20 万~50 万	11	济源、巩义、偃师、新郑、新密、新安、伊川、辉县、长葛、禹州、舞钢	17	新郑、新密、辉县、长葛、禹州、舞钢、登封、卫辉、新安、汝州、长垣、孟津、沁阳、尉氏、孟州、宝丰、伊川

续表

规模	2010 年		2020 年	
	数量	城市	数量	城市
20 万以下	31	登封、卫辉、汝州、长垣、孟津、沁阳、尉氏、孟州、宝丰、宜阳、洛宁、栾川、嵩县、汝阳、开封、兰考、杞县、通许、叶县、郏县、鲁山、温县、武陟、获嘉、原阳、封丘、延津、鄢陵、襄城、临颍、舞阳	22	宜阳、洛宁、栾川、嵩县、汝阳、开封、兰考、杞县、通许、叶县、郏县、鲁山、温县、武陟、获嘉、原阳、封丘、延津、鄢陵、襄城、临颍、舞阳
规划撤县（市）建区的城市	8	中牟县、荥阳市、修武县、博爱县、许昌县、新乡县、叶县、宝丰县		

四、加强建制镇和农村基础设施与公共服务体系建设

建制镇是农村地区的中心，也是城市体系的基础环节。既是小区域的政治中心，也是经济中心、文化中心和农村服务中心。要加强建制镇的财力建设，规划建设工业园区，加大园区基础设施投资力度，促进工业向园区集中。加快城镇服务业发展，发展城镇房地产，增强城镇对农村人口的吸纳能力。

按照建设社会主义新农村的要求，不断加大对农业和农村的投入，扩大公共财政覆盖农村的范围，强化各级政府对农村的公共服务，在区域内逐步建立工业反哺农业、城市支持农村的长效机制，推进城乡统筹发展。加强农村水利、道路、能源、通讯等基础设施建设，加快农村教育、卫生、文化、科技等社会事业发展。

加强乡村建设规划和改造。整治村容村貌，优化美化环境，改善农民的居住条件，努力提高农民的生活质量和水平。加强"空心村"、砖瓦窑和工矿废弃地整治，节约和集约使用土地。积极稳妥地推进宅基地置换试点，合理归并农村自然村和居民点，引导农民居住向城镇集中，逐步实现乡村城镇化。

加强水利设施建设。加快黄河堤防加固和南水北调中线工程建设，大

力实施大中型灌区续建配套和病险水库除险加固，加强小流域治理，增强防洪排涝和兴利除弊能力。推广节水灌溉，改善供水管理。搞好水土保持，维护生态平衡。2010 年基本解决农村饮水困难和安全饮水问题。

加强农村道路建设。继续多渠道筹措资金，增加对区域内农村道路建设和改造的投入，提升农村公路质量和技术等级，2010 年实现区域内所有行政村通公路。

加强农村能源设施建设。完善农村电网，扩大覆盖范围，重视电网末端接入系统的合理分布，方便农村居民用电，努力开拓农村电力市场。深化农村电力管理体制改革，降低农村居民用电成本，实现城乡居民公平、平等用电。大力发展农村沼气，2010 年区域内 1/4 以上农户使用沼气。在有条件的县城周边和人口密集的小城镇，积极发展管道煤制气、天然气。

加强农村文化教育基础设施建设。增加教育投入，大力发展农村教育，合理布局中小学网点，全面完成农村中小学危房改造，实现农村学生就近入学，巩固提高九年义务教育成果。对区域内农村学生全部免收杂费、课本费，对贫困家庭学生提供寄宿生活费补助。大力发展普通高中，积极发展远程教育。2010 年实现广播电视"村村通"，有线电视入户率达到 50% 以上。加快农村文化活动场所建设，支持建设图书室、文化室，大力发展互联网，为不同年龄的农村居民提供多样化的休闲和文化娱乐场所。

加强农村公共卫生和基本医疗服务体系建设。继续加强对乡镇卫生院的建设与改造，增加基本化验、检查设备投入，增强公共卫生服务能力，提高对周边农村居民的覆盖率和服务质量。2010 年区域内全面建立农村新型合作医疗制度和贫困家庭医疗救助制度，做到小病不出村、急病不出乡（镇）、重病不出县、大病看得起。

第八章 各市的功能定位与空间发展方向

中原城市群各大城市在群内的功能定位是城市群总体战略的核心组成部分，是构筑协调发展的城市体系的关键。其定位要遵循5个原则：统筹规划、发挥优势、合理分工、资源优化配置和强化整体竞争力原则。统筹规划原则是指：在进行中原城市群各大城市功能定位时，不能各做各的规划，各定各的位，而是要根据城市群空间发展规划，把轴、带、圈空间发展规划与各城市功能定位结合起来，注意发挥各地优势，使每个城市在中原城市群中扮演最适合自己的角色。发挥优势原则与合理分工原则是指：各大城市根据自身的基础和特色，在城市群中承担不同的职能，在分工合作、优势互补的基础上，共同发挥出整体优势。资源优化配置原则是指城市功能定位要考虑提高资源配置效率。强化整体竞争力原则是指功能调整以增强城市群整体竞争力为原则。当某个城市局部利益与提高城市群整体竞争力需要相矛盾的时候，要以整体利益优先。根据上述原则确定的各大城市在中原城市群的功能定位，见表8-1。

表8-1 　　　　　　　　中原城市群各大城市功能定位一览表

城市	优势	劣势	在城市群中的功能定位
郑州	全国的交通枢纽 省会城市优势 信息、人才优势 商品期货市场	首位度低	中原城市群的中心城市，全国区域性中心城市，全国性商贸物流中心、区域性金融中心和现代服务业中心；先进制造业和高新技术产业基地。
开封	与郑州产业有互补性 交通便利 文化旅游资源丰富 农业产业优势	在郑州引力场中，要素和资源不断被郑州吸引	中原城市群的教育、文化和旅游中心；郑州都市圈的重要功能区；中原城市群重要的轻纺、食品、医药和精细化工基地。

城市	优势	劣势	在城市群中的功能定位
洛阳	设备制造、能源加工产业优势 制造业研发优势 矿产资源优势 水资源优势	环境容量有限 环境污染严重	中原城市群的副中心城市；科研开发中心；全国重要的装备制造业、原材料基地和先进制造业基地；中国以历史文化和花卉为主的旅游中心城市。
新乡	加工工业产业优势 区域交通枢纽城市 制造业人力资源优势 农业优势	在郑州引力场中有黄河阻隔	中原城市群北部重要的节点城市；中原城市群的加工制造业基地；河南省职业培训基地；中国现代农业示范基地。
焦作	能源区位优势 矿产资源优势 水资源优势 能源重化工产业优势	城市整体分割破碎 土地资源不足	中原城市群西北部重要的节点城市；中原城市群的能源重化工基地；以自然景观为主的旅游中心。
漯河	具有成为中心城市的区位条件 水资源优势 食品加工产业优势 交通便利	产业单一	中原城市群南部重要的节点城市，河南省南部商贸物流中心，全国性轻工、食品制造业基地和高效农业示范基地。
许昌	继电器、发制品、烟草和车辆配件的产业优势 矿产资源优势 交通便利	与郑州产业结构趋同 在郑州的引力范围中	中原城市群南北发展轴上的重要节点城市，中原城市群的轻工制造业重要基地；河南省历史文化旅游中心城市。
平顶山	能源加工为主的产业优势 矿产资源丰富 人文自然旅游资源丰富	环境容量有限 环境污染严重	中原城市群洛平漯产业带上的重要节点城市，中原城市群西南部的能源原材料基地，化工基地，河南省历史文化和自然旅游基地。
济源	水资源优势 旅游资源有一定的优势	商务环境较差	中原城市群新焦济产业带上的重要节点城市；中原城市群能源和原材料为主的加工制造业基地；以历史文化和自然景观为主的旅游城市。

第一节 郑州市的功能定位及其空间发展方向

　　郑州地处中华腹地，九州之中，北临黄河，西依嵩山，东、南接黄淮平原。在全国经济发展格局中具有承东启西，贯通南北的重要作用。郑州总面积 7446.2 平方公里，辖 12 个县（市）、区，其中县 1 个、县级市 5 个、区 6 个。2003 年，中心城区建成区面积 212.4 平方公里，总人口 697.7 万人，中心城区人口 322 万，市区非农业人口 177.08 万人。郑州 是国家开放城市和历史文化名城，已跻身全国综合实力 50 强、投资硬环境 40 优、全国综合投资环境前 10 名和卫生城市行列。悠久的历史、优越 的区位和丰富的资源，使郑州成为中国重要的交通枢纽、著名商埠、优秀 旅游城市和陇海兰新经济带的重要中心城市。

郑州的优势非常突出，如交通优势、信息优势、资源优势、科技优势 等。郑州的劣势主要是作为省会城市，其首位度低，辐射能力不强。

一、郑州市的功能定位

根据郑州市经济社会的发展情况和存在的优劣势，其功能定位是：中 原城市群的核心城市；中国中部区域性中心城市；全国性商贸物流中心、 区域性金融中心和现代服务业中心；中国重要的先进制造业和高新技术产 业基地。

（一）中原城市群的核心城市和全国区域性中心城市

郑州是河南省的省会，河南省政治、经济、文化中心。汇集了省、市 两级政府机构和重要的工业企业。河南其他一些地市的企业开始将总部迁 往郑州，总部经济略具雏形。从区位上看，郑州在城市群中承东启西、连 南接北，地理位置上的居中条件，使郑州具有非常有利的区位优势。此 外，郑州已经成为河南大型物流企业聚集的地区，已经建立了通达全国的 信息与交易网络，郑州的资源与信息优势地位已经逐步确立起来。随着经 济不断发展，郑州市加大城市基础设施建设力度，加快城市环境的综合整 治步伐，城市形象和人居环境有了较大提高。近年来，先后建成"四桥 一路"、环城快速路、西南绕城高速、路灯改造、污水处理厂、夜景照明 等一批城市基础设施项目，城市面貌焕然一新。郑州市在中原城市群的地 位已不再是郑州地区的中心，而是整个城市群的中心。也可以发展为全国 区域性中心城市。郑州市的产业和事业要为整个城市群服务，成为城市群 的 CBD（商务中心），要通过为整个城市群的发展提供现代服务来做强做 大，使之真正担负起城市群 CBD 的功能。

（二）全国性商贸物流中心

郑州市是京广、陇海两大铁路网干线交汇处。在公路交通方面郑州辖区内有京珠、连霍两大高速，以及 107 国道和 310 线，以及境内 18 条公路干线。以铁路、公路和航空港为龙头，以京广、陇海铁路和京珠高速公路及 107 国道、310 国道为骨架的立体的综合交通网络体系，确立了郑州在全国陆路交通中的枢纽地位。在航空方面，郑州新建了国际 4E 级新郑国际机场。目前，郑州拥有铁路一类口岸和航空一类口岸各 1 个，铁路二类口岸和公路二类口岸各 1 个，货运在郑州可联检封关，直达国外。郑州独有的交通优势使郑州目前已成为全国商贸城市以及河南大型物流企业聚集的地区，有通达全国的信息与交易网络。近年来，郑州市场体系日益完善，中国郑州商品交易所以及银基、陈寨等一批全国性、地区性大型批发市场，成为辐射全国的商品集散地。高、中、低三级商业群相配套的零售商业服务网络初步形成。北京华联、国美电器、普尔斯马特等一批国内外知名商业巨头纷纷进驻郑州。2002 年，全市共有批零贸易餐饮业网点 12.4 万个，从业人员 5.12 万人，批零贸易业商品销售总额突破千亿元大关；全市消费品零售总额达到 430.9 亿元，许多有强吸引力的全国性、区域性商品展销订货会，如郑交会、全国糖烟酒会、东西部洽谈会等在郑举办，郑州已显现出现代化商贸城市的雏形。

（三）区域性金融中心和现代服务业中心

郑州具有独特的区域性中心形成的优势。这是因为：第一，郑州是河南 1 亿人的省会城市，是中部地区交通最便利，信息设施最完备的城市。第二，郑州是中部唯一一个具有全国商品交易所的城市。中国有三个商品期货交易所，其中之一就在郑州。目前在郑州上市的期货交易品种有强麦、硬麦和棉花三个品种，2005 年白糖上市。郑州有多个郑交所指定的交割库。期货市场的发展将带动金融市场和资本市场的发展，使郑州作为中国中部地区重要的金融中心地位更加巩固。第三，银行网点密集、服务便利，保险公司、保险公估公司和保险代理公司分布密集。第四，有较为充足的金融机构供给因素，即使金融机构运行所需的要素充足。郑州对于金融业务的限制较少、放松管制的趋势较为明显、工作效率高，这无疑对郑州成为区域性的金融中心提供了必要的基础。第五，强烈的示范效应，显示出郑州金融区位的优势。金融界"郑州现象"显示郑州金融区位的优势。股份制商业银行在郑州是来一家、火一家，几乎每一家的主要业务指标都在其本系统内位列三甲。各股份制商业银行郑州分行的这一现象，已成为金融界的"郑州现象"。2001年来到郑州的浦东发展银行郑州分行，存贷款增量连续3年居全系统第一；2002年开业的招商银行郑州分行，多项业务指标均居招商银行新建分行之首；开业已近9年的广东发展银行郑州分行，作为广发行系统内第一家存款突破200亿元的分行，在当地市场所占比重已连续多年居广发行系统第一位；交通银行郑州分行也是业绩骄人。

同时，郑州也具备了成为现代服务业中心的基础条件。在中原城市群中，郑州服务业的优势最为突出。

（四）中国重要的先进制造业基地

郑州已形成了较为完备的工业体系，发展势头良好。2003年全市共有工业企业4.63万户，完成工业增加值455.7亿元。目前已基本形成了以汽车、铝、食品、纺织为支柱产业，门类比较齐全，配套能力较强的工业生产体系，一批骨干企业如宇通客车、郑州日产、三全、思念等一批大型企业集团迅速发展壮大。一些传统优势产品如磨料磨具、电缆、纱布、卷烟在全国具有较大的知名度。

（五）高新技术产业基地

郑州也具有科技人才优势，郑州现有高等学校26所，占河南省高等学校的1/3强，专任教师10627人，占河南省38.9%，中等专业学校68所，占河南省的1/4强，专任教师4747人，占河南省的13933人的34.1%。河南省大部分的科技人员也集中在郑州。2002年郑州市有各类专业技术人员17.72万人，占河南省地级市各类专业人员的26.2%。

郑州有全国性高新技术产业区，这也是中原城市群中唯一一个具有这一资源的城市。

郑州的科技市场是区域高新技术及其产品的集散地，有一大批计算机软件开发人才和计算机销售人才。有一大批软件公司有一定的优势，如郑州思维、河南雪城、河南辉煌、郑州威科姆等在铁路、电力、电信等行业应用软件的开发具有优势。

二、空间发展方向

郑州市空间发展应按"中心城区（郑州市8区）组团＋荥阳—上街组团＋中牟组团＋航空港组团＋卫星城（巩义、登封、新郑、新密四市）"进行布局。由于在地形上呈现出"南沟北河"的基本特征，向东与开封空间距离较近，且为广阔的原黄泛区，土地沙化，发展成本较低；向西通过高新技术开发区、上街区、连绵的中小城市和小城镇与洛阳相联接，城镇和产业密集度较高。因此，郑州市中心城区主要向东扩展，同时通过城区的部分产业转移拓展西部。在区划上适时将中牟、荥阳撤县建区，以进一步拉大城市框架。其中，近期建设的重点是郑东新区。

2010年郑州市中心城区建成区面积超过300平方公里，人口超过400万人。2020年中心城区建成区面积超过400平方公里，人口超过500万人。

第二节 开封市功能定位及其空间发展方向

开封古称汴梁，位于郑州市的东部，是国务院首批公布的历史文化名城、中国优秀旅游城市和我国八大古都之一，素有"七朝都会"之称。历史文化积淀厚重，文物遗存丰富。开封地处中原，交通便利，随着日南、阿深高速公路的建设，开封居于三横三纵铁路、高速公路和国道的交汇点，交通优势非常明显。开封的交通优势，支持旅游业成为开封再次腾飞的支柱产业。

开封最大的劣势是与郑州市空间距离过近，资源要素受到郑州市的强烈吸引，2000年以来，开封市经济增长累计名列中原城市群倒数第一。开封要走出困境，必须把郑州的引力变成发展动力，功能上要主动与郑州市对接，产业上与郑州做好分工；郑州市也要主动为开封市留出发展空间。否则，古都开封很可能就此衰败，这不仅是中原城市群的遗憾，而且是中国的遗憾，世界的遗憾！

所幸的是，开封与郑州在产业上存在互补的基础。在中原城市群工业内部结构的相似性分析中，开封与郑州的相似性较小，在以郑州为中心的相似性排序中，开封以 0.58 的分值排倒数第二位，在以开封为中心的工业结构相似性排序中，郑州排倒数第四位。在按工业增加值份额的排序中，开封前五位的行业是以纺织业，化学原料及制品制造、电力蒸汽、专用设备制造和食品加工为主，与郑州有很大的不同。这说明开封在工业内部结构中，与郑州具有很强的互补性。

开封市第三产业结构尽管与郑州市比较接近，相似系数达到 0.95，开封市第三产业结构竞争力也不如郑州，但 2002～2003 年第三产业内部行业竞争力分析显示，开封市科学研究和综合技术服务、教育文化艺术和广播事业、餐饮业较之郑州市具有优势。

一、功能定位

根据开封市经济社会的发展情况和优劣势的分析，其功能定位是：中原城市群的教育、文化和旅游中心；郑州都市圈的重要功能区；中原城市群重要的轻纺、食品、医药和精细化工基地。

（一）中原城市群的教育、文化和旅游中心

开封具有良好的教育传统，省会搬迁前，曾是河南省的教育中心。随着省会迁移郑州，其教育中心的地位逐渐被郑州所取代。然而，开封依然具有教育传统和教育优势。百年名校河南大学、开封高中为国家培养了大批人才。开封还有"戏曲之乡"、"书画之乡"的美誉。文化中心城市通常具有独特而古老的文化遗产与传统，或代表了时代文化的潮流而地位显赫，或是现代科技教育特别发达。如意大利的威尼斯，就是以其瑰丽的中世纪建筑、丰富的历代艺术珍品和奇特的"水城"风貌而著称于世；如法国的戛纳，这个南部海滨的蕞尔小城，却在国际上名声大振，只因为它每年度的电影节，是世界上公认的水平最高的三大电影节之一，代表着电影文化之时尚。开封是七朝古都，曾经是世界文化、经济的中心，具有独特而古老的文化遗产与传统，开封的旅游业在河南省居于前列。作为宋朝的古都，开封留下了悠久的历史文化传统，以清明上河园、开封府、龙亭公园、开封铁塔为标志的历史景观和古代建筑群不仅具有旅游价值，而且还具有考古价值。

（二）郑州都市圈的重要功能区

这里所谓的功能区不是将开封市降格为郑州市的一个区，而是从分工上明确其在都市圈中的功能，发挥自身优势，与郑州市错位发展。我们认为将开封建设成为河南省的教育文化基地是比较理想的选择。在中原城市群的总体规划中，应将开封作为郑州都市圈重要的功能城市，将郑州的部分教育职能逐步向开封转移，在郑州不再增加高等教育用地，使开封成为郑州的教育基地和后花园，实现一体化发展，遏制要素向郑州流动的势头。开封之所以是郑州都市圈的重要功能城市，主要源于两方面的原因。第一，开封与郑州的产业结构异大于同，具有互补性。在中原城市群工业内部结构的相似性分析中，开封与郑州的相似性较小，在以郑州为中心的相似性排序中，开封以0.58的分值排倒数第二位，在以开封为中心的工业结构相似性排序中，郑州排倒数第四位。在按工业增加值份额的排序中，开封前五位的行业是以纺织业、化学原料及制品制造、电力蒸汽、专用设备制造和食品加工为主，与郑州有很大的不同。这说明开封在工业内部结构中，与郑州具有很强的互补性。第二，开封最大的劣势是要素被郑州不断吸引。开封市中心距离郑州市中心72公里，两城市边界处相隔不足40公里，属于45分钟通勤圈的范围，在郑州的极化效应下，大量要素流向郑州。如果这种情况不能得到及时地改变，那么开封的发展将会受到严重的制约。所以开封要从自身的优势出发，扬长避短，在发展自身优势产业的同时，改变目前发展的被动局面，通过与郑州的经济一体化，吸引和利用郑州的各种要素，促进开封的发展。

表8-2　　　　　　　　　开封市工业增加值前5位的行业

开　　封	增加值份额（%）
纺织业	13.4
化学原料及制品制造业	12.1
电力蒸汽热水生产供应业	12.0
专用设备制造业	10.5
食品加工业	9.9

（三）中原城市群重要的轻纺、食品、医药和精细化工基地

开封的工业具有一定基础。开封工业门类比较齐全。全市现有工业企业 3580 家，形成了以化工、机械、轻纺、食品、医药等为支柱的产业体系。开封农业生产条件较好，地处平原，引黄灌溉方便，农业稳产、高产，加之近几年来农业结构调整力度进一步加大，农村工业化、城市化进程不断加快，为统筹城乡经济发展奠定了良好基础。2003 年，全市 405 户限额以上工业企业完成工业增加值 39.75 亿元，同比增长 10.6%；完成现价工业总产值 141.7 亿元，同比增长 11%；完成产品销售收入 129 亿元，同比增长 6.8%；实现利润 162 亿元，同比增长 31.6%。

二、空间发展方向

开封向西与郑州空间距离较短，且在城市功能上互补性较强，具有率先推进一体化发展的良好基础。开封市区应主要向西发展，重点建设开封西区杏花营组团，加快与郑州的空间对接。2010 年中心城区建成区面积超过 110 平方公里，人口超过 110 万人，成为特大型城市；2020 年中心城区建成区面积超过 160 平方公里，人口超过 180 万人。

第三节　洛阳市功能定位及其空间发展方向

洛阳是欧亚大陆桥上的重要城市，地处豫西黄河中下游两岸的河谷盆地，三面环山，依山傍水，土地肥沃。洛阳为豫西地区的中心，两大铁路干线在此交汇，欧亚大陆桥通车后，洛阳在其中占有重要的位置，成为连贯南北东西的枢纽。洛阳为省辖市，下辖一市八县六区。洛阳市域面积为 1.52 万平方公里，市区面积 544 平方公里。2003 年市域总人口 636.2 万。

一、功能定位

根据洛阳市经济社会的发展情况和优劣势的分析，其功能定位是：

中原城市群的副中心城市；河南省重要的科研基地；全国重要的装备制造业、原材料基地和先进制造业基地；中国以历史文化和花卉为主的旅

游中心城市。

（一）中原城市群的副中心城市

洛阳具有连贯东西经济带的区位优势，是东西发展轴的端点城市。洛阳处于东西过渡，南北贯通的居中区位，使它成为新中国成立后国防安全、交通运输的投资重点地区。2003年，全市 GDP 为 686 亿元，仅次于郑州，居河南省第二位。自 1998 年以来年均增加 9.5%，其综合实力已经在河南占有举足轻重的地位。其中第一产业增加值为 69 亿元，年均增长 4.6%；第二产业增加值为 390 亿元，年均增长 12%；第三产业增加值为 227 亿元，年均增长 10.2%。三次产业结构比例为 10.1 : 56.8 : 33.1。洛阳是北方地区为数不多的富水区，地下水蕴藏较为丰富，并有陆浑和故县两座大型水库，库容分别为 11.75 亿立方米和 12.9 亿立方米，黄河小浪底水库也可为洛阳提供丰富的水源。在工业基础尤其是装备制造业基础方面优于郑州，科研力量也比郑州的雄厚。在这些方面对中原城市群可起到重要的带动作用。但第三产业尤其是金融、商贸和教育与郑州相差很远，总体实力也难以与郑州市相比，近期和远期都难以发展成为和郑州比肩的城市群的中心。

（二）河南省重要的科研基地

目前洛阳科技力量居河南省首位，每万名职工拥有科技人员 1290 人，高于河南省 854 人的平均水平，也超出省会郑州 1277 人的拥有量[①]。2003年，全市共有各类科技人员 2.2 万名，各类科研机构 175 个，而拥有的大型精密科学仪器占河南省一半以上。在某些领域，洛阳的科研成果处于全国的领先水平。有色院、耐研院、黎明化工院、轴研所、725 所等科研院所都相继实施了一批高新技术产业化项目。随着结构调整的大力推进，企业和科研院所自我积累、自我改造、自我发展的运行机制正在逐步形成。

（三）全国重要的装备制造业、原材料基地和先进制造业基地

洛阳具有设备制造、能源加工的产业优势，洛阳工业发达，工业在全

---

① 河南城市统计年鉴，2003，不包括市辖县。

市国民经济中一直占有主导地位。"一五"时期，国家将156项重点项目中的7个项目安排在洛阳。从那时起，第一拖拉机制造厂、洛阳轴承厂、洛阳矿山机械厂、洛阳铜加工厂、河南柴油机厂、洛阳水泥厂、洛阳热电厂等企业驰名中外，奠定了洛阳工业的基础。经过50多年的建设与发展，洛阳形成了以专用设备制造、非金属矿物制品、普通机械制造、交通运输设备制造以及有色金属冶炼及压延加工为主的工业体系。以一拖重型汽车、洛轴为代表的制造业基地，以偃师、洛热电力为代表的火电基地，以伊川电力、新安电力已形成40万吨电解铝和20万吨碳素生产能力的铝工业基地，以石化总厂为代表的石化工业基地为代表的"四大产业基地"成为洛阳发展的支柱。除此之外，以新安500万吨钢铁基地、安龙公司60万吨钢等为代表的钢铁工业正在兴起。洛阳具有资源优势。洛阳的自然资源十分丰富，矿种多，分布广，已发现矿藏52种，探明储量的22种，其中钼矿储量居国内首位，铝土矿储量占河南省总储量的50%以上。白钨、黄铁矿、水泥灰岩、水晶、耐火粘土、白云岩等储量居河南省前列，另外还拥有三个省级煤田。洛阳地处亚热带向暖温过渡区域，山地丘陵面积大，适于多种林特产、干鲜果等名贵药材生长，农林副特产资源极为丰富，产量也相当可观，而市域西南山区历来有"天然药库"之称。

（四）中国以历史文化和花卉为主的旅游中心城市

洛阳的旅游资源丰富，有近四千年的建城历史，是郑国著名的古都，也是中国文明的发祥地。据不完全统计，洛阳发现的古文化遗址有327处，现有古墓群、古陵墓500余座。大中小型石窟造像8处，碑刻、墓志2300余方，馆藏文物40万件，洛阳出土的文物占河南省的1/3，约为全国的1/13。洛阳的市花"牡丹"名扬天下，有国花之称，每到花开的季节，都吸引大批游客前来观光游览。洛阳市域共有景区105处，其中已建成4A级景区5个、3A级景区8个，是"中国优秀旅游城市"。

二、空间发展方向

洛阳市空间发展应按"中心城区组团＋卫星城（偃师、孟津、新安、伊川四县市）"进行布局。受地形地貌、文物遗址等因素影响，中心城区主要向东南方向发展，近期重点在洛河南岸、伊洛河之间建设洛阳新区，并向偃师顾县镇、诸葛镇拓展。

2010 年洛阳市中心城区建成区面积超过 260 平方公里，人口达到 260 万人。2020 年中心城区建成区面积达到 350 平方公里，人口达到 350 万～400 万人。

第四节　新乡市的功能定位及其空间发展方向

新乡市地处河南北部，北依太行，南临黄河，与省会郑州隔黄河相望。现辖两市、六县、四区。土地面积 8169 平方公里，总人口 547.43 万人，市区面积 346 平方公里，建成区面积 68 平方公里，市区人口 87.7 万人，城市化水平为 30.2%。

一、功能定位

根据新乡市经济社会的发展情况和优劣势的分析，其功能定位是：中原城市群北部重要的支点城市；中原城市群的加工制造业基地；河南省职业培训基地；中国现代农业示范基地。

（一）中原城市群北部重要的支点城市

新乡地处豫北地区几何中心，是豫北六地市的交通枢纽，是南北发展轴的北部端点城市。新乡虽然没有民用机场，但与新郑机场的距离仅 100 公里。新乡是铁路运输较发达的城市，京广铁路、新菏铁路、新焦铁路呈 X 形交于市区，总长约 220 公里，铁路网密度为 2.7 公里/百平方公里。高速公路与干线公路、县乡公路相互联系，形成区域内边界畅通的交通网络。区内公路总长 3590 公里，公路网密度 43.9 公里/百平方公里，仅次于省会郑州，居河南省第二位。规划建设中的济东、阿深、新晋三条高速公路，将形成两横三纵的高速路网格局，建成后总长 320 公里，路网密度达到 4 公里/百平方公里，稳居省内前三位。新乡地处华北大平原，有广阔的腹地，西临太行山脉，能矿资源丰富。随着城市化的推进和产业的集聚，新乡市区的人口将快速增长。从长远看，城市人口将突破 200 万人，建成区面积超过 180 平方公里，形成以中心城区为主体，小冀、北站为两翼，快速道路相互联通，大片绿地隔离的大城市格局。

（二）中原城市群的加工制造业基地

新乡已发展成为拥有纺织、电子、轻工、机械、化工、医药、建材等七大支柱行业 34 个门类，集生产、科研为一体的新兴工业城市。家用电器、化纤纺织材料、电子通信设备、彩色电视、制冷铜管、二次电源、生物制药、汽车零部件、农用机械、造纸、水泥以及化肥等产品已具备一定的产业规模，在全国占有相当的市场份额。经过多年的发展，新乡市加工工业初步形成了比较优势明显，门类较为齐全的加工工业生产研发体系。电子电器、生物制药及新医药、新型电池及原材料、化纤纺织等四大强势产业竞争优势突出，汽车及零部件、食品加工、机械设备制造、造纸、医用卫生材料、精细化工、新型建材等七大产业特色优势明显。已拥有一批国内外知名品牌和名优产品，一批初具规模且具有较强竞争力的企业集团正在迅速壮大，如新飞电器、白鹭化纤、金龙铜业、安美电子、环宇电源等已成为河南省乃至全国的行业龙头企业。

（三）河南省职业培训基地

职工技术培训在河南省居于前列，其中有中专 11 所，在校生共计 1.34 万名；技校 42 所，在校生共计 2.85 万名。河南省劳动力资源十分丰富，但文化素质不高。在全国高素质技工短缺的情况下，发展职工技校将是利国利民的事业。新乡市有比较好的基础，有可能发展成为促进当地经济发展的产业。

（四）中国现代农业示范基地

新乡拥有郑商所指定的交割库 5 个，是国家优质专用小麦生产基地，年产商品粮 30 亿公斤（夏粮 17 亿公斤、秋粮 13 亿公斤），有 196 个购销企业。小麦、玉米、棉花三大上市品种中，优质麦 300 万亩、年产 10 亿公斤以上；玉米 230 万亩、年产 11 亿公斤以上（含谷、豆）；棉花 60 万亩、年产 70 万担。新乡的优质强筋小麦已享誉全国，走向世界，2002 年 12 月，新乡市 2.5 万吨优质强筋小麦出口到新西兰和印度尼西亚，首次实现了我国磨粉小麦出口零的突破。新乡还将生产与现代农产品期货联系起来。2003 年新乡市部分县（市）区的企业已积极涉入期货市场，特别是延津县成功运用了"公司加农户、订单加期货"的模式。小麦以每斤收购价高于市场价 5～6 分的价格从农民手中购入，在期货市场卖出后，又对农民实行每斤 2 分的二次返利，最终实现全县农民人均增收 70 元。延津模式正在新乡农业中推广。

二、空间发展方向

新乡与郑州之间空间距离较短，通过交通体系的联接，易于形成与郑州的呼应发展之势。因市区东部多为黄河故道，土地成本相对较低，因此，新乡市区应重点向南、向东发展，并适时将新乡县撤县建区。未来形成"一城四区"，即"中心主城区 + 北站区组团 + 小店组团 + 小冀组团 + 桥北（原阳）组团"的发展格局。2010 年中心城区建成区面积超过 100 平方公里，人口超过 100 万人，成为特大型城市；2020 年中心城区建成区面积达到 160 平方公里，人口超过 180 万人。

第五节　焦作市的功能定位及其空间发展方向

焦作市位于河南省西北部，北依太行山，南临黄河。辖四区、四县、两市，土地总面积 4071 平方公里，2003 年总人口 214.67 万，建成区面积为 69.7 平方公里，人口 79.8 万人，城市化水平为 36.8%。GDP 为 334 亿元，人均 GDP 为 9825 元，居河南省第四位。焦作市位于国家能源基地的东部边缘和晋煤南下东运的咽喉要道，为焦作市发展能源工业和新型材料为主的现代化工业，建设现代化城市和山水园林城市奠定了良好的基础。

一、功能定位

根据焦作市经济社会的发展情况和优劣势的分析，其功能定位是：
中原城市群西北部重要的支点城市；中原城市群的能源重化工基地；以自然景观为主的旅游中心。

（一）中原城市群西北部重要支点城市

新焦济产业带是由连接新乡、焦作、济源、洛阳的铁路和公路构成的复合轴线，是中原城市群中重要的产业带和我国重要的电源点建设基地，也是中原城市群辐射豫西北、连接晋东南的重要轴线。从中原城市群内部的城市分布来看，在城市群北部，分布有比较密集的中小城市，从济源，经过沁阳、博爱、焦作、修武、获嘉直到新乡，这些中小城市之间距离很短，有的只有不到半个小时的车程，产业也相对比较集中；是中原城市群北部一条重要的产业带。焦作处于这条产业带的中心位置，是这条产业带上的重要节点城市，也是中原城市群西北部重要节点城市，是带动产业带大小城市和城镇快速发展的动力源。

（二）中原城市群的能源重化工基地

第一，能源优势明显。焦作市能源矿产资源比较丰富，已经发现的各类能源矿产资源约有 27 种，占河南省矿种总数的 21.4%，其中，能源矿产 4 种，金属矿产 5 种，非金属矿产 16 种，水汽矿种 2 种。现已探明储量的能源矿产有 20 多种上，共伴生矿多，其中，煤炭保有储量为 24.4 亿吨，居河南省第 3 位，均为优质无烟煤，煤田煤气资源总量为 1733.4 亿立方米，居河南第一位。焦作还具有能源、化工、机械、冶金、建材、食品、轻工、纺织、医药等综合产业优势。中铝中州企业、河南轮胎、焦作万方、焦煤集团、沁阳铝电等能源化工企业逐渐成长为焦作工业的支柱；焦作万方拥有国内最先进的预焙槽生产线，化电集团为国家化工百强企业；中原内配有亚洲最大的汽缸套生产线。目前全市已基本建成了以火电为龙头的能源工业基地，以氧化铝、电解铝为龙头的铝工业基地和以轮胎为龙头的化工基地。第二，水资源也比较丰富。据有关资料统计，全市可开发利用的资料总量为 41.48 亿立方米，其中地表水 4.85 亿立方米，浅层地下水 5.91 亿立方米，岩溶水 2.55 亿立方米，过境水 20.17 立方米，其中省分配焦作市引黄指标 8 亿立方米。人均可利用的水资源量为 1235 立方米。

（三）以自然景观为主的旅游城市

第一，旅游资源丰富。焦作地处中原，北依太行，南临黄河，自然风光优美，具有得天独厚的自然景观、人文景观，是河南省的旅游富市，全市除了被联合国教科文组织正式命名为世界地质公园的云台山外，还有 3

处省级风景名胜区、3 处市级风景名胜区和 6 处国家级重点文物。丰富的山水生态旅游资源和历史文化旅游资源为把焦作建成南太行山具有国际知名度的山水旅游城市奠定了雄厚的基础。第二，交通便利优势。焦作自古就是联系东西，沟通南北的咽喉要地。现在由新焦、太焦、焦枝和平月铁路构成的"井"字型铁路网和由济焦新、晋焦郑、焦温高速公路构成的"丈"字型高速公路网，非常有利于旅游业的发展。第三，符合焦作城市转型的方向。焦作作为资源型城市，正面临城市转型，而发展旅游业既有利于就业，又有利于富民，还有利于保护生态，各级政府都会大力支持。

二、发展方向

考虑到城市地下煤炭埋藏区分布，焦作市中心城区应主要向南、向东方向发展，并适时将修武、博爱撤县建区。远期以中心城区为核心、组团式发展。2010 年中心城区建成区面积超过 100 平方公里，人口超过 100 万人，成为特大型城市；2020 年中心城区建成区面积达到 150 平方公里，人口超过 160 万人。

第六节　漯河市的功能定位及其空间发展方向

漯河是中原城市群最南端的城市，辖郾城、源汇、召陵三区和舞阳、临颍二县。全市总面积 2617 平方公里，2003 年，总人口 251 万人，其中市区人口 42 万人。漯河市的生产总值 221.6 亿元，GDP 增长速度近十年来一直以两位数的速度增长，在"八五"和"九五"期间分别为 19.1% 和 12.1%，居河南省第 2 位和第 3 位。2003 年漯河市人均 GDP 为 8868 元，居第 6 位，高于开封市，新乡市，平顶山市；人均 GDP 增长速度"八五"、"九五"时期居于第 2 位，2003 年为第 6 位。

一、功能定位

根据漯河市经济社会的发展情况和优劣势的分析，其功能定位是：

中原城市群南部重要的支点城市，河南省南部商贸物流中心，全国性轻工、食品制造业基地和高效农业示范基地。

（一）中原城市群南部重要支点城市

漯河最大的优势是有发育成中心城市的区位条件。漯河位于郑州与武汉的引力点的边缘地带①，处于郑州市的引力场之外，具有广阔的发展空间，有利于经济要素的聚集。漯河水资源丰富，淮海水系的两大支流沙河、澧河在市区交汇，摈河城市特色日益凸显。借助于交通优势和优良的自然环境，完全有可能发展成为一个大城市，成为中原城市群南部地区的重要节点城市。

（二）全国性轻工和食品制造业基地

漯河的优势产业是食品加工工业，是河南省唯一的食品工业基地，目前有全国最大的肉类加工基地双汇集团和全国方便面最大的生产企业之一南街村集团，全国最大的葡萄糖饮料生产企业澳的利集团。漯河是历史上的农副产品集散地，依托农副产品的优势，发展轻工产业是漯河发展的一大特色。漯河的工业结构以轻工为主，主要行业包括食品、造纸、制革、轻工机械等。食品、造纸等支柱产业发展迅猛。食品工业占规模以上工业增加值的比重达60%以上，双汇集团、南街村集团、北徐集团、龙云集团以及昌达公司5家企业进入"全国食品工业百强企业"。造纸工业则培育出了"中国草浆第一股"的银鸽集团公司，公司各种纸张的生产规模达到10万吨以上，居河南省第一，产品工艺技术及装备处于国内先进水平。

（三）河南省南部商贸物流节点

漯河在历史上是豫中南地区的重要交通运输中心。目前，京广铁路纵贯南北，漯宝铁路向西与焦枝线相连，漯阜铁路向东与京九、京沪线相接，构成铁路十字架，沟通了漯河与全国各地的联系。漯河市境内共设火车站6座，漯河火车站为全国一级枢纽编组大站。漯河市的公路交通也非常发达。京珠高速公路、107国道、洛界公路、漯平高速、漯周高速和6条主要省级公路纵贯全境，构成了四通八达的公路交通网络和高速公路十字架。漯河距郑州空港不足1小时行程，水运体系正在形成，发达的交通

---

① 郑州与武汉的引力场断裂点为：536公里/$[1+(177/500)^{0.5}]$=336（公里），中心位于驻马店。

为物流业的发展创造了条件。

(四) 全国高效农业示范基地

依托发达的食品工业，漯河市农业得到较快发展。全市农业围绕食品工业发展重点和发展方向，依托龙头加工企业，搞好配套服务，走产业化发展道路，积极发展规模养殖业、生态农业、观光休闲农业、绿色农业等高效农业，显示出农业规模化、产业化、市场化、集约化经营的发展势头。顺应这一发展势头，漯河市规划了临颍百万亩无公害绿色蔬菜基地、舞阳万亩优质杂果基地、郾城百万头生猪养殖基地和源汇区优质高效观光精品农业基地建设。这些规划落实之后，漯河市高效农业将颇具规模，完全有可能建成全国高效农业示范基地。

二、空间发展方向

考虑到沙河滞洪区的影响，漯河市中心城区应主要向东、向西发展。2010年中心城区建成区面积超过60平方公里，人口超过60万人，成为大型城市；2020年中心城区建成区面积超过100平方公里，人口超过100万人，成为特大型城市。

第七节 许昌市的功能定位及其空间发展方向

许昌市位于河南省中部，距郑州市80公里。现辖禹州市、长葛市、许昌县、鄢陵县、襄城县和魏都区两市三县一区。全市总面积4996平方公里，其中建成区面积45.8平方公里，总人口445万人，城区常住人口48万人。

一、功能定位

根据许昌市经济社会的发展情况和优劣势的分析，我们认为其功能定位是：

中原城市群南北发展轴上的重要支点城市；中原城市群的轻工制造业重要基地；河南省历史文化旅游中心城市。

（一） 中原城市群南北发展轴的重要支点城市

南北发展轴主要是自北向南由京广铁路、京珠高速、107 国道组成的复合交通轴，这是中原城市群联南贯北，促进产业集聚的重要轴线。南北发展轴上分布有新乡、郑州、许昌和漯河等中心城市。这一条发展轴线在中原城市群中起着联南贯北的重要作用，便利的交通区位将会吸引更多的产业向这里集聚，并且会与南北方向的发达城市建立起分工协作的产业配套体系，是具有很大发展潜力的轴线。许昌作为发展轴上的重要节点，将分享共同发展的好处，同时，将带动轴上临近城市和城镇的发展。

（二） 中原城市群的轻工制造业重要基地

第一，具有继电器、发制品、烟草和车辆配件为主的加工工业优势。许昌形成了烟草、电力装备、金刚石及其制品、发制品、卫生陶瓷、鞋业、纺织、大豆精深加工等在全国比较有影响的生产基地。主要工业产品有继电器、电力自动化保护装置、卷烟、烤烟、烟草机械、金刚石及其制品、汽车传动轴、农用机动车辆、汽车配件、煤炭、电力、水泥、棉布、鞋帽、发制品、陶瓷等。许继电气集团公司、黄河旋风集团公司、河南瑞贝卡发制品股份有限公司、河南葛天实业集团公司、许昌卷烟厂、许昌市骆驼鞋业股份有限公司、许昌市四通电气股份有限公司、河南众品食业股份有限公司、许昌市烟草机械有限公司、许昌龙岗发电有限公司等大型企业在全国同行业中处于领先地位。第二，许昌西部矿产资源丰富，已探明的有 30 多种，其中煤炭储量 45 亿吨、铝矾土 4300 万吨、耐火粘土 666 万吨、石灰岩 2 亿吨。产地集中、储量大、质量好，易于开采，发展电力、建材、陶瓷等行业前景广阔。第三，国家实施的"南水北调"、"西气东输"两大战略工程，都经过许昌境内，且为受益地区。基本解决了许昌产业发展面临的缺水问题。

（三） 河南省历史文化旅游中心

第一，丰富的旅游资源。许昌文物古迹众多，其中的汉魏故城、灞陵桥、华佗墓等三国胜迹颇为知名。第二，许昌市区距郑州新郑国际机场仅50 公里，有高速公路直达机场。京广铁路纵贯南北，禹郸铁路横穿东西。

京珠高速公路与将要建成的许昌至南阳、许昌至兰考到日照、许昌至登封到洛阳、许昌至扶沟到亳州的高速公路在许昌形成"米"字型的高速公路构架。

二、空间发展方向

许昌与郑州之间交通便利、空间距离较短，随着郑州航空港组团向南延伸和新郑卫星城建设，易于与长葛等城市形成空间对接。因此，许昌中心城区应主要向北、向东延伸发展，并适时将许昌县撤县建区。远期形成以中心城区为核心、组团式的空间发展结构。2010 年中心城区建成区面积超过 80 平方公里，人口超过 80 万人，成为大型城市；2020 年中心城区建成区面积超过 150 平方公里，人口超过 150 万人，成为特大型城市。

第八节　平顶山功能定位及其发展方向

平顶山市位于中原城市群的西南部。因煤而立，因煤而兴，是新中国成立后 20 世纪 50 年代始建的一座工业新城，是一座典型的工矿资源型城市。现辖四县二市四区，土地面积 7882 平方公里，2003 年总人口 489 万人，市辖区面积 459 平方公里，其中建成区面积为 53 平方公里，市区人口 92.56 万人。市区干道纵横交错，街巷高楼鳞次栉比，人行道绿树成荫、整洁优美；建成区绿化覆盖面积 1123 公顷，园林绿地面积 1059 公顷，绿化覆盖率达到 30% 以上。

一、功能定位

根据平顶山市经济社会的发展情况和优劣势的分析，其功能定位是：中原城市洛平漯产业带上的重要支点城市，中原城市群西南部的能源原材料基地，我国中部化工城，河南省历史文化和自然旅游基地。

（一）中原城市群洛平漯产业带上的重要支点城市

平顶山在中原城市群中属于洛平漯产业带上的重要节点城市：洛平漯产业带是由连接洛阳、漯河、平顶山等市的焦枝、漯阜铁路和即将开工建设的洛阳至上海高速公路组成的复合轴线，这是中原城市群与长江三角洲联系的一条重要纽带，也是中原城市群南部具有较大发展潜力的能源、电力装备和农副产品加工产业带。洛平漯产业带中，除洛阳外，平顶山市区人口规模较大，约93万人。目前，平顶山市正在加快城市转型，由产业比较单一的资源型城市向综合型的区域性中心城市转化，成为带动洛平漯产业带上临近城市和城镇发展的重要节点城市。

（二）中原城市群西南部能源原材料基地和化工基地

第一，具有以能源加工为主的产业优势。原煤、帘子布、钢材、高压断路器、化学纤维、水泥等产品在全国、河南省居于前列。其中原煤、帘子布、高压断路器产量居河南省第一位，钢和成品钢材居河南省第二位，化学纤维居第三位，发电量、水泥居第四位，此外，食品、酒、化肥等行业也具有一定的竞争优势。第二，矿产资源丰富。已发现有煤、盐、铁、铝、石膏、耐火粘土、石灰岩等57种矿藏，尤其煤、盐、铁储量较大。煤田面积1044平方公里，原煤总储量103亿吨，占河南省总储量的51%，素有"中原煤仓"之称；铁矿储量6.64亿吨，占河南省已探明储量的76.3%，矿石品位20.78%~44.13%；盐田面积400平方公里，远景储量2000多亿吨，含氯化钠90%以上，居全国井盐第二位；石膏储量3.16亿吨，占河南省总储量的77.3%；铝矾土、粘土、花岗岩、水泥灰岩、石灰石等几十种矿产资源品位高、储量大、易开采。丰富的矿产资源为能源、冶金、建材、化学等工业的发展，提供了有利条件。

在制订"九五"计划时，平顶山作出了"化工突破"的选择，以尼龙66盐工程、离子膜烧碱、工程塑料、化学纤维、尿素等项目为标志，新一轮产业演进、转型正在进行之中。2003年，化工产业增加值已经占到了本市全部工业的4.2%，初步显示了良好的发展势头。在今后一个时期，要充分发挥资源优势，促进资源开发加工增值，推进产业链条延伸；优化产业结构，转变经济增长方式，建设中部化工城。

（三）河南省历史文化和自然旅游基地

平顶山自然及人文景观旅游资源丰富。目前，已发现新石器时期以前的古文化遗迹37处，商周至明代古城遗址和墓葬19处，古寺名刹6处。

风光独秀的自然风景名胜区石人山、千年古刹风穴寺、宋代大文学家苏轼父子墓地三苏坟、闻名遐迩的香山寺、春秋时期杰出的思想家、军事家、海内外叶姓始祖的叶公沈诸梁墓地以及石漫滩国家森林公园、平西湖等主要景点。

二、空间发展方向

平顶山市还承担着辐射豫西南等重要功能。考虑到城市地下煤炭埋藏区分布及沉陷状况，中心城区应主要向西发展，适度向南扩展，形成两大片区、四大组团的"带状组团"式空间发展格局。2010年中心城区建成区面积达到100平方公里，人口超过100万人，成为特大型城市；2020年中心城区建成区面积达到170平方公里，人口超过160万人。

第九节　济源市的功能定位及其空间发展方向

济源市位于河南省的西北部，北依太行山，与山西省相邻；南临黄河，与古都洛阳相望。西与山西运城接壤，东与焦作市相连，自古有豫西北门户之称。在区位上是沟通晋豫两省，连接华北平原和中西部地区的枢纽。在全国的经济布局中具有东引西进，南下北上的有利条件。1988年撤县建市，1997年改为省辖市，是一座新兴的工业城市。辖16个乡镇和办事处，市域面积1931平方公里，建成区面积21平方公里，总人口65万，其中城区人口16.66万人。近年来，济源市先后荣获了全国环境综合整治优秀城市，全国卫生先进城市，中国优秀旅游城市，河南省园林城市，省级文明城市等称号。

一、功能定位

根据济源市经济社会的发展情况和优劣势的分析，其功能定位是：

中原城市群新焦济产业带上的重要支点城市；中原城市群能源和原材料为主的加工制造业基地；以历史文化和自然景观为主的旅游城市。

（一）新焦济产业带上的重要支点城市

济源市城市规模比较小，但具有资源优势和交通优势，焦枝铁路和侯月铁路在境内交会，形成"T"字型铁路枢纽，高速公路在此形成"十"字型骨架。207 国道穿境而过，新济线横贯东西。小浪底水库建成后，又开通了济源至三门峡的水上航运，使交通愈发便利。城市和企业都有很强的活力。南依洛阳，北依焦作和晋城，将发展成为产业带上的一颗耀眼的明珠。

（二）中原城市群能源、原材料和加工制造业基地

目前济源已经形成了以钢材、铅、锌、焦炭、耐火材料为主的冶金工业，以玻璃、水泥、铝型材为主的建材工业，以电力、煤炭为主的能源工业，以树脂、烧碱、化肥为主的化工工业，以防爆开头、高低压控制设备、石油机械为主的机械电子工业，以精陶、棉纺、淀粉、饮料酒、中药保健为主的轻纺工业。其中，冶金、建材、能源、化工是济源市的四大支柱产业。四大支柱产业中，年产值超过 20 亿元的企业有 1 家（济钢），产值超过 10 亿元的企业 1 家（豫光），产值超过 3 亿元的企业 2 家（中原特钢、豫港焦化），产值超过 2 亿元的企业 3 家，产值超过亿元的企业 6 家，产值超过 5000 万元的企业 9 家。2003 年，四大产业规模以上产值占规模以上工业总产值的比重达到 69.2%，增加值占规模以上工业增加值的比重达到 67.6%。

（三）自然景观为主的旅游城市

依托丰厚的文化资源，建成了融王屋山国家地质公园、愚公移山遗址、阳台宫为一体的王屋山国家级风景区，以小浪底水库、黄河三峡为特色的黄河小浪底景区。以猕猴观赏、温泉疗养为特色的五龙口景区。

二、空间发展方向

受地形地貌因素影响，济源市中心城区应以向东发展为主，向南适当发展。考虑到济源市人口规模相对较小，城市化水平较高，具有率先推进城乡一体化的良好基础，规划适时将轵城、克井两镇撤销并入城区，将五龙口、梨林两镇撤销，以五龙口为中心建区，以进一步拉大城市框架。2010年中心城区建成区面积超过 40 平方公里，人口超过 35 万人；2020 年中心城区建成区面积达到 50 平方公里，人口超过 50 万人，成为中型城市。

第九章 强化大郑州建设，提高核心城市辐射带动能力

郑州市是中原城市群的中心城市。扩大郑州城市和人口规模，提高城市综合经济实力和辐射带动力，对于推动中原城市群加快发展至关重要。"十一五"及今后一个时期，郑州市要大力培育优势产业，加快集聚人口和要素资源，优化城市布局，提高城市服务功能，全面提升核心竞争力，借助"集合城市"的力量，加快形成带动区域经济发展的动力源和增长极，在对外开放中发挥主导作用，成为全国区域性中心城市，全国重要的商贸物流中心、区域性金融中心和现代服务业中心、中国重要的先进制造业基地和科技创新基地。力争 2010 年市区人口规模超过 400 万人，全市生产总值占中原城市群的比重达到 1/3，在中原城市群发展中的核心地位显著提升，真正成为带动中原城市群协调发展的龙头。

第一节 扩大郑州城市规模

围绕建设"现代商都"，依据中原城市群空间布局，提升城市发展理念，拉大城市框架，优化城市功能，促进人口集聚，加快建设大郑州，努力构建以中心城区为主体，近郊组团为支撑，卫星城为拱卫，重点小城镇为节点的组合有序、优势互补、整体协调的现代化城市发展格局。

一、集中力量建设中心城区

坚持"共生城市"的理念，明晰城区功能分工，全面提升中心城区功能，在加快新城区开发的同时，兼顾老城区的有序更新，实现新老城区

的功能互补、协调发展。

（一）推进郑东新区建设

以增强商务服务、会议展览、文教科研、旅游休闲、人口居住等重要功能和提升城市品位形象为重点，高起点建设郑东新区。"十一五"期间，要依据总体发展规划要求，全面建成郑东新区起步区和龙子湖地区，基本建成龙湖地区，全面启动拓展区，力争 2010 年郑东新区建成区规模达到 100 平方公里，常住人口达到 60 万人以上，建成省艺术中心、会展宾馆、广电发射塔、世界客属文化中心等一批标志性建筑，加快郑州经济技术开发区、郑州出口加工区和规划的加州工业城建设发展步伐，形成现代物流、金融商务、文教科研、高新技术产业集聚区和大型居住社区，基本建立新型高效管理体制和机制。

全面建成起步区。中央商务区（CBD）和龙湖南区全部建成，区内的基础设施、金融商务、会展服务、商业流通、行政办公、文化娱乐、教育医疗、居住等功能协调配套，建成区面积达到 33 平方公里。鼓励引导金融机构向区内集中，形成我国中西部地区规模较大的金融密集区。

基本建成龙湖地区。完成龙湖开挖和 CBD 副中心、龙湖西区等主要功能区框架建设，度假宾馆、公寓、商业及配套服务设施建设基本到位。完成运河开挖，实现 CBD 和 CBD 副中心的水域联通，营造独特的水路景观。初步建成建筑、湖水及绿化相互交融，建筑傍水而立，绿树环抱碧波，湖水映衬建筑的水域靓城。

全面建成龙子湖地区。确保龙子湖高校区全部建成投用，文化、教育、中介服务等机构初步形成集聚，商业服务、居住等设施配套完善，科教研发中心的雏形初步显现。

全面启动拓展区。确保铁路客运专线枢纽站、高速公路客运枢纽站建成投用；建设郑汴快速通道，金水东路与开封大梁路形成对接；现代立体化交通枢纽地位基本形成。构建现代物流业发展的集聚区，沿郑汴路（310 国道）和郑汴快速通道两侧建设中原国际物流园区，郑州国家干线公路物流港、郑州铁路集装箱货运中心、郑州铁路零担货运中心、中南邮政物流集散中心等重大物流工程建成投用，郑州中心物流枢纽的功能得到有效发挥。

在搞好规划区建设的同时，积极推动郑东新区突破现有城市规划界限，向中牟方向发展，为实现郑汴空间对接创造条件。

（二）改造提升老城区

突出改善人居环境和古都保护两大主题。加快老城区"退二进三"步伐，积极推动一般加工制造业项目向城市外围转移。疏散工业和居住用地，降低人口密度。加强地下基础设施的改造和建设，提高配套能力。注重对商城遗址、历史建筑、特色街区、名人纪念地等传统特色建筑的保护，彰显城市历史人文特色。加快都市村庄改造步伐，力争 2010 年前全面完成老城区内现有都市村庄的改造任务。

全面提升社区功能。以创新的思维规划、建设、发展和管理社区。"十一五"期间，重点规划建设 50 个综合功能比较完善的示范型社区。鼓励有条件的社区积极探索建立社区居民事务代办站，实行居民或单位申办事项、居民咨询或反映问题和其他要求协助办理事项的全程办理代理制。加强社区文化、社区环境、社区治安、社区卫生、社区服务、社区绿化和社区物业管理等基础工作。发展社区服务业，进一步完善社区综合服务功能。通过良好的社区管理和服务，为城市居民创造安全、舒适、稳定的生活环境，满足居民多元化需求。

（三）进一步发挥开发区集聚功能

大力提升郑州高新技术开发区。搞好"孵化器"建设，推动产学研结合，以电子信息、生物制药和新材料的规模化、产业化为重点，加快高新技术产业招商引资和技术引进步伐，引导高技术企业集聚。禁止技术含量低、产出低的产业入园，提高单位土地产出效率，使其真正成为高新技术产业集聚地。按城市社区改造或迁移区内都市村庄，完善区内基础设施，"十一五"期间，全面完成 18.6 平方公里规划面积的开发。

加快发展郑州经济技术开发区。节约利用土地，提高单位土地面积投资强度。以建成先进制造业集聚区为目标，抓好现有电子信息材料、铝精深加工等项目建设，大力吸引汽车及零部件、装备制造业等项目入区，扩大产业规模，建设成为郑州东区的产业基地。

积极推进郑州出口加工区建设。充分利用政策最优、机制最活、通关最便捷的优势，加大招商引资力度，积极引进技术含量高、占地少、出口创汇能力强的项目，完善软、硬环境，力争2010年出口加工区面积达到2平方公里，出口创汇额超过20亿美元，成为城市群出口创汇的核心区。

（四）提高中心区基础设施配套能力

建设方便快捷的城市交通网络。中心城区优先发展公共交通，逐步推行城市公交专用车道，优化公交线路与站点设置，确保中心城区居民步行10分钟之内可抵达公交站点，进一步方便市民出行。规划建设公共停车系统，逐步取消中心城区单位围墙，提高通行能力。用三年左右的时间，全面打通城区断头路。建设高新区—中心城区—郑东新区的城市轻轨一号线，密切新城区与老城区之间的交通联系。力争2010年，中心城区基本形成快速通道、主干道、次干道、支路等结构清晰、联接顺畅的环形放射状路网结构。

提高供排水系统荷载能力。配套建设"南水北调"中线郑州城市受水工程，解决城市发展用水问题。加大中心市区排水管网建设改造和河道设施防洪工程建设力度，2010年建成区所有街区、道路实现雨污分流，金水河、熊耳河、东风渠等河道全部完成截污，突出抓好金水河整治和补源，恢复城市河道景观功能。开工建设贾峪水厂，建成马头岗污水处理厂一期工程，2010年城市日供水能力达到127万吨，日处理污水能力达到80万吨。

完善城市供气、供热系统。利用既有中原油田气源、"西气东输"工程系统与拟新建的"川气入豫"、西气东输二线工程联网，建设天然气输配枢纽和储备设施，形成安全、可靠、完备的天然气供应体系。加强城市热电联产项目建设，推进热电生产供应体制改革，拓展管网覆盖范围，大力推进集中供热，提高供热效率和质量。2010年中心城区集中供热率达到50%，居民燃气使用率达到95%以上。

改造供电系统。完善电网配置，提高供电质量，保障供电安全。2010年前，旧城改造区域110千伏以下架空线全部入地，市内220千伏以上高压架空电缆全部完成入地或外迁改造。

（五）重塑郑州"绿城"风貌

加强城市绿化，重点建设以街道、河渠两侧、公园、广场、街心游园等为主的园林系统。依托三环、四环、绕城高速建设三层森林生态保护圈，在中心城区外围重点建设沿 107 国道、310 国道的两条森林生态景观轴，沿贾鲁河、南水北调总干渠、连霍高速、京珠高速建设生态防护林带，在中心城区和卫星城之间，规划建设特色各异的生态功能区。营造郑州"林在城中，城在林中"的绿城风貌。2010 年，郑州市建成区绿化覆盖率超过 40%，2020 年超过 45%。

二、加快荥阳—上街、中牟、航空港、花园口组团发展

荥阳—上街组团、中牟组团、航空港组团，是郑州市近郊工业和城郊农业集聚区以及现代物流业密集区。"十一五"时期，完成荥阳、中牟撤县建区，通过加强与中心城区的快速交通联系，完善城市配套设施，逐步形成与中心城区功能和产业互补、生态和居住环境良好的城市功能区。

荥阳—上街组团整体向东发展，通过改造提升荥阳—上街入市通道，实现与中心城区的空间对接。重点承接中心城区的纺织、服装等劳动密集型产业和加工制造业转移，形成近郊工业集聚区。

中牟组团实施东西双向发展，通过金水东路向东延伸和开封大梁路向西延伸，分别与郑东新区和开封西区形成空间对接，成为郑汴之间重要的战略支点。重点承接中心城区汽车及零部件产业转移，建设汽车工业基地。大力发展现代高效农业和生态农业，形成城郊农业集聚区。与郑州中原国际物流园区相呼应，加快现代物流设施建设，形成现代物流业集聚区。加强生态林地建设，形成郑汴之间的生态环境调节区。

航空港组团整体向北、向南发展，实现与郑州经济技术开发区和郑东新区的发展对接。依托国际空港，建设商贸物流园区，建成吞吐能力强大的航空货运中心。

加快花园口组团开发。加强花园口旧址保护，重点发展城郊型农业、生态农业，完善农业观光、生态涵养、旅游休闲等功能，建成黄河文化展示区，使其成为郑州市的休闲度假区和高尚生活居住区。

三、加快卫星城建设

巩义、新密、登封、新郑四个卫星城，承担着市区人口扩散和产业转移等功能，近期要按照明确功能分工、突出比较优势的思路加快发展，通

过加快建设特色工业园区和发展产业集群，形成与中心城区的产业配套协作，为承接中心城区产业转移奠定基础。力争 2010 年建成区人口分别达到 35 万人、25 万人、20 万人和 25 万人，初步形成设施完备、功能齐全、环境优美、特色各异、优势互补的卫星城市。

巩义市的发展在郑汴洛城市工业走廊和中原城市群中小城市发展中具有特殊意义。要充分发挥资源、区位、产业优势，发展壮大优势产业，加快建设特色工业园区，积极培育特色产业集群，努力形成以铝工业、建材工业为主的加工制造业集聚区。通过产业发展和城市功能完善，努力成为郑汴洛城市工业走廊中的重要支点城市。

新密市要依托煤炭资源优势，实施煤电一体化战略，适度发展高载能工业，限制发展高耗水产业，努力建设成为以能源、原材料为主的重工业集聚区。

登封市要依托市域独特的文化、旅游资源，大力发展文化、旅游及相关配套产业，努力建设成为文化旅游业集聚区。

新郑市要依托优质特色农产品资源，建设城郊农业和食品工业集聚区。加快龙湖高校园区建设，形成文化教育密集区。通过产业发展和城市功能完善，努力成为郑州与许昌之间的重要支点城市。

加快联接中心城区与卫星城的快速公路建设，率先实现区域内除高速公路以外的其他道路无障碍通行，形成中心城区与卫星城之间 1 小时通达的快速通道。

第二节　提升郑州核心竞争力

充分发挥郑州市的比较优势，把提高产业竞争力作为提升城市核心竞争力的关键，巩固提高第二产业，大力发展第三产业，着力建设现代物流中心、区域性金融中心和先进制造业基地、科技创新基地，提高城市竞争力和可持续发展能力。

一、强化物流辐射带动能力

依托郑州交通、信息枢纽，利用河南及其周边市场优势，有效整合物流资源，大力培育和引进物流企业，加快大型物流基础设施建设，构建全国重要的现代物流中心。

"十一五"期间，突出抓好郑州中心物流枢纽建设。以圃田为中心，在郑汴路与金水东路区间，京珠高速公路两侧，并逐步向开封方向展开，规划建设集市域、区域和国际物流于一体，具有多式联运、集装箱中转、货运代理、保税仓储、分拨配送、流通加工、物品展示、信息服务等功能的中原国际物流园区。突出抓好支撑中原国际物流园区的郑州国家干线公路物流港、郑州国际航空货运中心、郑州铁路集装箱货运中心、郑州铁路零担货运中心、中南邮政物流集散中心、郑州出口加工区和河南进口保税区七大物流工程建设，使其发展成为郑州中心物流枢纽主要的功能载体、中西部地区优势突出的国际贸易窗口和全国重要的商品集散加工地。

优化配置物流资源。突破郑州现行城市规划限制，组织受地理位置和交通管制制约的物流企业及相关仓储设施向中原国际物流园区有序迁移，引导市区内现有部分大型批发市场和新建物流企业在京珠高速以东地区集聚发展，以物流业发展推动郑汴一体化进程。以资本为纽带，以产权制度改革为突破口，通过并购、重组等方式，强力推进社会物流资源整合，盘活物流资源存量。依托综合物流园区、主要工业园区、产业集中区、城市组团和现有大型商贸市场，规划建设一批为工商企业生产经营和城市居民消费服务、各具特色的专业物流市场。

提升城市物流服务功能。完善城市商品市场体系，实现期货和现货市场协调发展。以发展连锁经营、物流配送、电子商务为重点，积极推进流通方式的变革。积极发展流通加工，拉长产业链条，提高综合效益。优化城市配送网络体系，重点构建由商贸批发、连锁零售两个层次和生产资料、日用工业品、农产品三类产品组成的物流配送体系，积极发展市域共同配送，提高物流配送的社会化、专业化、集约化程度。

二、加强金融保障能力建设

依托现有基础，发挥比较优势，以健全金融机构体系、培育金融市场、加快金融创新、优化金融生态环境为重点，以郑州金融商务区建设为突破口，大力发展金融业，增强金融业的竞争力和辐射力，努力把郑州建设成我国中西部地区重要的区域性金融中心。

在郑东新区中心商务区高起点规划和建设郑州金融商务区。采取资产置换、买断、用地优惠、政府补贴等政策措施，鼓励和引导金融机构向金融商务区集中，使之成为河南省金融机构的集聚区、金融创新的示范区、金融运行的安全区和金融优质服务区，构筑郑州金融中心的有形载体。

积极创造条件，制定优惠政策，吸引国内外金融机构在郑州设立区域管理总部、区域性功能中心、分支机构或办事处。"十一五"期间，争取国内股份制商业银行全部入驻郑州，引进海外银行 1 ~ 2 家，引进国内外保险机构 3 ~ 5 家。

支持郑州商品交易所逐步上市交易化纤、煤炭、天然气和电力等期货交易品种，争取推出股指期货、外汇期货、期权等衍生业务，实现由单一的农产品期货市场向兼有金融期货品种的综合性期货市场转变，提高国际影响力。

进一步完善金融市场、金融服务、金融信用、金融监督四大体系，逐步使金融业成为功能强大、服务高效、开放程度高、有较强竞争力的支柱产业，把郑州建设成为立足郑州、服务中原、辐射中西部的区域性金融中心，力争 2010 年郑州金融业增加值占生产总值的比重达到 8%。

三、优化工业结构

通过优势企业重组整合、重大项目招商、引进战略投资者等途径，调整优化工业结构，大力发展总部经济，积极引导骨干企业总部向郑东新区和郑州经济技术开发区集聚，努力把郑州建成先进制造业基地。"十一五"时期，重点发展汽车工业、机械装备制造业、信息产品制造业、铝工业和食品工业，力争 2010 年全市制造业增加值占工业增加值的比重达到 85% 以上。

大力发展汽车工业。依托宇通、日产、少林、红宇等骨干企业，提升客车、运动休闲车及特种汽车制造业发展水平，通过整车生产带动汽车零部件产业发展，形成完备的汽车产业链，重点推进以日产为主的乘用车生产基地、以宇通为主的中高档客车生产基地和中牟汽车零部件产业园区建设。

做大做强机械装备制造业。依托郑纺机、郑煤机、宇通重工、郑缆等骨干企业，大力发展成套化纤和染整非织造设备、煤炭机械设备、工程机械设备。中小企业要坚持专业化、规模化，高质量、高起点，围绕主机加强配套能力建设，建立零部件生产和配套工业园区，形成整机—配套企业—产业集群的发展格局。

壮大信息产品制造业。依托安彩、金惠、威科姆等骨干企业，突出加强电子信息设备制造和软件产业，加快发展通信设备、计算机及零部件、集成电路及新型电子元器件、汽车电子及其他电子专用设备和家用视听设备，形成电子信息产品生产基地。

发展提升铝工业。依托中铝河南分公司、郑州铝业、明泰铝业、辉龙铝业、豫联铝电、登电集团等骨干企业，稳步发展氧化铝，改造整合电解铝，大力发展铝精深加工，形成铝工业发展的集聚区。

巩固提高食品工业。依托优势企业，打造知名品牌，重点发展速冻食品、方便食品、乳制品、果蔬制品、啤酒、烟草等产品，促进产品向精深加工、高附加值转变，培育名牌产品。推进产业整合，打造强势企业。

着力打造承接国内外先进制造业转移的重要平台。突出抓好加州工业城建设，借鉴苏州工业园区的建设管理模式，加强与外方的沟通衔接，以汽车制造、装备制造、机械、电子等领域为重点，努力引进一批技术含量高、带动能力强的工业项目和国际知名跨国公司，力争2010年完成5平方公里核心区建设，在部分领域率先形成一批强势企业和知名品牌。加快郑州出口加工区建设，围绕加州工业城优势产业生产链条，吸引省内外上下游企业向区内和周边地区集聚，促进加州工业城与出口加工区的优势互补和发展互动，努力把这一区域建设成为郑州先进制造业的集聚区和河南省外向型经济发展的重要平台。

四、提升科技创新能力

充分发挥郑州高等院校和科研院所布局集中、教育科研力量雄厚的优势，积极推动智力资源和科技资源的发展融合。重点抓好郑东新区龙子湖区科教研发中心和郑州高新技术开发区高校园区建设，创新人才引进、培养和使用机制，吸引国内外高端人才集聚，努力建设一批在全国居于领先地位的品牌学科、知名高校和研发中心，增强原始创新能力，集成创新能力和引进消化吸收再创新能力。

集中扶持河南农大国家小麦工程技术中心、国家烟草生理生化基地、河南省农科院、郑州机械研究院、郑州轻金属研究院、解放军信息工程中心、郑州大学橡塑模具工程研究中心、高温材料研究所等一批在全国具有较强影响力的骨干科研院所，努力使郑州在小麦、棉花、烟叶、超硬材料、有色金属材料、信息工程、橡塑模具等领域的研发水平保持或达到全国领先水平，形成具有自主知识产权的农产品育种技术、农产品栽培技术、信息技术、信息安全技术、新材料生产技术，逐步成为全国农畜产品质量安全标准、超硬材料生产标准、有色金属材料生产标准、高分子材料生产标准、部分工业品设计标准的研发中心，成为带动中原城市群科技创新的核心辐射源。

加快建立开放型的科技创新体系，鼓励科研机构间加强技术协作，选择有基础、有优势、有重大带动作用的关键技术领域开展联合攻关，实现技术突破。鼓励科研人员跨院所、跨区域流动，提高人力资源配置效率，密切与国内外的技术交流与合作。鼓励科研院所与骨干企业加强合作，着力提升宇通、郑纺机、郑州日产、安飞、中铝河南分公司等大型企业的工程技术中心和研发中心的创新能力，实现合作双赢。加强河南科技市场等区域技术交易中心建设，积极发展以研发为主的新兴科技公司，大力培育科技咨询、技术贸易等中介服务业，提高中原城市群科技创新的扩散能力。

积极引进国内外先进技术，加强产学研结合，提高科技成果就地转化率。在电子信息、新材料、生物工程、新医药等高新技术领域，培育形成一批高新技术拳头产品，努力把郑州建设成为中原城市群重要的高新技术产业化基地。

五、加强"软实力"建设，提升文化凝聚力

充分发挥郑州文化资源的集聚优势，深度挖掘厚重丰富的中原文化底蕴，加快传统优秀文化与现代都市文化的融合，构筑中部地区区域性文化产业高地。大力整合文化资源，培育充满活力的文化产业市场主体，支持河南出版集团、河南报业集团做大做强，组建河南影视传媒集团、河南武术杂技集团、文艺演出集团，扶持大型文化企业跨地区、跨行业、跨所有制、跨媒体集团化发展。鼓励非公有制经济进入经营性文化产业领域，规划和引导文化产业向基地化、园区化、集群化布局发展。加强文化基础设施建设，加快建设河南艺术中心，分步实施省广播电视发射塔迁建、省体育中心二期、郑州商都遗址公园等标志性文化设施工程。逐步形成城区综合文化功能区、黄河文化功能区、嵩山文化功能区、商都文化功能区和黄帝故里文化功能区。尽快将文化产业培育成郑州市的新兴支柱产业，显著增强对区域和河南省文化产业的辐射带动能力。

努力塑造开放多元的都市文化。以建设开放郑州、人文郑州、创新郑州为目标，弘扬中原文化兼容并蓄、生生不息的优秀传统，顺应时代潮流，强化开放意识，创新拓展城市文化的内涵。广泛汲取和融会现代都市文明精髓，以标志性文化设施、特色文化街区、现代化建筑群和精品文化工程为载体，以发展文化产业、促进文化与经济协调互动发展为主导方向，提高城市文化品位，打造区域特色文化品牌，把现代都市文明的价值取向注入到城市规划、建筑设施、社区建设、居民生活的各个领域，突出人本理念，彰显城市文化的多元性，塑造现代文化之都的崭新形象。

第十章 中原城市群产业发展研究

在当前和今后一个时期，中原城市群的一项重要任务就是要加快推进城市化，带动河南崛起和我国中部崛起。产业发展特别是二、三产业的加快发展是推动农业人口向非农转移、促进城市化的重要支撑力量。因此，明确产业发展的总体思路，确定产业发展的重点，搞好产业的空间布局，对于中原城市群发展壮大具有极为重要的意义。

第一节 产业发展中存在的主要问题

中原城市群的城市化水平要从目前的36.7%提高到2020年的60%以上，每年需要提高1.5百分点，这是一个相当艰巨的任务。从完成这一任务的角度看，中原城市群的产业发展还存在不少问题，概括起来有：

一、非农产业对城市群发展的支撑能力不强

城市化与非农产业发展水平存在密切关系，而从中原城市群目前二、三产业的发展状况看，对推动城市化的支撑能力不强。在5个城市群，中原城市群的人均二产增加值略高于武汉城市圈，但不及珠三角的1/4、长三角1/3和山东半岛的1/2。

同时，与山东半岛和珠三角相比，中原城市群工业在空间上的集聚程度明显偏低。2002年，中原城市群工业增加值约占河南省的58%，而山东半岛的同一比重达到68%，珠三角更高达85%。

二、以资源开采及加工为主的重型工业结构

中原城市群的工业具有明显的重型化特点，重工业占工业增加值比重达70%。从各城市看，除漯河外，其他8个城市均呈现明显的重型化特点，济源市的重工业比重高达87%。

中原城市群工业的重型化又是由资源开采及初加工支撑的。按各行业增加值占全部工业增加值的比重排序，中原城市群居前十位的分别是电力蒸汽热水生产供应业、煤炭采选业、非金属矿物制品业、石油加工及炼焦业、专用设备制造业、有色金属冶炼及压延加工业、食品加工业、化学原料及制品制造业、烟草加工业、电气机械及器材制造业，除个别行业外，基本都属于资源开采及初加工。

这种由资源开采及初加工支撑的重型工业结构带来的不利影响是工业效益低、对劳动力的吸纳能力弱。众所周知，以煤、电、冶金等产业为主体的工业结构，一方面，主要是靠消耗资源获得发展，产品的技术含量低，因此其效益必然不如以技术密集和资本密集为特征的制造业高。另一方面，重型工业结构中，单位劳动力占用资本多，因而对劳动力就业的吸纳能力有限，这种工业结构对于我国第一人口大省——河南省转移农村富余劳动力，从而推进城市化是非常不利的。

在中原城市群，与以资源开采及初加工为支撑的重型结构相伴随的则是新兴产业规模很小。河南省的新兴产业主要布局于中原城市群。从行业看，主要是医药制造、电气机械与器材制造、电子及通讯设备制造业。在国有及规模以上的企业中，目前河南省上述三类新兴产业的总产值占工业总产值的比重不足7%，而山东省的同一比重早就超过了10%，广东仅电子、电气机械两大新兴行业产值所占比重就已达到50%。

三、所有制结构缺乏活力

目前，中原城市群国有及国有控股企业在该地区占主导地位，国有及国有控股企业、集体企业、私营企业、外商及港澳台投资企业占工业增加值比重分别为47%、29%、18%和6%，公有制企业合计占76%。

四、现代服务业发展滞后

从中原城市群第三产业的内部结构看，居第一位的是交通运输仓储邮

电通信，比重在27%以上；居第二位的则是批发零售贸易餐饮，其比重也超过了24%。这两个部门都是传统的第三产业，两者比重之和超过50%。而表征现代服务业发展趋势的金融保险、社会服务和科研技术服务等行业所占份额很低，前两个行业各占比重不到8%，后一个行业则不到2%。金融保险业的比重比全国平均水平低9个百分点（全国为16.5%），社会服务业比重比广东、浙江分别低7个和3个百分点。根据有关资料，我国第三产业中的科研技术服务业、金融保险业和社会服务是与城市化水平相关度最高的三个行业，成为当前我国服务业中促进城市化的三个主要推动力。由此看来，中原城市群现代服务业发展滞后很不利于城市化的推进。

五、发展现代农业的方向不明确

城市群的农业应该是城郊型农业，即根据城镇居民生活水平日益提高的需求，大力发展畜牧业、林果业和城郊型种植业。但从中原城市群目前农业发展状况看，并没有体现这一发展要求。2003年，中原城市群畜牧业增加值比重占农业增加值比重是36.6%，河南省是37.5%，中原城市群比河南省平均水平还要低1个百分点。中原城市群的林业比重为4.4%，虽然比河南平均水平高1个百分点，但却低于全国平均水平。由此可见，中原城市群未来农业发展中，必须突出城郊型农业的特点，大力调整农业结构，加快发展畜牧业、果蔬业等。

六、产业布局出现了一些不协调现象

中原城市群在推进城市化和壮大产业规模的过程中，在产业布局方面出现了一些问题，归纳起来主要有：

一是各城市出于争取更多发展机会的考虑，往往愿意不加选择地发展多种产业，从而出现产业的主导方向不够明确、支柱产业多而不强等问题。这样一来，不仅各城市的产业特色会受到影响，而且更不利城市群中各城市开展分工与协作。

二是出现了各城市盲目争上电厂、电解铝厂等局面。近两三年，我国出现了大范围的缺电，需要扩大电力装机规模。根据新编制的电力工业中长期规划，到2010年，全国发电装机容量要达到6.6亿千瓦。即2004年到2010年的7年间，平均每年将投产发电装机容量3700万千瓦，年均增长 7.8%。在这一电力装机扩容过程中，中原城市群与全国许多城市一样积极性都很高，9 个城市几乎都提出要上大电厂，这显然是不现实的。电解铝是我国最近一个时期投资过热的一个行业，目前，在建能力有 310 万吨，到 2005 年预计产能达 1000 万吨，将超过市场需求近 1 倍。全国电解铝过热，中原城市群的好几个城市也参与其中，并且有些城市提出的项目还远未达到经济规模，这不仅影响全国的公共资源的平衡，而且也容易造成项目过小、布局分散的局面。

三是中心城区发展与周边县域发展不协调的问题。中原城市群中有 8 个地级市（济源属省直管市，而不属于严格意义上的地级市），实行的是市管县体制，在这种体制条件下，存在地级市的中心城区与所辖县域之间的协调发展问题，以及产业在中心城区与县域之间的合理布局问题。从总的发展要求看，中心城区相对于县域经济实力应该逐步增强，否则，不利于带动区域经济的发展。2002 年中原城市群各中心城区生产总值占其辖区的份额平均为 32.4%，这一比重虽然略高于河南省平均水平 31.4%，但远低于全国平均水平 55%。再就工业总产值的布局看，2002 年中原城市群中心城区所占份额为 48.8%，同样也高于河南省平均水平 45.7%，但也低于全国平均水平 68.5%。从动态情况看，2000～2002 年，中心城区生产总值所占份额上升了 0.6 个百分点，但工业总产值的份额却在同一时期下降了 4.5 个百分点。上述情况和趋势对提高中心城区的辐射带动作用是不利的。

第二节　产业发展选择

根据中原城市群所处的发展阶段，从现在起至 2020 年，中原城市群产业发展的重点是通过加快发展工业，推进工业化进程。中原城市群产业发展的基本思路及优势产业选择将以此为基础并结合中原城市群产业发展中存在的问题而展开。

一、产业发展的基本思路

根据国际国内产业发展的一般规律和总体趋势，针对中原城市群所处的工业化阶段及产业发展过程中存在的突出问题，我们提出中原城市群产业发展的基本思路是：按照走新型工业化道路的总体要求，围绕为中原城市群加快推进城市化提供强有力的产业支撑的目标，以增强工业竞争力为主攻方向，促进资源主导型产业向技术、资金和劳动密集型产业协调发展转变，由中间产品为主向终端产品和消费型产品为主转变，把中原城市群打造成我国重要的制造业基地；用高技术和先进适用技术改造、提升传统产业，大力发展高新技术产业；立足中原，面向国内外两个市场，大力发展现代服务业；顺应快速城市化的需要，按照产业经营的要求，大力发展都市型农业和绿色农业。

二、产业发展选择

（一）选择经济效益较高、具有一定竞争优势的行业

发挥比较优势，形成竞争优势，是企业和地区经济发展的关键因素。中原城市群加快工业化进程应该侧重扩大具有比较优势和竞争优势的产品和行业，通过这些产品和行业来壮大地区经济。这种竞争优势和比较优势主要体现在区域的产业基础、产业的技术能力等方面。为分析中原城市群的产业基础、竞争优势和比较优势，我们可以通过专门化指数、竞争力指数和比较优势指数来说明。专门化指数用中原城市群某部门所占比重与全国相同行业所占比重的比值（即区位商）来表示，可以用来衡量其在全国承担分工的程度；竞争力指数用中原城市群某行业的总资产贡献率与全国相同行业的比值来表示，可以用来衡量该行业在全国的竞争力程度；比较优势指数则是结合了专门化指数和竞争力指数两方面因素的综合测度。

从产业基础来看，煤炭采选业、有色金属冶炼及压延加工业、专用设备制造业、非金属矿物制品业和化学纤维制造业等行业在中原城市群经济中占有较大比重，专门化指数（区位商）在 2 以上，在全国具有显著的专门化分工；同时，造纸及纸制品业、石油加工及炼焦业、电力蒸汽热水生产供应业、食品加工业、食品制造业、橡胶制品业、烟草加工业等行业在全国的专门化指数也较大，表明这些部门在全国具有一定的专门化特征。

从城市群内各行业的投入产出效益水平比较来看，烟草加工业、家具制造业、非金属矿采选业、有色金属矿采选业、黑色金属矿采选业、木材

加工及竹藤棕草制品业、文教体育用品制造业、石油加工及炼焦业、造纸及纸制品业、食品加工业、金属制品业、塑料制品业、皮革毛皮羽绒及其制品业、黑色金属冶炼及压延加工业、服装及其他纤维制品制造、非金属矿物制品业、煤炭采选业、印刷业记录媒介的复制等行业的总资产贡献率较高。

同时，与全国平均水平比较，非金属矿采选业、家具制造业、黑色金属矿采选业、木材加工及竹藤棕草制品业、文教体育用品制造业、有色金属矿采选业、造纸及纸制品业、食品加工业、煤炭采选业、金属制品业、塑料制品业、非金属矿物制品业、有色金属冶炼及压延加工业、黑色金属冶炼及压延加工业、皮革毛皮羽绒及其制品业、石油加工及炼焦业、电力蒸汽热水生产供应业、橡胶制品业等行业的总资产贡献率高于或接近全国平均水平，表明这些行业具有一定的竞争优势。

综合专门化水平和相对效益水平，中原城市群既有一定比较优势，又有一定竞争优势的行业有：煤炭采选业、有色金属冶炼及压延加工业、非金属矿物制品业、造纸及纸制品业、石油加工及炼焦业、电力蒸汽热水生产供应业、食品加工业、橡胶制品业，这些行业具有较好的产业基础和市场竞争力，宜作为今后工业发展重点。有色金属矿采选业、木材加工及竹藤棕草制品业、家具制造业、黑色金属、皮革毛皮羽绒及其制品业、非金属矿采选业、塑料制品业、金属制品业、文教体育用品制造业行业具有较高的经济效益水平和竞争力，但行业规模较小，宜在保持竞争力的前提下，扩大规模，提升产业地位。食品制造业、专用设备制造业、化学纤维制造业，尽管目前在经济中所占比重较大，但经济效益较低，宜通过加快技术进步，转变生产方式，提高资金投入的回报率。烟草加工业经济效益尽管较高，但相对而言，需进一步提高竞争力。

表 10 - 1　中原城市群工业行业专门化指数及比较优势（与全国比较）

行业分类	增加值比重（%）	总资产贡献率（%）	专门化指数	竞争力指数	比较优势指数
合计	100.00	9.44	1.00	1.00	1.00
煤炭采选业	9.69	9.80	3.48	1.48	5.16
石油和天然气开采业	0.00	7.49	0.00	0.27	0.00
黑色金属矿采选业	0.01	18.53	0.05	2.42	0.12
有色金属矿采选业	0.35	20.24	0.77	1.92	1.48

行业分类	增加值比重（%）	总资产贡献率（%）	专门化指数	竞争力指数	比较优势指数
非金属矿采选业	0.21	24.41	0.48	3.54	1.71
食品加工业	5.27	12.39	1.56	1.63	2.55
食品制造业	2.26	8.86	1.35	0.95	1.28
饮料制造业	1.57	8.26	0.73	0.63	0.46
烟草加工业	4.33	33.66	1.05	0.71	0.74
纺织业	3.29	6.56	0.69	0.93	0.64
服装及其他纤维制品制造	0.47	9.87	0.21	0.97	0.20
皮革毛皮羽绒及其制品业	0.71	11.88	0.51	1.21	0.62
木材加工及竹藤棕草制品业	0.46	16.74	0.71	2.14	1.52
家具制造业	0.27	30.80	0.64	3.44	2.21
造纸及纸制品业	3.12	13.78	1.80	1.68	3.03
印刷业记录媒介的复制	0.64	9.55	0.76	0.98	0.74
文教体育用品制造业	0.03	14.62	0.05	1.98	0.11
石油加工及炼焦业	4.93	14.28	1.62	1.15	1.86
化学原料及制品制造业	4.61	5.91	0.82	0.79	0.64
医药制造业	1.23	8.04	0.49	0.73	0.36
化学纤维制造业	1.55	4.01	2.05	0.70	1.44
橡胶制品业	1.06	8.72	1.20	1.01	1.20
塑料制品业	0.94	11.91	0.48	1.38	0.66
非金属矿物制品业	9.46	9.87	2.29	1.37	3.14
黑色金属冶炼及压延加工业	3.00	10.46	0.55	1.29	0.71
有色金属冶炼及压延加工业	5.16	9.09	2.72	1.33	3.62
金属制品业	1.06	12.28	0.42	1.41	0.59
普通机械制造业	3.46	6.12	0.99	0.77	0.76
专用设备制造业	5.45	5.94	2.30	0.80	1.85
交通运输设备制造业	3.35	7.70	0.51	0.76	0.39
电气机械及器材制造业	3.67	7.42	0.76	0.83	0.64
电子及通信设备制造业	1.20	5.46	0.16	0.72	0.11
仪器仪表文化办公用机械	0.23	6.24	0.28	0.58	0.16
电力蒸汽热水生产供应业	15.30	8.53	1.59	1.13	1.80

注：总资产贡献率采用河南省全省数据。

资料来源：根据《中国统计年鉴（2003）》、《河南省统计年鉴（2003）》及相关城市 2003 年统计年鉴数据计算。

（二）选择具有"增长优势"的行业

从需求的角度出发，尽量避免新办企业或企业进行产品结构调整时陷入市场衰退性行业。增长较快的行业总是具有较大的发展空间。而对于市场需求的把握，很多研究是根据过去一段时期产业的平均增长率计算的产业收入弹性系数作为依据。但是，当今区域经济的发展，已经是在全国统一市场、甚至是全球市场中来寻求发展。一省的市场，既有来自省内企业的产品，也有省外乃至国外企业的产品；一个企业的市场，既要考虑本地，也要考虑全国乃至世界。特别是，我国正进入工业化中期的阶段性转变，今后的市场需求格局与过去一段时期将有较大的不同。因此，对市场的把握，需要从消费需求、投资需求、出口需求及其通过产业关联带动的中间需求等方面来分析。

1. 消费需求

消费结构不断升级，将为经济增长创造庞大的需求。在人们的温饱问题解决后，消费需求将从求"生存"转向求"发展"，求"享受"。不仅要吃饱，而且要吃好，更要住得舒适、行得方便、活得安全，呼吸更新鲜的空气、饮用更甜美的水、食用更绿色的食品，享受更丰富的精神、文化生活。今后，城镇居民的消费将逐步从舒适型向发展型、享受型转变，农村居民的消费也将从侧重量的增加，转向注重质的提高和品种的增加。根据研究，近中期我国消费结构变动趋势是：

一是食品支出比重下降幅度较大，但不会呈直线下降，下降幅度将有所转缓；其中，加工性食品、家外就餐、功能性食品、绿色食品的支出将明显上升。

二是用品支出比重有所增加，其中城镇高档用品增长较快，农村一般耐用消费品增长幅度更大。衣着消费支出比重整体比较稳定，其中农村略有上升，而城市将略有下降。

三是住宅消费支出比重较快增长，其中城镇增长快，而农村住宅支出基本稳定或略有下降。

四是旅游、文教娱乐、医疗保健、交通通信的支出比重也将较快增长。

五是由于社会化服务业的快速发展，以及社会保障体系的逐步健全，金融保险服务和社区服务在消费需求中的比重也趋于上升。

2. 投资需求

根据国际经验，在工业化中期阶段，投资是推动经济增长的主要因素。但与发达国家相同阶段相比投资率已经偏高，估计"十一五"时期将保持在37%的较高水平。由于我国进入了工业化中期阶段，产业结构具有明显的重工业化特征，在投资结构的变动方面，存在两方面的趋势：其一是制造业升级与发展需要加大设备投资，将带动机械电子等装备行业的发展。包括：通过信息化来推动工业化、用机电一体化的技术装备改造传统产业；对八九十年代形成的新兴产业进行深化，强化基础零部件生产和技术开发水平，形成自我开发、自我发展能力；积极促进新的高档耐用消费品、新材料、新技术产业的发展等。汽车、电子通讯设备等产业因需求刺激将出现巨大市场，并为机械、电子工业扩大规模、提高素质创造条件，促进高新技术产业的发展。其二是房地产及基础设施建设仍处于高投入期，形成对能源、原材料工业的较大需求。改善住房条件成为我国居民消费的热点之一，今后一个时期，房地产的发展还将有较大的空间。同时，目前我国基础设施仍然是薄弱环节，为满足消费需求升级和经济快速发展的要求，社会基地设施必须完善充实。同时，城市化的加快发展，需要大量基础设施投入，由此带动能源、原材料、建筑、交通通信、房地产及公用事业作为投资重点。这类部门建筑安装投资比重高，保持了对原材料型重工业的较快增长。

3. 出口需求

纺织服装类中，由于2005年以后纺织品出口配额的取消，将为中国纺织、服装工业提供较大的发展空间，同时，皮革及制品以及组装类和零部件类的机电产品在出口中的比重趋于上升；家具制造、印刷业、文体用品、工美制品继续保持较快出口增长。

4. 中间需求

由于工业化水平的不断提高，出现了所谓"迂回化生产"，即随着工业化水平的提高、产业链条的延长，生产建设对那些过去靠直接从自然界获取的资源需求比重下降，而用工业品作为中间原料的比重上升，原材料的加工层次增加。这样就导致了主要产业用于中间需求的比重上升，同时，具有满足中间需求特征的重化工业如化工、钢铁、建材、机电产业的比重也趋于上升，尤其是对新型原材料产品的需求增长更快。根据 H. 钱纳里多国平均模式，在 560～2100 美元阶段，中间需求在总产值中的比重由 41% 上升到 45%，上升了 4 个百分点。但考虑到中国工业原材料消耗较大和中间产业比重已经很高，高于发达国家工业化中期阶段的水平，估计以后一个时期通过加强管理和提高技术水平进行的节能降耗使中间需求减少，在相当程度上将抵消结构变化所具有的中间需求增加的趋势，因而中间需求在总产出中的份额变动将具有略增的趋势。具体来说，工业用中间产品的能源、原材料类中，由于资源的限制，造纸、木材加工业的增长速度较低，而电力、塑料制品、建材、黑色金属和有色金属则保持同步或略低于工业平均速度，将侧重于增加品种、改善质量、降低成本和提高劳动生产率；但产业升级带动新型材料和元器件将保持较快速度增长。

尽管资源型产业所占比重将趋于下降，但由于国内很多资源开采条件较好的主要矿产开采地区资源减少乃至枯竭，国内许多重要矿产资源将处于供不应求状况。据国家权威部门对 45 种主要矿产资源经济承载力进行测算的结果表明，到 2000 年，现有矿产资源中有 16 种（包括石油、天然气、锰矿石、铬矿石、铜等 13 种缺乏承载力的急缺矿产和铁矿石、锡、铂族等 3 种承载力偏小的矿产）难以满足国民经济持续发展的需要；到 2010 年，将有 22 种矿产难以满足国民经济持续发展的需要；到 2020 年仅有 6 种主要矿产依靠国内能够满足需要。因此，加大对矿产资源勘探和开采的力度，将是"十一五"时期我国面临的重要任务。

表 10 - 2　　　　　　工业行业增长及主要影响因素情况

分类	行业	主要增长带动因素或制约因素
高增长行业	电子	人们生活水平提高，国民经济信息化步伐加快和数字技术发展
	钢铁行业	城市化、西部开发等带动基础设施投资旺盛
	电力	各行业发展迅速，特别是高能耗行业发展对电力的需求
	医药	人民生活水平和医疗保健需求的提高
	交通设备制造业	收入水平提高带动消费结构向住、行方面的升级
	造纸及纸制品业	需求旺盛，但受资源约束和环境污染问题影响
	机械设备（装备工业）工业	需求旺盛，但受进口冲击，以及技术升级缓慢
	建材行业	城市化和西部大开发等带动投资旺盛，以及人们生活水平提高对房地产需求旺盛，从而拉动行业增长

分类	行业	主要增长带动因素或制约因素
中速增长行业	电气机械	随着人均收入水平提高，人民生活将更注重质量和追求精神享受。另外，纺织、服装等行业具有明显的出口优势
	服装、纺织	
	皮革毛皮羽绒制品	
	家具制造业	
	饮料制造业	
	文教体育用品、印刷	
	橡胶制品、塑料制品	
	化学原料工业	新材料技术不断发展带动需求增长
	有色金属	
	煤炭开采	能源需求较快增长带动
低速行业	食品加工	恩格尔系数降低，需求弹性小
	石油天然气开采	资源制约
	烟草行业	环保意识和健康意识增强
	木材采运业	资源约束和可持续发展的要求

综合以上因素，我们认为今后一个时期，我国工业行业的增长性排序如下：

高增长行业主要包括：电子、钢铁、电力、医药、交通设备制造业、造纸及纸制品业、机械设备（装备工业）、建材行业；

中速增长行业有：电气机械、服装、纺织业、皮革毛皮羽绒制品、家具制造业、饮料制造业、文教体育用品制造业、印刷、食品制造、橡胶制品、塑料制品、化学原料工业、有色金属、煤炭开采；

低速增长行业有：食品加工、石油天然气开采、烟草行业、木材采运业。

（三）选择关联度大、密集优势资源的产业

充分利用本地资源、发挥已有产业基础应该是中原城市群工业结构调整和优化的基本出发点之一。同时，重点产业要能带动地区经济起飞，还必须具有技术适宜性和地区内关联度大的特征。具有关联度大的特征，主要是与区内现有的经济要素、产业基础、资源条件相关联。要实现这一目标，就必须选择那些关联度比较大的行业。一般来说，关联度包括影响力

和感应度两个方面。影响力反映了该部门生产一定量的产出对所有部门所产生的生产需求波及水平，也就是当某一部门增加单位最终需求时，通过直接和间接关联对各部门所要求的生产量。感应度是指当国民经济各部门都增加一个单位的最终需求时，需要该部门的生产量，它在一定程度上反映了部门满足地区需求的程度。同时，如果重点产业及其关联部门的技术与地区现有水平、与地区内的消化吸收能力落差太大，那么，重点产业具有的乘数作用，会使乘数带动变成乘数制约。

根据投入产出表计算的影响力系数的排序来看，影响力系数较大（也就是对其他部门能够产生较大需求）并排在前几位的部门依次是：电气机械及器材制造业 1.472、电子及通信设备制造业 1.471、金属制品业 1.414、交通运输设备制造业 1.411、金属冶炼及压延加工业 1.377、仪器仪表及文化办公用机械制造业 1.298、建筑业 1.264、化学工业 1.262、木材加工及家具制造业 1.249、机械工业 1.227、纺织业 1.219、服装皮革及其他纤维制品制造业 1.209、卫生体育和社会福利业 1.186、其他制造业 1.166、造纸印刷及文教用品制造业 1.158、非金属矿物制品业 1.147、煤气生产和供应业 1.142、科学研究事业 1.129、金属矿采选业 1.098、机械设备修理业 1.085、社会服务业 1.046、食品制造及加工业 1.013，也就是说，社会对这些部门每增加一个单位的最终需求时，将对整个经济产生较大的直接和间接带动作用。

从感应度系数来看，感应度系数较大（也就是当社会对所有部门都增加一单位的需求时，要求产出较大）的部门前几位依次是：化学工业 4.793、金属冶炼及压延加工业 3.187、农业 2.477、商业 2.271、机械工业 2.088、纺织业 2.055、电力及蒸汽热水生产和供应业 1.607、电子及通信设备制造业 1.596、石油加工及炼焦业 1.2890、电气机械及器材制造业 1.283、非金属矿物制品业 1.279、交通运输设备制造业 1.2371、造纸印刷及文教用品制造业 1.2294、金属制品业 1.224、石油和天然气开采业 1.155、货物运输及仓储业 1.150、社会服务业 1.125、煤炭采选业 1.102、食品制造及烟草加工业 1.027。

从综合影响力系数和感应度系数的整个关联水平来看，对地区经济带动作用较大的部门依次是：化学工业 6.055、金属冶炼及压延加工业 4.564、机械工业 3.315、纺织业 3.274、农业 3.084、商业 3.082、电子及通信设备制造业 3.067、电气机械及器材制造业 2.756、交通运输设备制造业 2.648、金属制品业 2.637、电力及蒸汽热水生产和供应业 2.508、非金属矿物制品业 2.425、造纸印刷及文教用品制造业 2.387、石油加工及炼焦业 2.277、社会服务业 2.171、食品制造及烟草加工业 2.0401（见表 10 – 5）。

表 10 – 3　　　　　　　　　各产业的关联程度

行业分类	感应度系数	影响力系数	关联程度
农业	2.4765	0.6075	3.0841
煤炭采选业	1.1018	0.8287	1.9305
石油和天然气开采业	1.1551	0.4514	1.6066
金属矿采选业	0.7828	1.0981	1.8808
非金属矿采选业	0.5037	0.8978	1.4014
食品制造及烟草加工业	1.0274	1.0131	2.0405
纺织业	2.0552	1.2185	3.2737
服装皮革羽绒及其他纤维制品制造业	0.3900	1.2091	1.5991
木材加工及家具制造业	0.5037	1.2491	1.7529
造纸印刷及文教用品制造业	1.2294	1.1579	2.3873
石油加工及炼焦业	1.2890	0.9883	2.2773
化学工业	4.7931	1.2618	6.0550
非金属矿物制品业	1.2786	1.1465	2.4252
金属冶炼及压延加工业	3.1868	1.3768	4.5636
金属制品业	1.2236	1.4138	2.6374
机械工业	2.0879	1.2273	3.3152
交通运输设备制造业	1.2371	1.4112	2.6483
电气机械及器材制造业	1.2833	1.4724	2.7557
电子及通信设备制造业	1.5964	1.4709	3.0673
仪器仪表及文化办公用机械制造业	0.2989	1.2975	1.5963
机械设备修理业	0.3327	1.0848	1.4175
其他制造业	0.5688	1.1659	1.7347
废品及废料	0.2220	0.0000	0.2220
电力及蒸汽热水生产和供应业	1.6072	0.9011	2.5083
煤气生产和供应业	0.0532	1.1415	1.1947
自来水的生产和供应业	0.1406	0.8168	0.9574
建筑业	0.3605	1.2641	1.6247

行业分类	感应度系数	影响力系数	关联程度
货物运输及仓储业	1.1503	0.7254	1.8757
邮电业	0.4825	0.7741	1.2566
商业	2.2713	0.8110	3.0824
饮食业	0.3970	0.9594	1.3564
旅客运输业	0.2497	0.8200	1.0697
金融保险业	0.9682	0.5991	1.5673
房地产业	0.1911	0.3949	0.5859
社会服务业	1.1254	1.0455	2.1709
卫生体育和社会福利业	0.0312	1.1861	1.2174
教育文化艺术及广播电影电视业	0.1338	0.7896	0.9235
科学研究事业	0.0297	1.1292	1.1589
综合技术服务业	0.1844	0.6898	0.8742
行政机关及其他行业	0.0000	0.9039	0.9039

资料来源：根据《2002年投入产出表》整理。

同时，丰富的能源资源是中原城市群的优势，发展载能产品（即高能耗产品）是发挥中原城市群资源优势的重要体现。从单位增加值能源消耗的排序来看，对能源转换能力较强的行业主要有：黑色金属冶炼及压延加工业、煤气的生产和供应业、石油加工及炼焦业、非金属矿物制品业、化学原料及制品制造业、化学纤维制造业、有色金属冶炼及压延加工业、煤炭采选业、非金属矿采选业、黑色金属矿采选业、电力煤气及水生产供应业、造纸及纸制品业（见表10-4）。

就业是民生之本。中原城市群是一个劳动力较多、就业机会不足的地区。重点产业的选择还应考虑尽量多地吸纳劳动力就业。从单位增加值对劳动力吸纳程度较高的行业来看，主要是纺织业、服装及其他纤维制品制造业、文教体育用品制造业、木材及竹材采运业、皮革毛皮羽绒及其制品业、橡胶制品业、家具制造业、煤气生产和供应业、专用设备制造业、煤炭采选业、木材加工及竹藤棕草制品业、食品加工业、有色金属矿采选业、食品制造业、非金属矿物制品业、非金属矿采选业、仪器仪表及文化办公用机械制造业、金属制品业。

表 10 - 4 工业行业能源消费强度排序表（2002）

行　　业	能源消费强度	行　　业	能源消费强度
黑色金属冶炼及压延加工业	3.40	木材加工及竹藤棕草制品业	0.54
煤气的生产和供应业	3.16	金属制品业	0.52
石油加工及炼焦业	2.79	食品加工业	0.47
非金属矿物制品业	2.61	塑料制品业	0.36
化学原料及制品制造业	2.47	医药制造业	0.36
化学纤维制造业	2.45	普通机械制造业	0.36
有色金属冶炼及压延加工业	2.22	专用设备制造业	0.34
煤炭采选业	1.58	饮料制造业	0.32
非金属矿采选业	1.56	印刷业记录媒介的复制	0.26
黑色金属矿采选业	1.45	家具制造业	0.24
电力煤气及水生产供应业	1.22	交通运输设备制造业	0.24
造纸及纸制品业	1.21	文教体育用品制造业	0.23
自来水的生产和供应业	1.20	仪器仪表文化办公用机械	0.19
有色金属矿采选业	0.97	服装及其他纤维制品制造	0.16
木材及竹材采运业	0.90	皮革毛皮羽绒及其制品业	0.15
橡胶制品业	0.79	电气机械及器材制造业	0.13
石油和天然气开采业	0.74	电子及通信设备制造业	0.10
纺织业	0.61	烟草加工业	0.07
食品制造业	0.57		

能源消费强度 = 行业能源消费占工业能源消费比重/该行业增加值在工业中所占比重。

资料来源:《2002 年投入产出表》。

表 10 - 5 不同工业行业单位增加值就业强度比较

行　　业	单位增加值就业强度	行　　业	单位增加值就业强度
总计	1.00	黑色金属矿采选业	3.04
纺织业	16.72	电气机械及器材制造业	3.00
服装及其他纤维制品制造业	9.61	普通机械制造业	3.00
文教体育用品制造业	8.92	交通运输设备制造业	2.97
木材及竹材采运业	8.50	石油和天然气开采业	2.94
皮革、毛皮、羽绒及其制品业	8.44	化学原料及化学制品制造业	2.61
橡胶制品业	8.06	石油加工及炼焦业	2.31
家具制造业	7.67	自来水的生产和供应业	1.99

行　业	单位增加值就业强度	行　业	单位增加值就业强度
煤气生产和供应业	7.28	塑料制品业	1.97
专用设备制造业	4.48	饮料制造业	1.93
煤炭采选业	4.32	有色金属冶炼及压延加工业	1.92
木材加工及竹、藤、棕、草制品	4.02	黑色金属冶炼及压延加工业	1.55
食品加工业	3.84	造纸及纸制品业	1.54
有色金属矿采选业	3.58	印刷业、记录媒介的复制	1.27
食品制造业	3.53	电子及通信设备制造业	1.13
非金属矿物制品业	3.51	电力、蒸汽、热水的生产和供应	0.94
非金属矿采选业	3.45	医药制造业	0.83
仪器仪表及文化、办公用机械	3.19	化学纤维制造业	0.20
金属制品业	3.08	烟草加工业	0.08

资料来源：《2002 年投入产出表》。

（四）走新型工业化道路，强化环境保护，实现可持续发展

在经济发展中，保持人与自然的协调，实现可持续发展不但是新世纪经济社会发展的要求，而且，优美的生态环境作为一个不可贸易的吸引投资的外部环境，其优越性正日益凸显。目前中原城市群大多数生产企业技术水平比较低、环保意识落后，存在对资源和环境的过度消耗现象。随着工业的发展，中原城市群继续工业化与可持续发展的矛盾依然比较尖锐，如果处理不好，生态环境有可能进一步恶化。

从分行业来看，根据全国单位增加值产生的"三废"排放量来进行排序，由大到小依次为：有色金属矿采选业、黑色金属矿采选业、造纸及纸制品业、黑色金属冶炼及压延加工业、煤炭采选业、化学纤维制造业、电力蒸汽热水生产供应业、非金属矿物制品业、有色金属冶炼及压延加工业、化学原料及制品制造业、非金属矿采选业、石油加工及炼焦业、食品加工业、纺织业、食品制造业、饮料制造业、医药制造业、木材加工及竹藤棕草制品业、橡胶制品业、木材及竹材采运业、皮革毛皮羽绒及其制品业、专用设备制造业、金属制品业、交通运输设备制造业、文教体育用品制造业、普通机械制造业、家具制造业、电气机械及器材制造业、仪器仪表文化办公用机械、石油和天然气开采业、电子及通信设备制造业、服装

及其他纤维制品制造、塑料制品业、印刷业记录媒介的复制、烟草加工业。

表 10 – 6 工业行业"三废"排放强度排序表

行 业	"三废"排放强度	行 业	"三废"排放强度
总计	1.00	木材加工及竹藤棕草制品业	0.32
烟草加工业	0.04	医药制造业	0.42
印刷业记录媒介的复制	0.04	饮料制造业	0.50
塑料制品业	0.05	食品制造业	0.54
服装及其他纤维制品制造	0.05	纺织业	0.64
电子及通信设备制造业	0.06	食品加工业	0.70
石油和天然气开采业	0.07	石油加工及炼焦业	0.80
仪器仪表文化办公用机械	0.07	非金属矿采选业	1.56
电气机械及器材制造业	0.08	化学原料及制品制造业	1.83
家具制造业	0.09	有色金属冶炼及压延加工业	2.00
普通机械制造业	0.11	非金属矿物制品业	2.06
文教体育用品制造业	0.13	电力蒸汽热水生产供应业	2.24
交通运输设备制造业	0.14	化学纤维制造业	2.28
金属制品业	0.18	煤炭采选业	2.30
专用设备制造业	0.18	黑色金属冶炼及压延加工业	2.66
皮革毛皮羽绒及其制品业	0.20	造纸及纸制品业	3.98
木材及竹材采运业	0.21	黑色金属矿采选业	13.21
橡胶制品业	0.29	有色金属矿采选业	13.44

资料来源:《2002 年投入产出表》。

从国内外的经验与教训来看,比起那些先污染、后治理的路子,保持经济、生态环境与社会三个方面的协调,实现可持续发展更加符合人类文明发展的道路,也正是世界各国正在力图追寻的道路。同时,当代产业技术进步,使得过去一些污染比重严重的行业,只要采用现代生产技术,也有可能实现清洁生产方式。加快中原城市群的工业化进程,必须充分考虑环境污染因素和可持续发展的要求。因此,走新型工业化道路应该是中原城市群今后产业发展的基本战略。

党的十六大报告提出了我国今后需要走出一条"科技含量高、经济效益好、资源消耗低、环境污染少、人力资源得到充分发挥的新型工业化道"。走新型工业化道路，并不排斥传统产业，其核心应当有三：一是充分利用科技成果，以科技进步为动力，以提高生产力为目的，以高新技术改造传统工业，以信息化带动工业化，而不是以信息化代替工业化；二是可持续发展，保护生态环境；三是发挥人力资源优势，增加就业。

三、重点产业选择

根据前面对各行业的市场增长性、经济效益、专门化程度、竞争力、比较优势、吸纳就业能力、载能强度、关联度、污染程度等9个指标的综合分析排序，综合各行业的产业特性和关联特性进一步加以区分，我们认为在"十一五"乃至更长一段时期，中原城市群工业重点发展以下几个序列的产业：

一是能源工业及其相关的高载能部门，包括煤炭采选、电力、有色金属冶炼及加工、石油加工等。其特征是能发挥地区优势而建立起具有全国意义的专门化部门，而且产品市场还有较大的增长空间，就其可能达到的规模和在未来经济增长中的作用来说，对地区经济的影响也名列前茅。关键是要通过规模化、集团化和新型化，来提高经济效益、减少对环境的污染。

二是那些集"绿色"、关联度大、带动面广、吸纳就业较多等特点于一身的农副产品加工业，中原城市群在此方面既有一定的竞争优势，又能够带动广大农户脱贫致富，社会效益很大。虽然整体而言，由于恩格尔系数的下降，人们用于食品支出比重下降，食品工业增长不会很快，但是，细分市场，满足人们生活水平提高的功能性、绿色食品等将会有较大的市场增长空间。

三是非金属矿物制品及新材料产业，该类部门既有利于提高资源综合利用、发展循环经济，同时，中原城市群又有一定的产业基础和竞争优势。

四是橡胶制品、塑料制品业、皮革及制品等行业现在已有一定产业基础，具有一定的竞争优势或比较优势，吸纳就业能力强，但目前规模总量很小，应积极创造条件，解决发展中的制约因素。

五是具有较大增长空间的专用设备、金属制品、汽车零部件等机械制造业，虽然在部分产品方面具有技术优势，但是整体来说，由于技术要求和配套条件较高，只可能是局部突破，并逐步实现以点带面。

第三节　突出重点产业，优化工业结构

一、培育和建设高新技术发展基地，形成新的经济增长点

充分发挥高技术产业的先导作用，推动区域内高技术产业的跨越式发展。加快整合郑州、洛阳等地科技资源，将政府引导和市场配置资源紧密结合起来，形成区域内科技成果研究、推广和技术创新的高地。加快制度创新、大力发展民营科技企业，逐步使其成为区域内高技术产业发展的主力军。发展创业投资，疏通高技术产业的资本进入和退出通道，扩大财政支持，鼓励支持政府性资金、社会资金投资高技术产业。充分发挥现有中心城市高新技术开发区（园区）的作用，加大招商引资力度，扩大与国内外研究机构及高校的联系。积极引导和争取境外、沿海、省内高新技术产业向开发区（园区）集聚。积极推动具有比较优势和特色的高新技术产业集聚和关联产业的整合，提高高新技术产业的整体竞争力。重点在电子信息、生物技术以及新材料领域集中扶持一批高技术产业化工程，培育出若干具有较强开发能力和竞争力，在国内乃至国际有一定影响的高新技术产业。

（一）电子信息领域

大力发展投资类和消费类终端电子产品和电子信息材料，并力争形成特有产业优势。以安彩、洛玻、洛阳单晶硅、金龙铜业、洛铜、环宇、新飞等骨干企业和威科姆、雪城、金惠等一批创新能力强的民营科技企业为载体，大力开发适应市场的新型产品，促进单晶硅、多晶硅等半导体材料及太阳能电池，液晶显示玻璃、电子玻璃、锂电池等电子信息材料及新型元器件，税控收款机、列车监控装置等网络与信息安全产品，数字电视、IP–TV网络、DVD等数字视听产品的规模化生产。

（二）新医药领域

以扩大产业规模和提升产业竞争力为重点，加大重组力度，培育大型

企业集团；在奎诺酮类药合成、中成药、生物技术诊断试剂等优势领域，加大技术升级和产品升级的力度，加快产业化步伐。以华兰生物、华美科技等企业为重点，开发治疗心脑血管疾病、提高免疫力等方面的化学创新药物，以中药针剂、胶囊、片剂、膏剂等中成药为主的现代中药和以血液制品、疫苗、诊断试剂、医药中间体为主的生物制品，提高国际竞争力。积极发展基因工程医药、天然优质保健品和大型医疗器械等一些有重大市场潜力的新兴医药产业和高效、低毒、无公害绿色农药产品。

（三）新材料领域

积极发展以超硬材料、高档耐火材料为主的新材料产业。突出"专业化和集群化"，努力扩大规模，培育一批大公司、大集团。以黄河模具、洛耐等企业为重点，发展高品质金刚石超硬材料及制品、新型高分子材料、无机非金属材料、钛合金、镁合金、功能性膜等功能复合材料，以及特种高醇、高耐火蚀氧化物复合材料、高纯高铬耐火材料、特种功能耐火材料、节能降耗的高性能浇注料、可喷射施工的耐火浇注料等新材料。

二、走规模化、集团化、新型化道路，建设大型煤、电、铝基地

（一）煤炭基地

中原城市群2003年煤炭产量为8625万吨，约占河南省的70%，而河南省的煤炭产量占全国比重又超过了7%，足见中原城市群的煤炭产业在全国的重要地位。从工业的行业构成看，中原城市群煤炭工业增加值占全部工业增加值的9.7%。可见煤炭工业是中原城市群工业中的重要支柱。今后一段时期，这一比重可能会有所下降，但其重要地位不会改变。中原城市群煤炭工业的发展，一方面要继续发挥资源优势，并按照可持续发展的要求，促进资源向优势企业集中，提高资源利用效率，把煤炭企业做大做强，并抓好郑州、焦作和平顶山等煤炭基地建设；另一方面要加强煤炭资源的勘探，根据探明储量谋划一批重点项目。

（二）电力基地

中原城市群2003年的发电量为662亿千瓦小时，约占河南省的65%，

而河南省的发电量占全国比重又超过了 5%，这表明中原城市群的电力工业在全国同样具有重要的地位。从工业的行业构成看，中原城市群电力工业增加值占全部工业增加值的 15.3%，是比重最高一个行业。从发展趋势看，电力工业在中原城市群工业中的地位，可能还会进一步提升。中原城市群电力工业下一步的发展，要充分利用资源、市场和区位优势，抓住全国电力紧缺的机遇到，控制数量，注重规模，加快符合国家产业政策大型煤电建设，建成我国中部重要的电力工业基地。坚持电源与电网建设并重，实现电网与电源的协调发展。

（三）铝工业基地

河南省是全国最大的铝生产基地。2002 年河南省氧化铝产量 207.5 万吨，占全国的比重超过了 38%，电解铝产量 100.9 万吨，占全国比重超过了 23%。而河南铝工业又基本集中在中原城市群。因此，中原城市群的铝工业是体现河南在全国产业分工中的一个重要行业。我国目前氧化铝生产能力严重不足，而电解铝生产能力又严重过剩，这对中原城市群既是机遇又是挑战。中原城市群铝工业的发展，要充分考虑国际国内形势，加快铝工业产业整合和集群发展，促进企业间的分工合作。延长铝加工产业链，以铝的精深加工为龙头，氧化铝、电解铝集约生产为基础，大型企业集团和产业集群为支撑，重点在郑州、洛阳、焦作建设氧化铝—电解铝—铝加工配套齐全，产业链条完善，具有国际竞争力的世界级大型铝工业基地。2010 年区域铝工业增加值占河南省比重达到 80%。进一步优化资源配置，集约化发展氧化铝，加快郑州、焦作、豫西等三大氧化铝生产基地建设。2010 年产能分别达到 200 万吨、220 万吨和 300 万吨左右。推进电解铝行业整合，提高生产集中度。支持骨干企业在兼并重组，提升综合利用与技术装备水平的基础上，合理扩大规模优势，培育形成伊川、新安、万方、豫联 4 家 40 万吨以上的骨干企业。突出发展铝的精深加工，以车用铝、包装用铝和新型建筑用铝为重点，大力发展铝板带箔、铝合金压铸件和型材加工产业链，形成一批具有国际竞争力的精深加工产品，实现产品结构由初级原料为主向精深产品为主转变。"十一五"期间，形成包括 70 万吨铝板带、10 万吨铝箔、50 万吨铝型材生产能力的 4 个大型铝加工集团，新增铝加工能力 150 万吨左右。

（四）煤、电、铝产业一体化

要按照政府鼓励、市场引导、企业自愿的方针，发展煤电（热）联产、铝电联营和煤电冶联营，促进煤、电、铝产业一体化经营，形成产业链，扩大产业群，实现各产业的共同发展。

三、做大做强食品工业和轻纺工业

（一）食品工业

中原城市群的农副产品加工业（食品工业、造纸工业），既有一定的竞争优势，又能带动广大农户脱贫致富，社会效益很大。今后应大力培育和发展。要突出中原城市群各城市的农产品资源优势和特色，推动农产品加工原料生产基地化，产加销经营一体化、加工制品优质化，重点发展粮油、畜禽和果蔬等产品的精深加工。郑州以双汇、三全、思念集团等企业为龙头，加快食品工业的发展，通过加强原料基地建设和现有相关企业的整合，形成具有国际竞争力的食品工业基地。漯河以双汇为龙头，重点发展低温肉制品、生鲜肉制品、方便食品，开发副产物的高附加价值产品，不断强化漯河食品工业的优势和特色。许昌市重点发展粮油、畜禽和果蔬等产品的精深加工，大力发展奶制品、保健食品、功能性特色食品加工，培植一批规模大、效益好、加工度高、带动力强的龙头企业。整合烟草工业，扩大名牌生产，提高产品的市场占有率和经济效益。"十一五"期间，重点建设双汇、众品等肉类综合加工、思念50万吨速冻食品基地、郑州三全30万吨中式快餐、焦作蒙牛乳业22万吨液体奶、五得利（新乡）日处理4000吨小麦、白象集团年产100亿包方便面、许昌山花年加工225万吨油料等项目。依托优势骨干企业，建设郑州大型速冻食品和乳制品生产基地、漯河肉类及蔬菜深加工大型食品基地和许昌、开封具有地方特色的食品工业基地。

（二）轻纺工业

加快重组改造步伐，增创轻纺工业新优势。造纸工业要积极支持焦作、新乡等地的林浆纸一体化建设，淘汰落后设备和工艺，提高产品质量与档次，提升和壮大造纸工业，使中原城市群成为我国中部地区重要的造纸工业基地之一。家用电器要依托骨干优势企业，加快企业重组步伐，壮大企业规模，增强产品研发和技术创新能力，打造河南家用电器制造优势。支持洛阳石总厂扩大化纤生产规模和新白鹭公司进一步扩大连续纺粘胶纤维生产能力，将洛阳石化总厂建成我国中西部最大的化纤生产基地、新乡化纤成为居国际前列的粘胶纤维生产基地。

四、加快整合步伐，建成全国重要的重化工业基地

（一）煤化工和石油化工

积极发展煤化工和石油化工，建成全国重要的基地。突出抓好煤炭气化、石油化工产品和天然气化工产品，拉长产业链。煤化工要加快煤炭转化沿着焦炭和精细化工方向发展，大力发展煤炭气化、焦化，提高综合加工能力，实现煤炭资源深度加工增值。依托平煤集团、郑煤集团、豫港焦化等大型企业产业优势，积极发展煤炭制气、制焦、制油工业，积极沿着焦炭——焦油——精细化工方向，延长产业链，提高综合加工能力，促进区域内煤化工产业大型化、规模化。在平顶山、济源形成以焦炭、合成氨和焦油深加工产品为主的煤化工基地。"十一五"期间，区域内新增煤焦油深加工能力100万吨、甲醇生产能力100万吨。石化工业利用"西气东输"、"西油东送"和"川气入豫"等油气资源，把洛阳石化总厂扩建成年加工原油千万吨以上的大型石化联合企业，扩大芳烃和轻烃生产规模，发展石化下游产品。"十一五"期间，重点抓好800万吨炼油扩能、45万吨PX、53万吨PTA及下游精深加工项目建设，在洛阳建设以炼油、芳烃、化纤等为主的大型石化生产基地。

（二）专用设备制造业

中原城市群专用设备制造业目前占工业增加值的比重已超过5%，从全国发展情况看，该行业未来有较大的增长空间。因此，中原城市群今后要进一步壮大专用设备制造业，打造具有国际竞争力的专用设备制造业基地。通过对现有资源的整合和国内外先进制造技术和产业的引进消化，培育一批龙头企业，形成专业化分工配套体系，带动相关产业发展。以天鹰

集团、中信集团、洛拖、洛轴、洛铜、郑纺机、郑煤机、郑州水工等重大专用设备制造骨干企业为基础，引进先进技术和管理经验，发展大型矿山、水泥、化工、轻纺、工程机械、现代农机、农产品精深加工等成套设备制造业，促进技术升级，增强市场竞争力。加快洛阳老工业基地改造，把洛阳建成专用设备制造业基地。积极支持许继电工工业园区，壮大输变电设备生产的整体配套能力，保持其在同行中的技术和竞争优势。

（三）金属制品业

中原城市群的金属制品业目前的规模不算大，只占全部工业增加值的1%，但该行业市场空间较大，需要进一步培育和壮大。重点应围绕铁路、汽车、造船、通讯、能源、建筑等行业，调整产品结构，开发新产品，拓宽制品应用领域。要鼓励企业向集约化经营管理机制的转变，依靠科技进步，科学管理，提质降耗，降低成本，增加效益。

（四）汽车及零部件工业

加快汽车及零部件产业的融合，培育和发展郑州日产、郑州宇通和洛阳福赛特等三大整车生产企业，以及焦作、新乡、洛阳等三大汽车零部件集群。以现有企业为基础，集中资源，做强中原城市群内以公路客车、载重车、特种专用车和汽车零部件为主的汽车工业。加速扩张郑州日产皮卡车、多功能商用车规模。以宇通公司为主，继续扩大公路客车竞争优势，使郑州成为国内重要的客车、载货车和多功能商务汽车生产基地，并带动相关企业的发展。推进一拖集团等企业加快发展载重汽车。发挥现有基础和优势，积极推进汽车零部件产业发展，增强直接为国内外主要整车厂家配套能力，形成以洛阳柴油发动机、汽车玻璃、轿车轴承、焦作汽车轮胎、汽车缸套、传动轴、客车车桥，新乡车用空调、制动口袋的汽车零部件产业集群，增强市场竞争力，在中原城市群形成关键汽车及零部件产业群。

（五）非金属矿物制品工业

改造提高非金属矿物制品工业，建设全国重要的基地。改造壮大洛玻、洛耐、焦作陶瓷等大型骨干企业，提高产品档次和规模。加快产品结构步伐，淘汰落后工艺技术设备和产品，鼓励企业采取收购兼并等方式组建大型企业集团，大力发展新型墙体材料、装饰材料、高档卫生陶瓷和新型建材，提高全行业的经济效益。

五、培育和壮大劳动密集型行业

中原城市群的橡胶制品业、塑料制品业、皮革及制品业等行业，目前的规模都比较小，其占全部工业增加值的比重分别只有1%、0.9%和0.7%。但中原城市群的这些行业具有竞争优势，且吸纳就业能力强，因此对接纳中原城市群农村富余劳动力转移进而推进城市化具有重要意义，今后应积极创造条件加快发展。

（一）橡胶制品业

中原城市群橡胶制品业的发展，必须切实改变重产出、轻效益的思维模式，实现经济增长方式从粗放型向集约型的转变。以市场为导向，以技术改造为基础，以产品为中心，通过采用先进和适用技术，优化产品结构，促进产品升级换代，提高产品质量、劳动生产率和资源利用率，降低物质消耗和环境污染。应通过政策与投资倾斜鼓励行业中的优强企业组建企业集团，力争在"十一五"期间进入全国橡胶制品百强企业。企业应重视市场调查和社会需求预测，建立商情信息网，以掌握需求信息，发现潜在市场。要做到超前开发新产品，生产一代，更新一代，储备一代，以取得市场的主动权。

（二）塑料制品业

中原城市群塑料制品业，要加大产品结构调整力度，淘汰过剩的低档产品生产能力，加快开发高档产品及与新兴产业配套的产品，围绕农用、医用以及建筑用塑料制品，扩大生产规模。利用城市群内的漯河华强以及周口华林等全国百强塑料制品企业的资金、技术和市场网络优势，加大企业组织结构调整，改变企业规模规模小、生产分散、管理不善、造成原材料消耗大、能耗高、经济效益差等状况。加快塑料制品生产机械尤其是塑料模具等设备的改造，提高装备的技术水平。

（三）皮革及制品业

中原城市群皮革及制品业要带动畜牧业发展，实现皮革行业联合发展。建立优质原料皮基地，加强信息引导和行业规划，防止低水平重复建设。以市场为导向，强化品牌意识，争创具有自主知识产权的名牌产品。坚持走新型工业化道路，高度重视污染问题。依法保护生态环境，加强资源综合利用，引进区外资金和先进技术，加快企业技术改造，提高企业排污治理能力。加强人才培养，提高企业管理水平和行业整体素质，注重行业内产业链衔接和资产重组，提高行业经济效益。

第四节　抓住关键环节，大力发展现代服务业

大力促进新兴和现代服务业发展，加快改造提升传统服务业，服务城市发展和居民生活，促进农村富余劳动力转移。2010年区域内服务业增加值占河南省的比重达到70%以上。区域生产总值比重达到37%，从业人员所占比重达到30%以上。

一、强化现代物流业

物流业的发展应立足区位优势，运用市场机制，整合现有资源，完善物流设施，依托物流平台，扶持物流企业，构建现代物流体系，努力把郑州建成全国重要的物流中心。

（一）立足区位优势，构建现代物流平台

以郑州现代物流枢纽建设为中心，完善优化物流网络体系，大力整合物流资源，改造提升传统物流，培育大型物流企业，努力实现物流业的跨越式发展。

根据中原城市群物流通道网络结构和产业布局，构建物流枢纽—综合物流园区—专业物流市场三级物流结点网络，形成区域物流一体化。

着力抓好洛阳区域物流枢纽建设。在洛阳市北部规划建设以工业原材料、产成品物流和商贸物流为主，具有仓储、运输、流通加工、分拣、配

送、信息服务等多种功能的大型综合物流园区。结合郑汴洛城市工业走廊建设，逐步将洛阳建设成为带动三门峡、济源等豫西地区，辐射山西、陕西等地区的区域物流枢纽。

规划建设新乡、漯河综合物流园区。依托京广、新荷、新焦铁路和107 国道、京港澳、大广、济东高速公路交通网络，在新乡小店规划建设具有多种服务功能，呼应郑州、辐射周边的综合物流园区。依托京广与漯阜铁路、107 国道、京珠与洛界高速公路，发挥商检、口岸等设施功能，将漯河豫南口岸物流园建成豫中南综合物流园区。

规划建设一批专业物流市场。建设洛阳工业品、花卉和关林商贸物流市场；开封综合商贸和农产品物流市场；许昌生鲜食品、鄢陵花卉和禹州药材物流市场；平顶山化工和食盐物流市场；新乡生产资料、家电和农产品物流市场；漯河食品、粮食和棉花物流市场；焦作有色金属和工业原料物流市场；济源建材和化工物流市场。

完善区域物流信息网络，构建公共物流信息平台，加快区域综合运输体系和城市智能交通系统建设，积极发展共同配送，促进区域物流一体化，实现中原城市群城际货物 2 小时内快速通达。

发挥区域资源优势和产业产品特色，大力发展粮食、棉纺、煤炭、建材、汽车、食品、农资、邮政等行业物流，有效激活物流市场。

（二）把培育现代物流企业放到突出位置

要鼓励传统运输及物流服务企业，根据现有资源和自身优势，引进新型业态，打破"大而全"、"小而全"的传统经营模式，采用各种现代交易方式，开展采购代理、加工配送、储运分拨等现代物流业务，逐步实现向现代物流的转变。按照社会化、专业化、规模化的要求，强化主业竞争力，将采购、仓储、包装、流通加工和运输配送等物流业务外包给第三方物流企业，或组建独立运作、独立核算的物流企业。鼓励有条件的大型工商企业建立与上下游供应商、分销商间的战略联盟，构建一体化供应链，实现供应物流、生产物流和销售物流有机结合。以货代、快递、物流咨询等为重点，积极引进国内外知名物流企业；通过项目融资、股权转让等方式，与国内外先进的物流企业实行联合。

（三）推广物流网络技术，建设物流信息平台

积极应用互联网络、电子数据交换、电子监控系统、智能交通系统、电子自动订货系统和电子商务等先进技术和设备，提高现代物流信息技术和装备水平。加快物流信息标准化和规范化建设，促进不同物流信息系统以及物流基地和运输、仓储、配送等相关领域的互通互联和信息共享。实现订单处理一体化、仓库管理智能化、货物跟踪全程化、客户查询自动化、资金结算电子化，全面提高企业的物流管理水平。

二、大力发展综合旅游业

优化旅游产业发展格局，强力推进资源整合，突出文化特色，着力打造精品旅游线路与旅游品牌，提升旅游业的竞争力。力争2010年旅游业总收入占区域生产总值的比重达到10%以上，成为区域支柱产业。

（一）继续打造精品旅游线

进一步加强沿黄"三点一线"精品旅游线建设，打造城市群旅游业的"龙头"。提升其在海内外的知名度，形成世界级旅游品牌，扩大入境旅游规模。以郑汴洛为中心，积极开发历史文化游和城市近郊游。大力开发文化览胜、城市观光项目，努力把郑州建设成为河南省旅游首选目的地、游客集散中枢和服务中心、旅游人才开发培训基地。进一步优化洛阳龙门景区文化自然要素，整合白马寺、关林、白园、牡丹园、天子驾六古墓博物馆等优势旅游资源，提升大景区的整体竞争力。完善开封古城水系，开发开封古城墙和"城下城"景观，提升清明上河园、龙亭、相国寺、包公祠、繁塔、山陕甘会馆等景点及开封文化遗存、文化传统的整体效应，重现宋都古韵。积极开发黄河滩区、黄泛区、故道、背河湿地的生态旅游资源，重点发展黄河小浪底风景区、郑州邙山黄河文化游览区，花园口遗址及黄河生态文化展示区等，形成历史文化旅游走廊与绿色生态走廊相辅相成、人文气息醇厚、自然生态优越的精品旅游带。

提高嵩山文化旅游品位。以申报嵩山、观星台进入世界自然文化遗产名录、少林武术进入世界非物质文化遗产名录为重点，整合区内旅游资源，做大做强集培训、演展、竞技为一体的武术产业，配套发展旅游相关

产业，建成驰名中外的世界级旅游经济区域。

按世界旅游精品的目标创建太行山旅游品牌。突出太行山雄险壮观的特质和水景观优势，与太极拳及其他人文优势有机结合，加快旅游产品的深度开发，增强景区（点）的自然性、新奇性、参与性。重点开发云台山世界地质公园、王屋山国家级风景名胜区、万仙山风光旅游区、太行山国家级猕猴自然保护区等，力争建成自然与文化相融合的旅游经济区。

建设伏牛山区自然山水休闲旅游胜地。以建设 800 里风光长廊为目标，整体规划、连线连片开发伏牛山区旅游资源，提高完善石人山、白云山、老君山、龙峪湾、天池山、万山湖等自然旅游基础设施，进一步开发伏牛山区内人工湖、温泉、滑雪（草）场资源，加快景区间公路建设；加强生态建设、退耕还林和生物多样性保护，使之形成集生态观光、健体休闲功能为一体的自然生态旅游经济区。

发展平原文化旅游。区域内的开封、许昌、漯河等市，要充分挖掘平原地区文化经济和遗产，创新展示形式和手段，加快旅游资源开发，展现平原传统农耕文化特色。

进一步梳理发掘区域内丰厚的文化遗存，加强文化名胜景点和演展场所建设，展示区域内历史、宗教、文学、艺术、科技的沿革和成就，弘扬博大精深的中原文化，提升文化旅游的品位。

（二）延伸旅游产业链条

深度开发具有地方特色和文化内涵的旅游产品。重点开发以汴绣、钧瓷、汝瓷、唐三彩、木版年画等为重点的传统工艺品；反映景区（点）特色的旅游形象纪念品；以洛阳牡丹、开封菊花、鄢陵腊梅等为主的名贵花卉，以新郑大枣、焦作四大怀药等为代表的名优土特产品；具有地方特色的书法、美术、图书、音像出版物；以丰富的文物资源为依托的文物复仿制品和适应现代消费时尚的旅游用品。围绕吃、住、行、游、购、娱六大要素，加强购物和文化娱乐等薄弱环节，提高旅游综合效益。扩大旅游人才培养规模，建立有效的旅游人才培训体系，完善旅游培训机构，建设旅游职业培训基地。全面提高导游队伍素质，优化导游队伍结构。

（三）积极推动旅游资源整合

打破旅游资源管理的部门分割，加快组建一批大型旅游集团。力争

2010年，在城市群内培育和发展1~2个年收入超过30亿元、5个以上年收入超过5亿元的旅游企业集团。

统筹规划完善旅游基础设施建设。在城市机场、火车站及高速公路出口处到郊区旅游景区（点）之间建立便利的公路网。在区域内交通沿线、旅游城市和景区建成完善的旅游标识系统。完善旅游公交系统，设计联接重点景区的旅游巴士专线，积极开辟季节性旅游公交线路。加强景区通讯、环保、安全等设施建设。

完善旅游公共信息服务平台。建设中原城市群旅游信息网，努力实现与全国各省市、世界各主要客源地市场联网，开展网上旅游、网上查询、网上预订等多项服务。充实旅游信息数据库，拓展旅游电子商务服务领域。建设郑州、开封、洛阳、焦作、新乡、平顶山等重点旅游城市综合的旅游服务中心，完善服务体系，提高服务功能。

积极推动旅游品牌、线路和客源共享，提升服务水平。加强区域内跨城市的旅游线路整合和统一对外推介。在景区之间推行区域旅游"一社通"、"一票制"等，提高旅游服务质量。

加强与周边省区的旅游合作，促进资源共享，加快建立跨区域旅游市场合作体系，实现优势互补、共赢发展。

中原城市群旅游业的发展要突出重点，突出古都、名寺、祖根、功夫特色，重点开发文化观光、寻根朝敬、休闲度假和生态旅游项目。同时，大力发展太行山南麓休闲度假、生态观光以及特种旅游项目，逐步推进，最终形成太行山南麓观光旅游带。

加速品牌开发和旅游网点建设。突出洛阳龙门、郑州少林寺、开封古都等世界级品牌，完成郑州、洛阳、开封三市及沿黄旅游线建设。以云台山世界地质公园、嵩山世界地质公园等为重点，加快自然生态旅游线路开发步伐。围绕"行、游、住、食、购、娱"六要素，拉长旅游产业链，形成多层次的旅游产业体系。开发民间手工艺品、名胜古迹纪念品、地方特色产品等各个系列的旅游购物品，打造特色名牌旅游商品。建立旅游管理人才培训基地，加快旅游人才的培养。加快国有旅游企业改革，培育若干大型旅游企业集团，鼓励开展国际旅游业务。控制旅游点的低水平重复建设，保证经济发展和旅游活动协调发展。

三、加快发展金融服务业

金融业的发展要以促进中原崛起为目标，通过转换经营机制，改善金融服务，开拓和创新金融业务，加强金融市场建设，以加快郑州商品期货交易所发展壮大为突破口，稳步发展银行和非银行金融机构，将郑州建成区域性金融中心。

（一）稳步发展银行和非银行金融机构

当前和今后一个时期重点应主要放在以下几个方面：一是外资金融机构。发展中国家普遍存在着资本短缺的问题，而发达国家和地区却存在着大量的资本过剩。中原城市群要大力引进外资企业，大量外资企业进入后，就会有大量的外资金融机构进入。同时，随着我国经济的发展和人民币币值的稳定，加入 WTO 的过渡期行将结束，外资金融机构可能加快进入中国的进度，这也为郑州发展外资金融机构提供了条件。二是加快城市商业银行、农村信用社等地方金融机构的改革步伐，通过增资控股、强化内部管理和化解金融风险，改善资产质量，建立起中小企业融资体系和服务"三农"的农村金融体系。对具有优势的地方金融机构进行资源重组，组建地方法人银行机构，为地方金融机构提供发展平台。三是期货代理机构。郑州有发达的期货市场，应当大力发展期货代理机构，活跃期货二级市场。四是大力发展保险业。市场体制的建立和完善将企业和居民卷入了各种风险之中，企业面临着市场变换和破产的风险，居民面临着生病、失业、伤残等多种风险，保险业建立了这些风险的机制；同时保险业也集聚了大量的资金。

（二）加强金融产品创新和服务创新，大力发展资本市场

积极发展票据、拆借、债券等金融市场，推广以银行卡为依托的电子商务、电话银行、网上银行等新兴业务品种和融资结算手段。完善服务网络，创新服务产品，发展外汇风险管理、综合理财等金融服务形式，不断满足日益多样化的需求。推进郑州商品交易所期货交易品种多元化，形成全国乃至世界一流的郑州产品交易所。确立全国农产品期货中心和定价中心地位。依托现有产权交易机构，建设中西部地区有影响力的区域性产权

交易中心。积极发展证券市场，扩大直接融资规模。加快国有大中型企业、民营企业股份制改造和规范，实施上市后备企业培育工程，增加上市公司数量，提高上市公司素质，鼓励上市公司再融资。支持经济效益好、偿债能力强的企业发行企业债券，拓宽企业融资渠道。扩充中原、百瑞信托公司资本规模，创新信托产品，提高信托融资能力。

（三）推进金融业改革开放

加快机制创新，把商业银行、保险公司等金融机构建成治理结构完善、具有较强竞争力的现代金融企业。鼓励金融企业对外合资合作。整合金融资源，推动地方商业银行改制重组，促进多种经济成分的金融机构快速发展。拓展地方金融机构的服务领域，扩大交易规模，提高地方金融企业的市场竞争力。

（四）优化金融生态环境

改善政府服务，制定促进金融业发展的政策措施；基本建成覆盖政府、企业、个人的社会信用体系。强化金融监管，加强金融风险防范和不良资产清理，依法维护金融机构的合法权益，在河南省率先建成金融安全区。建立金融业风险补偿机制，为金融业的发展创造安全、有序、诚信、公平竞争的生态环境。

四、积极发展其他服务业

（一）大力发展中介服务业

重点扶持一批规模化和专业化水平较高的管理咨询、工程咨询、技术咨询、信用评级、产权交易、会计师事务所、律师事务所、资产评估事务所等中介服务机构。力争形成3～5家在全国同行业中实力突出、具有一定知名度和国际执业资质的中介服务机构。

大力吸纳国内外高素质中介人才，争取更多的国内外知名营销、策划等中介服务人才到区域内工作，形成具有一定规模的顾问队伍和智力服务网络。鼓励有条件的大学开展中介咨询策划培训和教育，培养专门中介人才。

支持科研机构、高等院校和其他社会力量创办中介服务机构。推动省内机构与国内外知名中介机构开展多种形式的合作。鼓励境内外中介机构到郑州设立分支机构，努力把郑州建设成为中介服务机构的集聚区。

全面推进中介机构与政府部门脱钩，破除行业及部门在准入条件、指定服务等方面的垄断，降低准入门槛。建立健全各类行业协会，加强行业内的沟通、自律、监督、协调。

（二）加快发展信息服务业

加强信息基础设施建设。完善区域广播电视有线光纤网络，力争"十一五"末，全面建成以郑州为中心、联通9市的骨干传输网和市到县、县到乡镇的有线广播电视覆盖网。发展壮大基础电信业，大力发展高速宽带网络，完善网络安全认证、安全支付结算、信用等保障体系，扩大互联网应用。积极促进区域广电网、电信网相互融通，力争"十一五"末，建成中原城市群门户网站、信息交换中心和公共信息服务网络平台，实现信息资源的互联和共享。

大力发展电子政务。发挥政府部门信息化的先行带动作用，加强政府网站建设，提高办公自动化、信息公开化和服务便利化水平。力争到"十一五"末，区域内党政机关局域网普及率达到100%，网上办公业务覆盖率达到90%，各级政府公共服务上网率达到90%以上，9市政府电子政务系统全面实现互联互通。

加强企业信息化。在区域内的高新区、经济开发区、特色工业园区建设企业信息共享平台。加强中华粮网、绿网、万庄化肥、亿万电器等第三方专业性电子商务交易平台建设。大力实施企业信息化示范工程，引导骨干企业积极应用 MRP、CIMS、ERP 等系统，提高生产自动化和管理信息化水平。

大力发展农业信息化。建立健全农村基层信息服务组织，推进互联网和电视、广播、报刊、电话等多种方式的有机组合，促进农业信息"落地入户"。力争"十一五"末，区域内大型农产品批发市场基本拥有信息网站和电子结算系统，农村合作经济组织基本拥有网络计算机终端。

扩大信息技术的普及应用。大力发展网上购物、网上图书馆、网上博物馆、网上影院、气象遥感、卫星定位、远程教育、远程医疗等网络服务，积极推广数字电影、数字电视、数字出版物、手机短信等新型文化消费方式。积极开展"居民卡"工程试点，通过网络服务终端，办理电、气、水缴费等社会事务。支持有条件的社区利用宽带网络，完善安全防范、物业管理、医疗咨询、电子商务等服务，建设"数字化社区"。

（三）积极发展会展业

依托郑州在区位、交通、商贸、旅游等方面的优势，充分发挥郑州国际会展中心、中原国际博览中心和郑州贸易中心货栈的作用，按照市场化运作、产业化经营的原则，拓宽办会办展渠道，积极举办国际性、全国性和区域性会议、商贸物流洽谈会、博览会、大型演出及节庆活动。加强与国内外知名展览公司的合资、合作，积极引进和培育一批会展业龙头企业，提升会展承办水平。围绕汽车、装备制造、重化工、农业、食品、城市建设开发、文化旅游等具有比较优势的领域，重点塑造"郑交会"等一批全国知名会展品牌，努力使郑州成为我国中西部地区重要的会展之都。

第五节 推进农业现代化

中原城市群目前的城市化水平比河南省平均水平高 8 个多百分点，按照规划至 2020 年将要高出 15 个百分点，这表明，未来这一地区将是一个迅速推进城市化的地区。中原城市群的农业发展必须顺应这种发展趋势，对农业结构进行战略性调整，优化农业生产布局，大力发展为城市服务的城郊型农业和高效生态农业，加快优势农产品基地和特色产业带建设，促进区域农业的规模化生产和产业化经营，不断增强农产品竞争力，大力发展农村服务业，积极推进农业现代化和城市化，率先建成生产发展、生活宽裕、乡风文明、村容整洁、管理民主的社会主义新农村。

一、大力发展都市型农业、绿色农业和观光农业

充分利用区域内的自然、人文景观和特色农业生产优势，科学规划、合理布局，大力发展具有观光、休闲、旅游、生态、科技示范功能的城郊

服务型农业。

在近郊环城地带，大力发展工厂化、设施化农业和有较高技术含量的现代化农业园区，积极发展观光、旅游和休闲农业。重点建设郑州市沿黄高科技观光农业、旅游风景带、惠济区果蔬自然风光带、二七区经济林果风光带、郑州国家森林公园野生动植物风光带。在其他8市近郊，积极发展花卉、林木、果蔬业，鼓励连片开发，丰富现代农业内涵，实现市区居民疗养、休闲与近郊农民提高农业效益的有机结合，促进生态效益和社会效益的有机统一。

在城市远郊地带，大力发展生态农业。加快洛阳市周山、龙门西山、小浪底、上清宫四大城郊森林公园和观赏牡丹园的建设。利用黄河湿地、渔业水面等优势，加快开封市柳园口黄河游览区、开封县高效农业示范园区的建设。引导其他各市因地制宜地发展城郊型农业，以建设菜篮子工程基地为重点，积极发展具有地域特色的时鲜水果、名特花卉、蔬菜，走精品农业路子，大力发展种子种苗业，改善城市生态环境，提高农民收益。

在山丘区、沙化区、滩区，大力发展草木和林果业。加快郑汴洛城市工业走廊沿线绿化带建设，在郑州与洛阳区间浅山丘陵区强力推动旱作农业发展，大力发展林果业，在郑州至开封区间沙化区大力实施人工造林，逐步形成三市间的"绿肺"。在黄河滩区堤内实行退耕还草、堤外大力发展速生丰产林。保护深山区、石山区森林资源和植被，加快南太行、豫西伏牛山区退耕还林步伐，提高森林覆盖率。2010年逐步形成近郊休闲农业、远郊平原集约化农业、山区生态型特色农业互为补充、相得益彰的发展布局。

二、打造优势农业基地和农产品产业带

（一）加快现代农业科技示范园区建设

加快省农科院原阳现代农业科技试验示范基地建设，力争用3～5年的时间建成现代化的农业科学试验基地、现代农业示范基地、农业技术培训与科普基地和科技成果产业化示范基地。争取中国农业科技黄淮海地区创新中心落户中原城市群。加快许昌国家农业科技园区等现代农业科技示范园区的建设，形成一批农业高新技术企业。

（二）加快粮食、棉花、油料、原料林等原料基地建设

围绕为工业生产提供原料，以市场为导向，引导农民组织农业生产，把千家万户的种植业与大工业加工生产结合起来。继续实施优质粮食产业工程，建设和完善大型商品粮生产基地，进一步提升新乡、焦作优质专用小麦生产基地水平，建设开封优质小麦生产基地。推进沿黄优质水稻生产，建成我国北方重要的无公害优质水稻生产基地。利用沿黄滩涂地和沙荒地，加快沿黄林纸原料林基地建设。

（三）加强特色农产品基地建设

继续搞好洛阳牡丹、开封菊花以及以鄢陵为中心的花卉苗木特色农业带的建设。搞好郑州、开封优质瓜菜生产基地建设。加快苹果、石榴、葡萄、大枣、核桃等名优特新干鲜果品和山茱萸、金银花、柴胡、冬凌草、"四大怀药"等中药材的生产加工。加快优势畜产品开发，不断提高规模化、集约化、标准化饲养水平。推进黄河滩区绿色奶业带、京广沿线瘦肉型猪和中原肉牛产业带建设。因地制宜地发展高效特色出口农产品，建立特色农产品出口型生产基地。

（四）扩大农产品精深加工，不断提高农产品增加值

扶持重点龙头企业，做大做强一批实力雄厚、辐射能力强的农产品加工企业。拉长加工产业链条，拓展粮食、油料、果蔬、畜禽产品、乳品等优势农产品的发展空间，提高附加值。加强农产品标准化体系建设，按国际标准制定生产操作规程并组织生产，提高质量，增强农产品市场竞争力。发展订单农业，促进产销衔接。扩大劳动密集型和绿色食品生产，努力开拓农产品市场。

三、大力发展农村服务业

围绕农业生产的产前、产中、产后服务，构建以生产服务、销售服务、科技服务和信息服务为主体的农村社会化服务体系。

大力推进现代流通方式进农村。在人口集聚度较高的乡镇，因地制宜地建设特色农产品批发交易市场。鼓励城市大型连锁超市下乡进镇，积极

发展适应农村消费特点的超市、连锁店、便利店等，进一步方便农民生活。

健全农资、农产品营销网络，加强专业协会和农民经纪人队伍建设，努力搞活农产品流通。加强农业技术推广网络和农业信息体系建设，进一步服务农业生产。鼓励和引导农民发展各类专业合作经济组织，提高农业的组织化程度。

第六节　产业布局的基本构想

从国际情况看，欧洲国家对企业如何发展，政府基本不进行干预。但无论是欧洲国家还是东亚的日本、韩国等，都要对企业在空间的布局进行引导和调控，以期形成合理的产业布局。中原城市群在未来的 15 年，既是城市化加快推进的时期，也是产业急剧扩张的时期，在这个过程中必须抓好产业布局，以便形成合理的区域分工格局。

一、产业应向具有综合优势的城市集聚

（一）煤炭工业和煤化工应将重点放在郑州、平顶山和济源

郑州、平顶山，不仅在煤炭产量和储量上有较大的优势，而且均有一些大型的煤炭企业集团，如郑煤集团和平煤集团，这些大型的煤炭集团将引领未来煤炭工业的发展。另外，由于济源与山西毗邻，便利的交通使该地区能有效地利用质量较好的晋煤，建设煤化工企业，并且该地区已有一个年产值达 100 万吨/年的中原城市群最大的煤化工企业——豫港焦化有限公司，该市可继续利用晋煤，依托原有的煤化工企业，打造煤化工产业基地。因此，未来的煤炭工业要重点放在郑州、平顶山和济源等三个城市，但各有侧重：郑州重在煤炭的开采与煤电联营；平顶山在煤炭的开采、煤化工以及煤炭相关产业群；济源应以发展煤化工为主。

（二）电力工业重点布局在洛阳、平顶山、济源

洛阳是我国重要的火电基地，火电基地建设在河南省保持领先地位，电力工业基地的建设具有较好的基础。2000 年该市的火电总装机容量为

250 万千瓦。近两三年内该市投产的火电项目有首龙集团 2 台 60 万千瓦机组、2 台 5 万千瓦热电联产项目，洛阳热电厂 2 台 30 万千瓦机组项目，新安电力集团 4 台 13.5 万千瓦机组项目，伊川电力集团 3 台 30 万千瓦机组项目以及宜阳、孟津、洛南新区等地的电力项目，总装机容量突破 300 万千瓦；预计到 2006 年，洛阳市的火电装机总容量将达到 650 万千瓦。另外，洛阳重化工业较为发达，需要较大的电力能源的供应。综上考虑，建议在中原城市群未来产业的发展布局中将洛阳建设成重要的电力工业基地。

平顶山具有较为丰富的煤炭资源与较为发达的电力工业基础。从煤炭资源来看，煤炭总储量 103 亿吨，保有工业储量 30.4 亿吨，含煤面积 1044 平方公里，主要分布于市区、韩梁、汝州一带，煤质优良，品种齐全，有焦煤、气煤、肥煤、瘦煤；特别是该市拥有大量的灰分率低，发热量大作为动力的优质焦煤，储量达 24.7 亿吨，占河南省的 62.1%，具有发展电力工业较好的原料基础。从电力工业的发展基础来看，该市发电量在中原城市群各市中处于前列，并拥有规模较大、技术先进的大型火电企业姚电公司。

济源发展电力工业的有利条件是：该市由于毗邻山西能充分利用山西优质的煤炭资源，并已与山西形成了较好的企业合作基础。水资源供应充足为电力工业提供了水源保障。黄河、沁河两大河流流经该市，小浪底水库、西霞院水库、河口水库三大水库库容达 200 亿立方以上。济源的华能沁北电厂是国家"十五"规划的重点工程，规划装机容量达 $6 \times 600MW$ 机组，是我国设备先进、技术力量雄厚的企业，为济源发展电力工业提供了基础。

（三）铝工业应重点布局在郑州、洛阳和焦作

郑州具有发展铝工业的良好基础。从铝矿资源来看，郑州有铝土储量 1 亿余吨，占河南省总储量的 30%；从行业发展情况来看，郑州的铝工业是该市三人优势产业之一，2002 年铝行业完成增加值 27.7 亿元，比上年增长 19.5%；另外，郑州还是全国重要的氧化铝基地，2002 年氧化铝产量占全国的一半左右。

洛阳是中原城市群中铝工业发展较为迅速、产业集群发展较为完善的

地市，为铝工业基地的建设创造了条件。近年来洛阳把火电生产优势与铝矾土资源优势相结合，投巨资上电解铝生产与铝材加工项目，使洛阳成为铝工业基地，洛阳的新安、伊川两地已达到电解铝年产 40 万吨的能力。2003 年，两地再投资数十亿元把电解铝年生产能力扩大到 90 万吨，在河南省首屈一指。另外，一批铝材深加工项目正在上马，其中，中色万基铝箔股份公司年产 10 万吨铝板带项目年底可竣工投产；万基铝箔股份公司年产 1.2 万吨铝箔项目、首龙铝业公司 1.2 万吨高精度铝箔项目 2004 年建成投产。目前，伊川电力集团 20 万吨铝板带热轧生产项目和 20 万吨铝板带冷轧项目前期工作也在紧张进行。

焦作不管从产量状况和铝企业发展情况来看，都应成为中原城市群重要的铝工业基地。2002 年焦作市氧化铝产量 80.5 万吨，占河南省的 38.8% 和全国的 14.9%；电解铝产量 15.01 万吨，占河南省的 15% 和全国的 3.5%。另外，焦作拥有一些发展较好的铝工业企业群体。焦作的中铝中州分公司已形成年产 110 万吨氧化铝的生产能力，万方铝业集团已形成年产 25 万吨电解铝的产能，在全国同行业中分别居第四和第八位。建设中的沁阳铝电集团电解铝的产能为 14 万吨/年，均已达到国外氧化铝厂和电解铝厂的平均生产规模（分别为 100 万吨和 18.3 万吨）。

（四）机械工业应分门别类布局

根据各市机械产业发展基础和前景分析，应重点建设郑州、焦作的汽车制造业基地，洛阳的拖拉机制造业基地，新乡的起重机械制造业基地和许昌的电力设备制造业基地。

郑州的整车制造与配套基地的建设是源于郑州的汽车制造已经形成了一定的规模。在未来的发展中，应支持郑州日产、郑州宇通和洛阳福赛特，加速扩张皮卡车、越野车，扩大中高档客车竞争优势，加快发展载重车、特种专用车；并积极推进汽车零部件生产企业发展，增强为国内外主要汽车厂家配套能力，形成汽车零部件产业集群。

规划焦作是中原城市群又一个汽车零配件配套工业基地，源于焦作经过近 30 年的发展，汽车零配件产业的生产能力和经济总量已名列河南省前列。全市现有汽车零配件生产企业 57 家，其中限额以上 15 家，2002 年该市全行业工业产值 21 亿元，占全市限额以上工业企业总产值的

7.1%；全行业固定资产值约26亿元，占全市限额以上工业固定资产总值的11.6%；全行业利税约4.5亿元，占全市限额以上工业利税的14.9%；全行业就业人员1.1万人，其中高中级技术人员1000多人。近年来，焦作市汽车零配件行业通过技术引进和改造，工艺装备水平和产品技术含量大大提高，初步形成一批围绕为整车、发动机配套，高起点、专业化强、批量大、质量优的零配件企业，其中汽车轮胎、气缸套、轴瓦、活塞、连杆瓦等产品已达到一定规模，在全国同行业中占有重要地位或处于行业领先水平。未来的发展重点是依托现有基础，继续培育做大一批优势产品，如轮胎、气缸套、汽车轴类件等。

现有的产业基础以及科研实力使洛阳成为重要的拖拉机制造基地。在未来的规划建设中，洛阳要依托原有的拖拉机名牌企业以及拖研所、轴研所等科研单位，加强该产业的技术含量，并加快机电一体化进程，将微机、智能化仪表、敏感器件等先进技术与机械产品相结合。

新乡有一些知名的起重机械企业并在长垣形成了一定的产业集聚，有可能成为中原城市群未来产业发展的一个"亮点"，因此应重点建设新乡起重机械制造业基地。未来的发展主要以新乡起重公司多功能起重机智能机械手、卫华起重公司年产2.6万吨架桥机，中原起重公司大吨位冶金铸造起重机生产线等重点项目和河南省起重机械工业园区为中心，建设中原城市群起重机械制造业基地。

电力设备是国内发展前景较好的产业，许昌具有一定的基础，应在许昌重点建设电力设备制造业基地。

（五）食品工业应重点建设漯河、开封、新乡等五大基地

漯河是农业产业化基地与食品工业发展较好的市，在基地建设上，已成为河南省"无公害食品基地示范市"，在河南省率先实行了无公害蔬菜市场准入制度。另外，漯河还拥有一批知名的食品企业，诸如年产值和销售收入双双超百亿元的龙头企业双汇集团，并且汇通公司、豫汇公司、南街村集团也是我国实力较强的食品企业。未来漯河食品工业的发展建议以现有的食品企业为依托发展"火腿"系列、方便食品与调味品等为主。

开封农副产品资源丰富，养殖业兴旺发达。开封盛产小麦、大豆、玉米、棉花、西瓜、花生、大蒜、泡桐、苹果和葡萄等，是全国重要的小

麦、棉花、花生生产出口基地，被国家定为粮棉生产基地、板山羊基地、淡水养鱼基地。现有汇源果汁等知名企业，未来该市食品工业的发展方向规划建议为饮料制造业、优质小麦加工和优质畜产品加工等。

新乡大米被誉为"中国第一米"，两次被评为全国农业博览会金奖；中药金银花已通过国家原产地认证；并且是我国重要的优质小麦种植基地。未来新乡食品工业基地的建设建议以新良粮油、亚特兰食品、五得利面粉、金鑫饲料、金利尔奶业等企业为依托，主要发展优质小麦加工基地和优质畜产品加工基地。

焦作盛产的地黄、牛膝、菊花、山药"四大怀药"驰名中外，并且是我国重要的优质小麦种植基地；2003年蒙牛乳业也落户这里，这一切为焦作食品工业的打造提供基础。该市未来食品工业的发展方向规划为乳品加工业和"四大怀药"精深加工业。

许昌农业产业化取得了一定成绩，现基本形成了粮食、棉花、烟叶、花卉、蔬菜、中药材等6大产业，并实施了农业科技园区建设，是全国首批实施的国家农业科技园区之一，同时还是国家农业科技园区中唯一的综合性园区。由于许昌有较好的农业基础，为食品工业基地的建设提供了条件。未来许昌的食品工业发展方向规划为药材、蔬菜、大豆、粮食的精深加工为主。

二、进一步促进城市间形成合理的产业分工

中原城市群能否发挥整体优势，关键要看城市功能是否协调，城市间是否能够形成合理的产业分工。而城市间合理产业分工的重要基础则是各城市产业发展形成专业化的主导方向。我国人均国内生产总值为2003年为9101元，正处于工业化的中期阶段。同年，中原城市群的人均生产总值为9972元，约高于全国平均水平，同样处于工业化的中期阶段。根据中原城市的特点，按照我国全面建设小康社会和走新型工业化道路的要求，中原城市群今后应加快推进工业化进程，大力发展工业和现代服务业。因此，各城市专业化方向的选择必须根据这一要求进行，以工业为主体，同时考虑现代服务业。

从工业看，目前中原城市群中的各城市基本形成了自己的专业化方向。各城市工业增加值比重位列前5位的行业，其集中度比较高。各城市

的产业格局，是当地资源、区位条件以及各级政府的政策共同作用形成的，个别有偶然性，但大多数又具必然性。因此，这是我们选择和确定各城市优先发展部门的重要基础。

同时，考虑到各城市现有一些工业行业的发展态势，以及该行业在整个城市群中的地位，并结合各城市在发展商贸物流、金融保险、旅游等方面的发展基础、发展潜力等因素，我国确定了中原城市群中各城市的优先发展产业（见表10-7）。

表10-7　　　　　　　　中原城市群各城市优先发展产业

城市	优先发展的产业
郑州	商贸物流业、金融保险业、以铝业为主的有色冶金业、以汽车为主的机械工业、高新技术产业
洛阳	以重型装备为主的专用设备制造业、以拖拉机为主的交通设备制造业、以铝业为主的有色冶金业、非金属矿制品业、以历史文化和花卉为主的旅游业
开封	食品工业、专用设备制造业、纺织业、以医药和精细化工为主的化工学工业、教育文化休闲旅游业
焦作	电力工业、以铝工业为主的有色冶金业、以汽车零配件为主的机械工业、化学原料及制品业、以自然景观为主的旅游业
济源	电力工业、煤化工、有色冶金、以历史文化和自然景观为主的旅游业
平顶山	煤炭工业、电力工业、化工业、黑色冶金业、历史文化和自然旅游业
新乡	食品工业、起重机械为主的机械制造业、化学原料及制品业、化学化纤制品业、城郊型农业
漯河	食品工业、烟草工业、造纸及纸制品业、化学原料及制品业、城郊型农业
许昌	电气机械及器材制造业、烟草工业、食品工业、非金属矿物制品业、城郊型农业

三、按照协议分工原则统筹中心城区与县域产业发展

中心城区与县域（县及县级市）之间所处的地位不同，因而所承担的功能也就应该不一样。中心城区应该是地级城市的象征，是地级城市的核心，它与县域的差别应该是地级层次与县级层次的差别。因此，中心城区在产业选择上，与县域间不仅要在特色上体现差异，而且在档次上也要体现差别。事实上，目前许多中心城区与县域之间在产业档次上居同一水平，形不成核心与外围的关系，形不成分工与协作的关系，这是中心城区对县域来说缺乏吸引力的经济原因，也是最为根本的原因。今后，中心城

市与县域之间必须采取产业错位发展战略，产业的功能上要有差异，产业的档次上要有差别，这样才有利于避免中心城区与周边的县域形成过度的竞争关系，才有利于中心城区与周边县域形成相互依存关系，最终实现中心城区逐步做强做大，从而带动整个区域发展的目标。

在目前中原城市群一些中心城区与周边县域发展水平差距不大的情况下，在两者之间如何进行产业分工，这是一个非常重要的问题。一般而言，不同质的区域间进行产业分工，是根据比较优势确定的，比如新疆的棉花、云南和贵州的烟叶、沈阳的机械工业、长春的汽车等。对于同质区域的产业分工，其理论基础则是日本学者小岛清提出的协议性区域分工理论。该理论认为，同质区域也是需要分工的，其分工的基础则是规模经济。我们认为，在对待中心城区与周边县域的产业分工时，应主要遵循同质区域的分工理论，即协议性区域分工理论。为此，中心城区与周边县域在确定重点发展产业时，需要进行友好地协商，协商的原则是尽量照顾各地已有的产业基础，使各地朝着规模经济的方向发展，发展产业集群。我国一些地区的发展经验证明，县、市一级产业发展走集群化的路子是成功的。如浙江省的诸暨市一年生产了50多亿双袜子，广东省的东莞市能生产多个具有世界级品牌的服装。中原城市群县域经济的发展也应走产业集群的路子。

第十一章 资源、能源与生态环境支撑能力建设

第一节 中原城市群水资源支撑能力建设

水是 21 世纪重要的战略资源，优化水资源配置，搞好开源节流，对中原城市群的持续发展具有重要意义。中原城市群河流分属三大流域，即黄河流域、淮河流域、海河流域，其中以黄河流域为主。从目前的情况来看，中原城市群水资源并不丰富，加之后天用水效率较低，随着水资源需求持续增长，两者矛盾比较突出，需要强化水资源支撑能力建设。根据区域内产业布局、人口密度和经济社会发展需要，兼顾当前与长远发展，结合区域水资源总量和时空分布特点，科学开发和优化配置水资源，加强节约用水，提高水资源开发利用效率，为区域经济社会发展提供水资源支撑和保障。

一、中原城市群水资源现状分析及需求预测

（一）中原城市群水资源现状分析

1. 水资源缺乏

中原城市群 2002 年人均水资源量为 294 立方米，河南省为 445 立方米，全国为 2220 立方米，分别是河南省的 66%、全国的 13%。2002 年亩均水资源量为 307 立方米，河南省为 407 立方米，全国为 1440 立方米，是河南省的 75%、全国的 21%。按照联合国确定的人均水资源量 1700 立

方米为用水紧张线，500 立方米为严重缺水线，中原城市群的水资源应该为异常严重缺水。

2. 水资源分布不平衡

按人均水资源来衡量，洛阳、平顶山相对水资源较为丰富，分别达到452 立方米/人、437 立方米/人，而水资源最缺乏的许昌、郑州仅为 138 立方米/人和 165 立方米/人，是洛阳的 31% 和 37%。

3. 旱涝灾害威胁依然严重

由于受大气环流等气候影响，中原城市群地表水资源的年内分配高度集中。汛期（6~9 月）雨量丰沛，地表径流量占全年总径流量的 60% ~ 80%，且往往集中在几次大的暴雨洪水过程。特别是秋伏大汛，暴雨洪水暴涨暴落，易引起洪涝灾害。非汛期径流量降水量的减少而大幅减少。春季（3~5 月）地表径流约占全年的 15%，冬季（12~2 月）是中原城市群地表径流的最枯季节，仅占全年的 6% ~ 10%。此时正值冬小麦需水季节，由于大多数河流干枯断流，长达数月，往往造成农业干旱灾害。

4. 用水效率较低

中原城市群水资源开发利用存在对水源工程重视不够，建设相对滞后，水利工程老化失修严重，历史上管理体制分割等问题，导致水资源浪费严重，用水效率低。中原城市群每万元 GDP 用水量为 371 立方米，低于全国万元 GDP 用水量 465 立方米，这说明中原城市群的用水效率高于全国平均水平。但是与世界用水平均水平相比，依然高出 2~3 倍。因此，中原城市群在提高用水效率方面还大有可为。与世界用水平均水平相比，高出 2~3 倍。

（二）2020 年中原城市群用水需求预测

中原城市群未来水资源将持续增长，其动力来自于如下几个方面：一是新增人口，按规划，2020 年中原城市群人口将达到 4600 万人，比 2003 年净增人口近 700 万人；二是随着经济发展、人民生活水平提高，个人平均生活用水的需求量会越来越大；三是中原城市群的发展离不开工业化，工业的发展离不开水资源，其中火力发电、钢铁是用水的大户；四是生态用水的增加，中原城市群的发展离不开良好的生态环境，生态环境的建设和保护离不开生态用水。

实施中原城市群一体化将有利于水资源合理配置、调剂使用，总体上利大于弊。但到 2020 年，中原城市群人口规划为 4600 万人，人均 GDP 达到 35000 元左右，用水量会出现较大幅度增长。初步测算，中原城市群 2020 年需水量约 135 亿立方米，其中工业用水 38 亿立方米，生活用水 22 亿立方米，农业用水 54 亿立方米。现供水能力约 100 亿立方米，缺口约 35 亿立方米。如果能够采取行之有效的节水措施，使万元 GDP 耗水量下降到 84 立方米，则水资源缺口能够控制在 30 亿立方米左右。

二、中原城市群水资源支撑建设的对策措施

中原城市群水资源保障的重点要放在开源节流，双管齐下，只有这样才有可能满足未来经济发展、社会进步、生态建设的需要。

（一）合理开发利用水资源，建设重大水利工程

通过新建大型水资源开发利用工程，新增供水量 29.87 亿立方米，其中南水北调工程 17.68 亿立方米，燕山水库工程 1.33 亿立方米、河口村水库工程 0.86 亿立方米，小浪底水库工程 9 亿立方米、西霞院水库工程 1 亿立方米。水资源不足部分，通过现有水库除险加固、发展集雨和"用洪"工程，合理开采地下水予以有效补充，特别是要通过加强对大中型灌区的节水改造，广泛推广滴灌、渗灌等技术，发展中水回用和推行阶梯水价等措施，推动节约用水，确保满足区域内生产、生活用水需要。

"十一五"期间集中力量建设南水北调中线工程、燕山水库、河口村水库、西霞院水库等四大水利工程。配合国家建设南水北调中线工程，规划 2010 年建成通水。同步建成受水城市配水工程。配水工程主要是从总干渠设置的中原城市群 23 个分水口门引水，通过输水管道、现有河道或修建供水明渠将水引至城市水厂或为城市供水的水库。主要包括新建输水管道 411 公里，整治 14.2 公里的输水河道，修建 0.75 公里的供水明渠。工程建成后，每年分配平顶山、许昌、漯河、郑州、焦作、新乡 6 市的水量 17.68 亿立方米，将基本缓解中原城市群 9 城市水资源不足的问题。其中，平顶山 2.5 亿立方米、许昌市 2.26 亿立方米、漯河市 1.06 亿立方米、郑州市 5.02 亿立方米、焦作市 2.82 亿立方米、新乡市 4.02 亿立方

米。2008 年建成燕山水库，年增加供水量 1.33 亿立方米，其中向漯河市城市供水 0.8 亿立方米、叶县和舞阳县农业灌溉用水 0.38 亿立方米、生态用水 0.15 亿立方。2008 年建成黄河西霞院水库，发展灌溉面积 113 万亩，每年向附近城镇供水 1 亿立方米，也可作为南水北调中线工程的备用水源。"十一五"期间建成沁河河口村水库，向焦作、济源 2 市提供工业和农业用水 0.86 亿立方米。同时应充分利用黄河水源，规划建设小浪底南、北岸灌区，增加供水量约 9 亿立方米（见表 11 - 1）。

表 11 - 1　　　　　　　　中原城市群新增水量资源配置表

新增水源	供水量	配置水量（亿立方米）								
		郑州	洛阳	开封	新乡	焦作	许昌	漯河	平顶山	济源
南水北调中线	17.68	5.02			4.02	2.82	2.26	1.06	2.5	
燕山水库	1.33							0.8	0.53	
西霞院水库	1		1							
河口村水库	0.86					0.5				0.36
小浪底水库	9		4.23			3.37				1.4

资料来源：根据河南省水利厅相关数据整理。

（二）建设节水型社会

坚持节水优先的原则，实行严格的用水计划总量控制和定额管理制度，逐步建立和完善促进节约用水的政策体系和价格机制，大力推广应用节约用水技术，倡导节约用水的文明生活方式，最大限度地提高水资源利用效率，建立节水型社会。

1. 农业节水

加强农业用水管理，推行科学的灌溉制度。加快现有大中型灌区的节水改造步伐，对现有人民胜利渠、陆浑、广利、群库、韩董庄、昭平台、白龟山、白沙等大型灌区进行节水技术改造和续建配套，提高渠系利用系数。加快末级渠系工程建设，配套搞好田间节水措施。大力推广喷灌、滴灌、渗灌等节水技术，提高水资源利用效率。科学、适时、适量灌溉，严格控制超量灌排，提高灌溉水利用系数。结合农业结构调整，大力发展旱作农业、低耗水农业。

2. 工业节水

加快节水工程建设步伐，积极推进节水技术改造。结合产业结构调整，抓好一批火电、石油化工、造纸、冶金、纺织、建材等高耗水企业节水改造示范工程建设，限制高耗水的草浆造纸能力扩张。在区域内全面推行新建工业项目主体工程和节水配套设施的同步建设制度。积极进行一水多用，提高间接冷却水循环率、冷凝水回用率、工艺水回用率和工业用水重复利用率，积极推进煤矿矿井水资源化利用，降低单位产值耗水量。"十一五"末，万元工业增加值耗水比 2005 年下降 35%。

统筹考虑经济发展和水资源条件，严格控制郑汴洛城市工业走廊和许昌、新乡等地区发展高耗水产业。

3. 城镇节水

加强城镇节水设施改造。2010 年城镇建成区供水管网覆盖率达到 95% 以上，供水管网覆盖范围内，对于处于地下水超采区的开采井，要限采、压采，必须关闭的自备井作为应急水源，加强保护。

积极创建节水型城市。限制洗浴、洗车等高用水商业行业，对城市居民用水和商业用水实行阶梯水价；加强城镇老旧管网设施改造，降低城市供水管网渗漏损，提高输配水效率和供水效益。新区建设的供水设施，全面推广应用新型节水设备和器具。2010 年之前，9 市中心城区服务 30 年以上的供水管网要全面完成改造。

4. 加强污水资源化工作

在区域内率先强制推行中水回用。新建污水处理厂，要配套建设中水回用设施；已建污水处理厂，要抓紧中水回用设施的建设；"十一五"期间，区域内 9 市和部分县级市力争建成中水回用设施，中水回用率达到 60%。城市景观用水、冲洗水、冷却水等要率先采用中水水源。

电力企业应与城市污水处理厂开展中水回用合作。强制推行新建电厂冷却水利用中水。

（三）统一规划，合理配置水资源

中原城市群在合理调整经济结构和生产力布局的基础上，统一规划和建设各城市用水工程，搞好水资源的优化配置。在规划的指导下，水资源在流域和区域进行宏观配置，在保证充分的生态用水和环境用水的情况下，协调好上下游、左右岸，行政区划之间的关系，协调好经济发达地区和相对落后地区、城市和农村、工业和农业之间的关系，调整经济结构和产业结构，优化水资源配置，提高水资源承载力。

形成合理的补偿机制。在合理分配初始水权的基础上，对占用其他行政区的分配水量和生态用水的行政区，征收水资源补偿费，对权益受到损害的地区或用水户给予补偿。

第二节 中原城市群土地资源支撑体系建设

中原城市群土地先天条件相对较好，土地利用率达到 85%，排在全国前列。但是由于人口众多，人口密度 663 人/平方公里，远大于全国135 人/平方公里的平均水平[①]，土地资源相对紧张。土地是短缺资源，也是重要的战略资源。最大限度地提高土地利用效率，对中原城市群至为关键。"十一五"及今后一个时期，该区域要全面落实最严格的耕地保护制度和土地用途管制制度，加强区域土地开发利用的调控和引导，促进土地集约合理利用和优化配置，提高土地对中原城市群经济社会发展的保障能力。

一、土地资源支撑能力分析

（一）土地资源开发利用特点

一是耕地资源少、利用率高。中原城市群 2003 年的耕地为 230.557万公顷，人均耕地 0.059 公顷（0.89 亩），仅比联合国粮农组织确定的人均耕地警戒线为 0.05 公顷高出 18%。

二是建设用地比重较大。达到 13.8%，远高于全国的 3.24%。

三是后备耕地资源不足。未利用土地大多为高山、丘陵，后备耕地资源不足。

---

① 中国科学院国情分析研究小组（1996 年）在国情研究第一号报告"生存与发展"中，按不同地区气候、土地资源量、生产力发展水平等条件的差异，将中国分成 9 个不同的类型区，根据其研究结果，中原城市群属南温带潜力区，其承载能力为 279 人/平方公里。

（二）2020 年中原城市群土地供求测算

2003 年，中原城市群土地总面积 5874.89 千公顷，其中农用地占 70.3%，建设用地占 13.8%，未利用地占 15.9%。根据规划的中原城市群经济增长和人口目标，预计 2020 年中原城市群建设用地需求量较 2003 年净增 231.09 千公顷，其中需占土地面积的比重由 13.8% 上升到 17.8%，占用耕地 166.04 千公顷，如表 11-2 所示。

表 11-2　　　　　　　　　中原城市群土地利用预测表

地　类		2003 年年末土地利用现状		2020 年规划		规划期间增加量（千公顷）
		面积（千公顷）	占土地总面积比重（%）	面积（千公顷）	占土地总面积比重（%）	
土地总面积		5874.89	100.00	5874.89	100.00	0.00
农用地	其中：耕地	2725.97	46.40	2617.21	44.55	-108.76
	合计	4130.59	70.31	4000.57	68.10	-130.02
建设用地	城镇用地	160.00	2.72	322.92	5.50	162.92
	农村居民点	447.92	7.62	439.59	7.48	-8.33
	工矿用地	101.69	1.73	135.69	2.31	34.00
	交通用地	48.96	0.83	72.96	1.24	24.00
	水利用地	53.23	0.91	68.23	1.16	15.00
	旅游用地	0.00	0.00	3.50	0.06	3.50
	合计	811.80	13.82	1042.89	17.75	231.09
未利用地		932.51	15.87	831.43	14.15	-101.08

资料来源：根据河南省国土资源局相关数据整理。

二、土地资源支撑建设的对策和措施

从上面的测算可以看到，中原城市群的土地资源面临严峻挑战，必须采取以下对策措施：

（一）提高土地利用效率

集约利用建设用地。合理确定城市发展规模，节约集约利用土地，科学制定和严格执行土地利用总体规划，严禁不切实际的宽马路、大广场等超标准超规模建设。在城市建设规划、土地供应、税收、信贷等方面，支持发展高层、多层住宅和公共建筑，限制建设低层住宅和别墅式建筑。鼓励利用好城市屋顶资源，优先发展城市地下交通、立体交通等等。按照布局集中、用地集约、产业集聚的原则，积极推动工业项目向四大产业带和开发区、园区集聚，严格限制建设圈地式的"花园厂房"，全面推广应用标准厂房和多层厂房，提高土地利用率和利用效益。改进土地利用方式和管理方式，进行合理的土地利用分区，合理确定项目用地规模，进一步完善土地用途管制制度，采取强制性措施控制向实心粘土砖生产企业供地，禁止和限制使用实心粘土砖，合理设计高速公路、封闭式公路的高度，减少取土对土地（耕地）的破坏，走土地节约化的城市发展道路。

加强河南省范围内的土地利用统一协调。在豫北、豫东南和豫西南传统农业区强化农业生产，打造粮食生产核心区，减轻中原城市群粮食生产的压力。支持中原城市群工业化、城市化的用地需求，在河南省耕地占补平衡的前提下，对中原城市群建设发展用地予以倾斜支持，重点保证基础设施与基础产业发展、城镇建设用地、工业用地和生态保护用地。

随着大规模城市化阶段的到来，农村人口将大量迁移城市，为避免农业用地撂荒和农村宅基地荒废，提高农业用地利用效率，应制定专门的城市化快速发展时期农村土地利用规划与农用地使用政策，确保农用地生产率达到其应有水平。

（二）合理开发利用土地后备资源

编制《中原城市群土地开发整理规划》，规范中原城市群土地开发整理活动。积极推进土地整理，挖掘已利用土地潜力，促进土地利用方式向集约型转变。近期重点做好村镇规划，加大"空心村"整治力度，增加有效耕地面积，缓解新增建设用地对耕地保护的压力。

合理开发利用土地后备资源，注重土地生态建设。进一步开发利用区域内 42.3 万公顷的宜农未利用地，缓解人地矛盾。由于现有未利用土地多集中在丘陵山区，必须做到在保护生态环境的前提下进行适度开发。

强化土地复垦制度建设，加大土地复垦力度。按照国家《土地复垦规定》，坚持"谁破坏、谁复垦"。制定优惠政策，鼓励矿产开采加工产业尽量利用工矿损毁地，减少新占土地。对工业化、城市化过程中，不按规划要求、乱占滥用土地的行为要给予严厉处罚。

（三）实施空间管治

发挥政府调控职能，统筹协调城市群经济社会发展、资源开发利用和生态环境保护，加强城市空间发展的规划和管理，明确禁止开发建设的范围，禁止在管治范围内进行有损环境和资源的各种活动，对在管治区域内的村落或工矿企业进行搬迁并做好生态修复工作，确保城市群健康有序发展。

中原城市群空间管治范围和内容主要是：各城镇总体规划控制区范围以外地域上的生态敏感区，城市水源涵养地，滞洪区，南水北调中线工程及沿线两岸绿化带，省级以上重点文物遗址，二级以上公路干道两侧用地，高压走廊，通讯光缆和各类长途运输管线埋藏区，地质灾害易发区，具有重要开采价值但尚未开发的矿产资源埋藏区等。

生态敏感区包括省级以上自然保护区、野生动物保护区、森林公园、湿地、建设的生态区（廊、道、带），主要有：嵩县、栾川、西峡、南召、鲁山一带的伏牛山国家级自然保护区，济源、沁阳、博爱、修武、辉县一带的太行山猕猴国家级自然保护区；济源、孟州、新安、孟津、吉利区、偃师一带的黄河湿地国家级自然保护区，卫辉、延津、封丘等地沿线的豫北黄河故道湿地鸟类国家级自然保护区；登封市嵩山国家森林公园，汝州市风穴寺国家森林公园，舞钢市区石漫滩国家森林公园，开封市国家森林公园，宜阳县花果山国家森林公园，修武县云台山国家森林公园，嵩县白云山国家森林公园，洛宁神灵寨国家森林公园、天池山国家森林公园，新安县郁山国家森林公园，辉县白云寺国家森林公园，洛阳国家牡丹园，鄢陵国家花木博览园和栾川龙峪湾国家森林公园等。

城市水源涵养地主要有：鲁山、汝州及宝丰西部的水源涵养地，熊耳山、伏牛山和外方山环抱区域，洛宁、嵩县、栾川一带的洛嵩栾水源涵养地等。

滞洪区主要有：封丘的黄河滞洪区，舞阳的沙河滞洪区等。

矿产资源埋藏区主要有：新郑、平顶山、焦作、禹州的煤炭，郑州、洛阳、平顶山、许昌、济源、焦作的铝土矿，栾川的钼矿，济源、舞钢、许昌县的铁矿等。具体管治区域如表 11 – 3 所示。

表 11－3　　　　　　　　　中原城市群空间管治区一览表

序号	名　称	地　点	面积（hm²）	级别
一	自然保护区			
1	伏牛山国家级自然保护区	嵩县、栾川、鲁山	56000	国家级
2	太行山猕猴国家级自然保护区	济源、沁阳、博爱、修武、辉县	56600	国家级
3	新安青要山省级自然保护区	新安县	4000	省级
二	森林公园			
1	嵩山国家森林公园	登封市区迎仙阁	11533	国家级
2	风穴寺国家森林公园	汝州市骑岭乡	767	国家级
3	石漫滩国家森林公园	舞钢市区	5333	国家级
4	开封市国家森林公园	开封市西郊	553	国家级
5	花果山国家森林公园	宜阳县	4200	国家级
6	云台山国家森林公园	修武县西村乡	359	国家级
7	白云山国家森林公园	嵩县车村乡	8133	国家级
8	龙峪湾国家森林公园	栾川县庙子乡	1833	国家级
9	神灵寨国家森林公园	三官庙林场（洛宁县西南）	5300	国家级
10	郁山国家森林公园	郁山林场（新安县西南）	2133	国家级
11	天池山国家森林公园	嵩县	1716	国家级
12	白云寺森林公园	辉县林场	2593	国家级
13	洛阳国家牡丹园	洛阳市	47	国家级
14	鄢陵国家花木博览园	鄢陵县	1233	国家级
15	中牟森林公园	中牟林场	5458	省级
16	黄河故道森林公园	延津林场	4198	省级
17	郑州市森林公园	郑州市林场	313	省级
18	焦作森林公园	焦作林场	937	省级
19	嵩北森林公园	巩义林场	493	省级
20	禹州森林植物园	禹州林场	67	省级
三	湿地			
1	豫北黄河故道湿地鸟类国家级自然保护区	卫辉、延津、封丘	24780	国家级
2	黄河湿地国家级自然保护区4	济源、孟州、湖滨区、新安、孟津、吉利区、偃师	67000	国家级
3	开封柳园口湿地省级自然保护区	开封市	16148	省级
4	郑州黄河湿地省级自然保护区	郑州市		

序号	名　　称	地　　点	面积（hm²）	级别
四	水源涵养地			
1	鲁山汝州水源涵养地	鲁山、汝州及宝丰西部	388000	
2	洛嵩栾水源涵养	熊耳山、伏牛山和外方山环抱区域，洛宁、嵩县、栾川	435000	
五	矿产资源埋藏区			
1	煤炭	新郑、平顶山、焦作、禹州		
2	铝土矿	郑州、洛阳、平顶山、许昌、济源、焦作		
3	钼矿	栾川		
4	铁矿	济源、舞钢、许昌县		
六	滞洪区			
1	黄河滞洪区	封丘		
2	沙河滞洪区	舞阳		

第三节　中原城市群能源支撑体系建设

一、能源保障分析

中原城市群能源资源主要是煤炭，煤炭资源主要分布在郑州、许昌、平顶山、焦作，其中平顶山、郑州是主要的煤炭生产基础，分别达到2676万吨和2581万吨，占中原城市群煤炭生产的78%。中原城市群整体上发电量能够满足本区域经济发展的需要，并且有节余。其中漯河、新乡、济源、郑州的电力供给不足，需从外市调入。

中原城市群人均能源消费很低，仅为199公斤标准煤/人，其中较高的平顶山、济源也仅为333公斤和319公斤，最低的开封，仅为41公斤/人，而我国1996年人均能源消费量已经达到1012公斤/人。[①]

按照中原城市群发展的主要目标，年均经济增长速度达到10%以上，

---

① 联合国：《能源统计年鉴》1996年。

假定中原城市群的电力弹性系数与河南省保持一致，按河南发改委的预测，"十一五"期间，中原城市群全社会用电量增长速度为7.5%，2010～2020年全社会用电量增长速度为6.5%。2020年中原城市人均电力消费可达到3748kw.h，但是这个水平比2002年上海、北京的人均电量高不了多少。中原城市群未来要保障能源供给，必须大力加强能源支撑建设。

二、能源保障对策和措施

（一）建设大型煤炭基地

高度重视煤炭资源在能源产业发展中的基础作用，加强煤炭资源勘查开发和大中型矿井建设，建设全国大型煤炭基地，搞好煤炭资源整合，大力推进综合加工利用，积极利用晋陕等煤炭资源，不断增强可持续发展能力。

1. 加快大中型矿井建设

优化区域煤炭开发结构，走大型化发展的路子，以大型煤炭企业集团为骨干，加快建设一批现代化大中型矿井，稳定区域煤炭生产能力，建设以平顶山、郑州为核心区的河南大型煤炭基地。"十一五"期间重点项目有：新建平煤集团首山一矿、首山二矿和十一矿改扩建；新建郑煤集团赵家寨矿、白坪矿和裴沟矿改扩建；新建焦煤集团赵固一矿、赵固二矿等大型矿井。新增煤炭生产能力2400万吨，2010年以后区域内煤炭产量占河南省的比重稳定在70%左右。

2. 推进煤炭资源整合和综合加工利用

以平煤、郑煤、焦煤集团三大骨干煤炭企业为主体，发挥市场机制的作用，以资源或资金为纽带，加快对中小煤矿进行资源整合与重组，实行集约化开发经营，提高资源利用效率。

重点培育和发展平煤集团。争取2010年使之成为具有煤炭生产、洗选加工、发电、煤化工等多种产业的大型企业集团，2020年成为在国内外具有较强竞争力的现代化企业集团。积极培育和发展郑煤集团、焦煤集团，鼓励大型煤炭企业进一步重组。支持骨干企业以煤为基础，通过联名重组和参股投资，重点向电力和煤化工等方向延长产业链条，提高产业效益和煤炭就地利用及转化水平，形成规模较大的综合能源基地，促进煤炭与相关产业及下游产业协调发展。积极推动煤层气的开发利用,抓好煤—制气—发电的工程试点,进一步探讨煤炭液化技术的经济实用性,适时进行产业化开发。

3. 加强煤炭资源的勘探和储备

加快煤炭资源勘查,增强煤炭产业可持续发展能力。积极拓宽融资渠道,建立有效机制,加大资金投入。积极争取中央资金投入煤炭资源勘探。提高省级"两权价款"投入煤炭资源勘探的比例。按照谁勘探、谁优先获得矿业权的原则,鼓励省内煤炭骨干企业与电力等相关企业联营,共同勘探煤炭资源。"十一五"期间,重点做好平顶山、汝州、禹州、登封、新密、荥阳、巩义、偃师、焦作、济源、开封、襄城等煤田勘探,勘探面积达3000平方公里以上,预测各种勘探级别储量达到200亿吨,其中精查储量71亿吨以上。

着眼于长远发展,进一步提高对周边地区煤炭资源的利用力度。加快公路、地方铁路、管道等跨区域输煤通道建设,做好"外煤豫用"规划,充分利用山西晋城、陕西、内蒙古等煤炭资源,加大煤炭资源输入量。

(二) 建设全国重要的火电基地

加快推进以沁北、姚孟和沿陇海线为重点的大型火电项目建设,把中原城市群建成全国重要的火电基地,配套建设,并不断完善输配电网络,提高电网安全稳定水平和调峰能力,扩大电力外送和就地转化能力,增强在华中电网中水火调剂、南北互济的作用和地位。

1. 加快电网建设

适应电力外送和区域内工业化、城市化的要求,加快电网建设,促进电网与电源同步、协调发展。"十一五"期间,重点建设以郑州为中心的500千伏环网工程,以洛阳为中心的豫西500千伏环网工程,以新乡为中心联结济源、焦作、开封等市的豫北500千伏环网工程,以许昌为中心的联结漯河、平顶山等市的500千伏环网工程。优化220千伏网络建设,完善110千伏及以下电网建设。规划建设1000千伏超高压输电示范工程,建成以四大500千伏环网为骨架,220千伏电网覆盖各县、吞吐自如、安全可靠、灵活高效的现代化输配电网络,提高电网安全稳定水平,如图11-1所示。

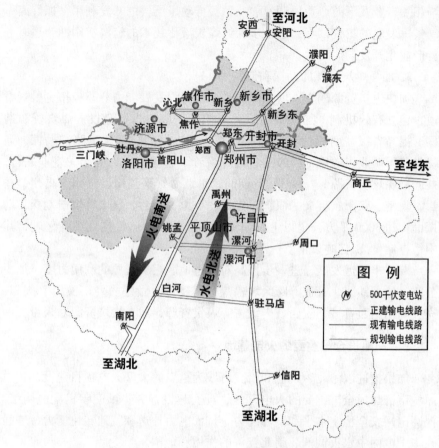

图 11 - 1 中原城市群 500 千瓦电网规划图

2. 加快电源项目建设

发挥资源和区位优势，建设高参数大容量的大型坑口、路口电站。重点发展单机 60 万千瓦及以上超临界和超超临界火电机组。"十一五"期间，重点建设沁北电厂二期 2×60 万千瓦、新乡宝山电厂 2×60 万千瓦、姚孟电厂四期 2×60 万千瓦等项目，规划建设台塑电厂 3×60 万千瓦、开封电厂 2×60 万千瓦、禹州电厂 2×60 万千瓦、姚孟电厂五期 2×60 万千瓦、沁北电厂三期 2×60 万千瓦、焦作九里山电厂 2×60 万千瓦、襄城电厂 2×60 万千瓦华润首阳山电厂 2×60 万千瓦、登封电厂二期 2×60 万千瓦、荥阳电厂 2×60 万千瓦等项目。2010 年，区域电力装机总容量占河南省的比重达到70％，2020年达到80％。加强电力外送能力建设，2010年，电力外送能力达到200万千瓦时，2020年力争实现区域电力外送400万千瓦以上。

图11－2　附：中原城市群电源建设规划图

加快城市热电联产项目建设。重点建设郑东新区热电厂一期2×20万千瓦、二期2×30万千瓦、新乡渠东热电厂230万千瓦、开封热电厂2×30万千瓦、漯河热电厂2×30万千瓦、洛阳热电厂2×30万千瓦、焦作热电厂2×20万千瓦、平顶山热电厂2×20万千瓦、许昌热电厂2×20万千瓦等项目。2010年实现中原城市群9市中心城区全面实现集中供热，部分县（市）城区基本实现集中供热。

3. 调整优化电力结构

加快抽水蓄能电站建设，提高电网安全稳定水平。重点抓好宝泉抽水蓄能电站建设，做好洛宁等抽水蓄能电站选址工作。

积极推进燃气电站建设，提高电网调峰能力。重点抓好郑州燃气电站建设。充分利用"西气东输"一二线和"川气入豫"天然气资源，规划建设新的燃气电站。

（三）优化能源结构

积极利用区外石油天然气资源，大力发展新能源和可再生能源，改善能源结构，增强区域优质能源供应能力。

1. 扩大石油天然气供应能力

充分发挥区位和市场优势，争取国家支持，加快输油管线和输配中心建设。"十一五"期间，重点建设北京方向至郑州至武汉，西安、洛阳方向至郑州至驻马店成品油管线。建设濮阳至洛阳原油管线扩建工程，争取建设新疆、西安方向至洛阳原油管线。扩大洛阳石化炼油保障能力，努力把郑州建成大型油品储备中心和输配枢纽。

建成"西气东输"支线工程，加快中心城市到县城和重点镇的输气管网建设。2010年区域内城市居民燃气普及率达到80%以上。近郊镇部分居民用上天然气。配合国家搞好新疆—西安—郑州—广州第二西气东输管线的前期工作，争取早日开工。积极推进"西气东输"重点用气项目建设，建成郑州燃气电站等。

加快实施"川气入豫"工程。建成四川普光至郑州至洛阳天然气管线工程。科学规划、合理布局沿线用气项目，规划建设1~2个新的燃气电站。

优化配置天然气资源。推进中原油田输气管网、"西气东输"管网、"川气入豫"管网以及义马煤气管网相互联接，形成完善的输气网络。优化燃气结构和配置调度，重点保证郑汴洛城市工业走廊燃气供应，支持利用义马煤气资源发展煤化工。

2. 大力开发新能源和可再生能源

按照可持续发展的要求，大力开发新能源和可再生能源，鼓励全社会节约能源，实现能源与环境协调发展。大力发展生物质能源，加快秸秆、垃圾发电等综合利用项目建设。充分利用太阳能资源，加快发展太阳能光伏电池和太阳能热水器。有效利用风能资源，在适宜地区规划建设风力发电场。

第四节　中原城市群生态环境支撑体系建设

中原城市群已经面临严峻的生态环境形势，而快速的经济发展所要求的工业化和城市化必然会对生态环境造成新的、更大的压力，如果生态建设和环境保护处理得不好，有可能影响中原城市群的可持续发展，最终影响中原城市群全面小康社会的实现，以及带动周边地区发展的目标。

一、生态环境支撑能力分析

生态建设和环境保护是公共产品，具有典型的外部性，中原城市群的一体化对进行生态建设和环境保护能起到良好效果：

第一，规模效应。如果中原城市群各个城市单独进行生态建设和环境保护，由于各自为政，不能统一规划、统一实施，无法实现集中连片进行生态建设和环境保护，不能发挥规模效应。

第二，重点效应。要充分发挥生态建设和环境保护的效应，当务之急是要首先解决对整个中原城市群内生态环境产生重要影响的问题。

第三，协调效应。生态建设和环境保护需要协调，尤其是河流污染的治理。

二、生态环境建设的对策和措施

提高生态环境承载能力，是中原城市群发展的前提和保障。"十一五"及今后一个时期，必须大力加强生态建设，有效治理环境污染，提升区域生态环境承载能力，改善人居环境，增强区域可持续发展能力。

（一）生态建设

坚持生态保育、生态恢复与生态建设并重的原则，建设山川秀美、空气清新、环境优美、生态良好、人与自然和谐、可持续发展的生态城市。加快城市防护林建设，在城区组团间规划建设生态隔离带。合理布局重大生态工程，发挥森林调节气候、减灾降尘、涵养水源、净化空气、降低噪音等功能，有效改善区域生态，创建良好人居环境。生态建设贯彻物种多样性原则，加强乡土物种的保护，大力发展混交林，提高生态建设的效能和效率。力争 2010 年区域林木覆盖率由现在的 20.47% 提高到 25%，郑州、开封、洛阳 3 市建成区绿化率达到 40% 以上，其他 6 城市达到 35% 以上。"十一五"及今后一个时期，全面推进六大重点生态工程建设（见图 11-3），努力构筑城镇和产业集聚区与生态涵养带相互交融的空间发展格局。

图 11-3　中原城市群生态建六大重点工程

1. 黄河生态建设工程

在黄河沿线郑州、开封、洛阳、新乡、焦作、济源 6 市的 17 个县（市、区），依托黄河标准化堤防，在黄河大堤两侧和黄河滩区，布局建设黄河生态工程。加快黄河标准化堤防建设。搞好邙山绿化工程、小浪底库区绿化工程建设，以黄河两岸大堤为中心，在堤面及护坡、堤内及堤外单向平均宽度超过 150 米范围内，建设多功能、多层次、综合性防护林带，实现大堤造林总面积 37 万公顷，发挥固沙、防风、绿化功能，形成宽阔壮观的森林景观。加强黄河滩区综合治理，继续实施堤防加固、河槽疏浚和控导、安全撤退道路、避水连台等黄河治理与安全建设工程。积极推进滩区退耕还草，发展滩区生态农业。保护性开发桃花峪、孤柏嘴、嘉应观、花园口、东坝头、黄河重要渡口、重要工程（含遗址）等沿黄自然、历史人文景观。保护和恢复黄河湿地，重点加强豫北黄河故道湿地鸟类国家级自然保护区、开封柳园口湿地省级自然保护区、郑州黄河湿地省级自然保护区的保护。在黄河流域平原地区和故道湿地，开展退耕还滩（泽）示范工程。上述规划工程力争"十一五"期间基本建成。通过系统生态工程的建设，解决黄河对中原城市群的生态危害和生态隔离问题，使黄河两岸成为横跨中原城市群东西的生态涵养带，成为郑州都市圈的"绿肺"。

2. 南水北调中线绿化工程

在南水北调中线工程沿线平顶山、许昌、郑州、焦作、新乡 5 市及 17 个县（市、区），布局建设沿线绿化工程，沿总干渠两侧营造各 50 米、长 442 公里的防护林带，造林面积 0.44 万公顷，在防护林外侧，每侧营造 2 公里高标准农田林网，造林 1.8 万公顷，保护沿线平原、半平原、山地、丘陵及其结合部的原生植被，防止水体二次污染。绿化工程与总干渠和支渠工程同步建成，努力使南水北调中线工程沿线成为纵贯中原城市群南北的生态走廊，成为集生态、观光为一体的绿色风景线。

3. 豫西山地生态建设工程

在中原城市群西南部洛宁、栾川、嵩县、宜阳、汝阳、伊川、登封、新密、汝州、鲁山、禹州等 11 个县（市）的山地丘陵地区，布局建设豫西山地生态建设工程，通过实施退耕还林工程、生态移民工程、天然林保护工程，规划营造和保护公益林总规模 74 万公顷，其中营造公益林 17 万公顷。争取到"十一五"末，使豫西南连绵起伏的山地丘陵地区成为中原城市群西南部的生态屏障和重要的水源涵养地。

4. 南太行绿化工程

在中原城市群西北部地区的辉县、卫辉、凤泉、修武、山阳、中站、马村、解放、沁阳、博爱等 10 个县（市、区），布局建设太行山绿化工程，通过人工造林、封山育林、飞播等方式，造林总规模 27 万公顷，其中营造公益林 13 万公顷。规划"十一五"期间建成，改善境内太行山及其南麓地区的植被和生态现状，努力使太行山区成为中原城市群西北部的生态屏障。

5. 沙化土地治理工程暨平原防护林工程

在中原城市群平原地区和新乡、郑州、开封、焦作、许昌 5 市的中牟、新郑、管城区、尉氏、通许、延津、开封县、兰考、杞县、尉氏、通许、鄢陵等县（市、区）沙化地区，实施平原和沙化土地治理工程，结合山、水、林、田、路综合治理，以路、河、渠、堤林带为基本框架，完善已建林网，增加乔灌草多层次、多树种模式配置，减少风沙危害，调节气候，涵养水土，造林总规模 28 万公顷。2020 年争取沙化土地得到根本治理，使其成为中原城市群东部的生态涵养区。

6. 环城防护林工程

在中原城市群各城市周边地区，布局建设环城防护林工程，并与城市快速环路、高速公路、国道等通道绿化工程相联结，构建城市外围地区森林生态带，调节城市生态环境。加强城市各城区或组团之间的生态隔离，防止城市无序蔓延，维护城市生态安全。"十一五"期间，在已建造的郑汴洛沿黄防护林的基础上，规划新造林总规模 15 万公顷，营造为环城防护林。其中郑州市包括环城防护林、尖岗水库水源涵养林、风沙源治理工程等，造林规模 6 万公顷；洛阳市包括周山绿化、龙门山森林公园等工程，造林规模 2 万公顷。在基础较好的焦作、济源、漯河、许昌等市努力形成城在林中、林在城中的绿色城市景观。

（二）加强环境治理和保护

表 11 - 4　　　　　　　　　　　规划环境治理和保护指标

指　标	2004 年	2005 年预计		2006～2010 年		2011～2020 年	
		2005 年	增长（%）	2010 年	递增	2020 年	递增
城市燃气率（%）	66	70	6.1	80	2.7	95	1.7
城市污水集中处理率（%）	43.6	50	14.7	80	9.9	97	1.9
城市垃圾无害化处理率（%）	8.4	38	352.4	60	9.6	98	5.0
城市人均绿地面积（平方米）	7.25	7.48	3.2	10	6.0	12	1.8
大气二级指数天数比例（天）	68.5	74.5	8.8	80	1.4	90	1.2
城市集中式饮用水源两类以上水质比例（%）	93.8	97.7	4.2	99	0.3	100	0.1

以治理城市污染为重点，继续加强工业点源污染治理，强力推行清洁生产，控制农村面源污染，促进区域环境质量的持续好转。2010年区域内1～3类水质河段占监控河段的70%以上，全面扭转水环境质量持续恶化的趋势；城市污水集中处理率达到80%以上；城市垃圾无害化处理率达到60%以上；城市空气质量好于二级以上天数占全年80%以上。

1. 加强城市污染治理

优先保护城市饮用水源水质。禁止一切对饮用水源地有影响的排污行为及旅游、畜禽水产养殖等活动。对已经受污染的城市供水水源，要加快治理步伐，尽快改善水质。完善流域治理机制，落实省辖淮河、海河、黄河重点流域水污染防治规划所确定的各项任务，抓好南水北调中线工程水源地丹江口水库的水质保护工作。

大力实施城市河道整治工程。重点治理流经城市的污染严重的河流，恢复水体功能，发挥景观效益。逐步改造沿河景观，成为城市重要的生态功能区和亮丽风景线。郑州市重点解决城市污水入河问题，恢复水体功能，发挥景观和生态效益。搞好贾鲁河道的疏浚和沿河绿化，发挥防洪和生态涵养效益。洛阳市重点加强洛河、瀍河、涧河的治理，形成城市景观和生态功能区。开封市重点加强汴河、惠济河的治理，沟通城市水系，进一步强化古城魅力。新乡市重点加强卫河、人民胜利渠的治理，积极实施"引石入卫"工程，改善卫河水体，促进城区卫河沿岸景观建设，恢复生态功能。焦作市和许昌市要分别加强对本市内沙河和清潩河的治理，尽快恢复水体功能，形成新的生态涵养区和城市景观区。平顶山、漯河市要加强对沙河、汝河、湛河、澧河的保护，努力提高水质标准，为下游地区提供优质的生活和生产用水。济源市重点加强北蟒河、南蟒河的治理，形成城区景观河道，改善城市环境。

综合治理城市大气污染。加大城区污染企业"关停并转迁"力度，严格控制新建电厂二氧化硫排放，新上电厂必须同步建设脱硫装置，现有燃用高硫煤的电厂"十一五"期间全部建成脱硫设施；大力推进使用天然气等清洁燃料，提高天然气使用率；全面推行城市集中供热，除特殊用途的锅炉外，"十一五"期间关闭所有小锅炉。积极推行城市公交、出租车使用燃气，尽快淘汰尾气排放不达标的机动车。

加快城市污水、垃圾处理厂建设，2007年县级以上城市和县城全部建成污水、垃圾处理厂，新建污水处理厂，要配套建设脱氮设施，已建成的污水处理厂要增加脱氮设施，湖泊水库周围的城市污水处理厂还要同步建设除磷设施。

2. 削减工业污染

严格执行产业政策，坚决淘汰落后的技术、工艺、设备和生产能力。"十一五"期间，依法关停区域内所有机立窑水泥生产线、3.4 万吨以下草浆造纸生产线和小炼焦、小冶炼、小电镀、小铁合金、土法石灰窑等"十五小"企业，对造纸、皮革、化工、食品等行业，强制推行达标排放。大力推行排污许可证制度，科学核定区域内各市的水、大气环境容量，实行严格的环境准入制度、环境影响评价制度和环保设施建设"三同时"制度，坚决控制新污染产生。鼓励市区工业企业向产业园区迁移，实现污染集中治理。

加大区域内小火电关停力度，严格控制二氧化硫排放总量，努力为大型发电机组和其他优势产业发展腾出环境空间。"十一五"末，区域现有 5 万千瓦以下纯凝汽燃煤火电机组、12.5 万千瓦以下超期服役机组全部关闭，12.5 万千瓦以上机组全部安装脱硫装置，关闭总规模达到 170 万千瓦。

3. 加强农业面源污染防治

大力发展生态农业，引导农民科学施用化肥、农药，减少对水体、土壤的污染。大力发展农村沼气等能源替代工程，防治农村、农业垃圾和生活污水的污染。积极推广规模化养殖，加强规模化畜禽养殖污染治理，开展畜禽渔养殖污染、面源污染的综合防治示范。走农业循环经济的道路，发展生态农业。加强小流域综合治理，防止水土流失，遏制农业面源污染。

4. 加强重点区域的污染整治

加大重污染区域环境综合整治力度。通过强行关闭或限期要求企业采用先进工艺达标排放等手段，重点整治禹州、新乡凤泉区、济源的小水泥，伊川金刚砂，新乡县、新密市的小造纸，登封、新密市的铁合金、小耐火材料，汝州市的小炼焦，焦作中站区的小冶炼等，"十一五"期间完成整治工作，促进区域大气环境和生态环境的恢复。

5. 加强环保监控体系建设

完善污水、垃圾处理费征收机制，推进城市污水、垃圾处理设施的企业化管理、市场化经营和产业化发展。"十一五"期间，区域内所有县级以上城市全面开征污水处理费和垃圾处理费。

健全环境质量监测网络，加快地表水和空气质量自动监测站建设，提高监测能力。对城市污水处理厂、垃圾处理厂和危险废物（医疗废物）处置场实行自动在线监测。

提高环保执法能力，建设应急监测制度。重视预防新的环境问题。

探索建立环境容量指标有偿转让制度，用市场化手段解决区域环境污染问题。

第五节 大力发展循环经济

按照减量化、再利用、资源化的原则，大力推进节能降耗，全面推行清洁生产，加强资源综合利用，积极发展环保产业，努力提高资源利用效率和循环利用水平。

一、推进资源节约工作

以大幅度提高能源利用效率为核心，以转变增长方式、调整经济结构、加快技术进步为根本，以法治为保障，以提高终端用能效率为重点，制定和实施节能标准和强化节能的激励政策。积极开发和推广资源节约、替代和循环利用技术，加快企业节能降耗的技术改造，对消耗高、污染重、技术落后的工艺和产品实施强制性淘汰，实行有利于资源节约的价格和财税政策。积极开发和推广资源节约、替代和循环利用技术，加快企业节能降耗的技术改造，对消耗高、污染重、技术落后的工艺和产品实施强制性淘汰，实行有利于资源节约的价格和财税政策。创新机制，加强管理，逐步改变生产方式和消费方式，加快建设资源节约型社会，促进经济社会的可持续发展。力争2010年区域万元生产总值能耗下降到1.35吨标准煤，比2005年下降20%以上。到2020年万元生产总值能耗下降到0.85吨标准煤。

二、提高资源回收和综合利用率

在矿产资源开发中贯彻循环经济理念，实行综合开发和保护性开采，做好资源开采过程中共生、伴生资源的综合利用。鼓励利用电厂煤灰、氧化铝厂赤泥等工业固体废弃物和尾矿、采矿废石生产新型建材产品。在中原城市群内强力推进墙体材料改革措施，推广应用高性能、低能耗、可再生循环利用的建筑材料及新型墙体材料，禁止和限制使用实心粘土砖。积极推进煤炭、铝土矿等重要矿产资源整合，加强煤炭、石灰石、铝土矿及其共伴生资源的综合开发，大力促进尾矿、煤矸石、煤泥、煤层气、矿井水等副产物综合利用的产业化发展，提高资源综合利用和环境保护水平。

"十一五"期间，区域内新建煤炭和铝矾土矿井，要考虑共伴生资源的开发利用，按照上下游一体化思路，发展循环经济，推动煤矸石等副产物的资源化、无害化利用；要考虑土地复垦、地质灾害防治问题，减少或避免对水资源、耕地和地表的影响。

积极推进垃圾资源化。加强城市垃圾的分类回收，制定相应的制度和奖惩措施引导居民自觉分类放置垃圾，"十一五"期间，9个省辖市实现垃圾的分类收集。学习借鉴国内外先进的垃圾资源化技术和经验，积极推动适合当地条件的堆肥法等各种技术，使垃圾变废为宝，提高垃圾利用率。继续加强垃圾中金属、塑料、玻璃、纸张等废旧物质的回收和综合利用。

三、全面推行清洁生产

推行清洁生产技术，改进生产工艺，提高资源加工效率，对重点行业和重污染行业强制实行清洁生产审核。"十一五"期间，积极推广煤炭气化和煤层气等资源加工转化和利用技术、节电技术、热电冷联供和热电煤气三联供技术、余热余压回收技术、分布式能源技术等节能技术，实现废物资源化、生产无害化。采用先进技术，优化产品设计和生产工艺，降低产品能耗、物耗和废物排放。铝冶炼全面推行160KA电解槽，区域内企业要以280KA以上为主，进一步降低电耗，2010年铝工业用电指标达到世界先进水平。煤炭生产企业要全面推行洗选煤、配煤、型煤等洁净煤技术。

四、积极开展循环经济试点

"十一五"期间，重点推动焦作、荥阳、登封等循环经济试点地区和平煤集团、新乡新亚、豫光金铅等一批循环经济试点企业建设，编制循环经济发展规划和实施方案，并按照方案组织实施，努力建成一批循环经济示范典型。在冶金、建材、化工、电力等重点行业以及部分产业园区，开展循环经济试点，探索发展循环经济的有效模式。新建和在建工业园区基本实现按循环经济模式布局，围绕主要产业和核心资源，合理延长产业链条，实现物质流、能量流、信息流及基础设施共享，达到资源利用率和整体效益最大化。积极推进平顶山、焦作、新密等资源型城市转型，加快矿区环境修复和污染治理，积极发展接续产业。

在黄河两岸、郑州、新乡、许昌、开封、漯河等市的平原地区扩大农村养殖小区建设，并在小区大力推行发展循环经济，加强农业废弃物资源化利用。积极发展以农村沼气为纽带的"种植—秸秆—发酵—养殖—粪便—沼气—沼渣、沼液—还田—种植"农业循环经济模式，把种植业、养殖业与沼气有机结合起来，加强沼液、沼渣的综合利用，减少化肥、农药使用量，降低生产成本，改善农产品的品质，提高农产品的市场竞争力。

第十二章 交通基础设施和信息化支撑体系建设

中原城市群的交通运输以公路运输和铁路运输为主。2003 年，公路客运量比例高达 92.63%，货运量比例也高达 77.25%，铁路客运量比例为 7.13%，货运量比例为 22.67%。

第一节 中原城市群综合交通运输现状

一、公路交通现状

中原城市群各城市之间公路基本实现了 3 小时之内通达，其中郑州到其他 8 个城市的时间最短为 42 分钟，最长为郑州到济源需 1 小时 40 分钟。

中原城市群的公路交通在全国范围内处于领先地位，2003 年，中原城市群公路面积密度为 50.63 公里/百平方公里，比 2003 年全国公路面积密度 18.4 公里/百平方公里高 1.75 倍，与长江三角洲 2001 年的 52.18 公里/百平方公里接近。[①] 中原城市群高速公路的面积密度为 1.06 公里/百平方公里，接近长江三角洲 2001 年的 1.08 公里/百平方公里，远高于全国的 0.02 公里/百平方公里水平。

二、铁路现状

中原城市群具有发达的铁路交通系统，铁路总里程达 2153 公里。

[①] 徐长乐著：《共饮一江水，长江三角洲区域经济发展研究》，上海人民出版社，2003 年 10 月第一版。

国家铁路有京广线、陇海线、焦柳线，地方铁路有平舞线、漯舞线、许禹线等。

铁路密度较高。中原城市群铁路密度达到 3.67 公里/百平方公里，远高于全国 0.68 公里/百平方公里的水平。其中洛阳、郑州甚至达到 6.24 公里/百平方公里和 5.05 公里/百平方公里。

三、航空运输交通现状

中原城市群现有机场 2 个，分别是郑州新郑机场和洛阳机场。

郑州新郑机场的技术等级为 4E 级。年设计旅客吞吐量 380 万人次，高峰小时 1900 人次，年设计货运能力 30400 吨。2003 年在全国 126 个通航机场中按旅客吞吐量排序第 25 位。目前郑州新郑机场通航城市 46 个，有 10 家航空公司开辟航线 43 条，每周航班 568 架次。

洛阳机场位于洛阳北郊邙山之巅，按一级标准设施、二级机场建设使用，是郑州、西安、武汉等地的备降机场。洛阳机场开航以来，年运输起降为 1540 架次，旅客年进出港 10 万人次，货邮 1405.4 吨。

第二节　中原城市群综合交通运输系统存在的问题

一、公路交通存在的问题

1. 公路总里程适应不了经济发展的需要

2002 年中原城市群的公路人口密度、经济密度分为为 7.63 公里/万人、8.94 公里/万人，与全国 17.04 公里/万人和 13.75 公里/万人相比，低出 44% 和 47%。运用国土系数法，对中原城市群公路网络合理建设规模作一简单计算，[①] 中原城市群的公路里程将在现有的基础上翻一番，才能适应未来发展的需要。

2. 中原城市群路网结构不合理

中原城市群高等级公路比重小，仅占 31%，尤其是高速公路更小，

---

① 参见王炜等著：《国家自然科学基金研究专著——公路网络规划建设与管理方法》，科学出版社 2001 年 11 月第一版。

仅占 2%，而 4 级公路则占了 47%，还有相当数量的等外路。

3. 主要干线公路通行能力不强

中原城市群主要干线公路混合交通严重，超负荷运行。

4. 中原城市群区位优势明显，但未能很好发挥作用

据 2002 年交通部高速公路交通量调查，行使河南境内高速公路上的外省车辆占其交通量总数的 51.4%，[①] 中原城市群必须解决好如何将区位优势转化为经济优势的问题。

二、中原城市群铁路系统存在的问题

中原城市群具有优越的交通区位优势，从铁路运输来看，郑州铁路局管内通过的客运量和客运量排在第 1 位，但是主要干线运输能力全面紧张；部分运输设备老化，客货运设备欠账较多；未能充分发挥铁路运输优势。其客运量、客运周转量排在全国第 5 位，这充分说明中原城市群没有充分发挥中原城市群的区位优势。

缺乏城市轨道交通。迄今为止，中原城市群尚没有一条城市轨道。轨道交通是改善城市环境、建立可持续发展交通的关键。大力发展城市轨道交通系统节约土地资源，节约大量能源，对环境影响小，运量大、准时的优点。在中原城市群未来的发展中，建设城市轨道交通系统具有极重要的意义。随着郑州、洛阳经济快速增长，城市化进程加快，两大城市都有实力进行轻轨建设。

三、中原城市群航空运输系统存在的问题

1. 郑州新郑机场属于中型机场

与广州白云机场相比，郑州新郑机场差距甚大。旅客吞吐量和货邮吞吐量仅为广州白云机场的 12% 和 5%。

2. 洛阳机场亏损

由于需求不足，[②] 洛阳机场每年有少至几百万，多则上千万元的亏损，甚至出现 1998 年冬季航班全部停航的情况。

---

① 河南高速公路有限责任公司内部资料。
② 根据民航的统计测算，中、小机场必须达到年旅客吞吐量 40 万人以上才能使收益达到持平。

第三节　中原城市群综合交通发展的对策和措施

　　立足于巩固和提升中原城市群交通枢纽地位，全面拓展对外通道，完善区内交通网络，合理布局各种运输场站，构建完备的城际和城区公共交通系统，形成对外联系通畅高效、区内联系快捷紧密、各种运输方式充分衔接的现代化综合交通运输体系，密切与国际及区外的经济联系，缩短区域城际间的时空距离，提高运输和物流配置效率，吸引各类生产要素向区域内集聚，增强对外辐射带动能力，为中原城市群加快一体化发展和对外开放提供有力支撑。中原城市群综合交通规划必须满足两个要求：一是满足中原城市群空间规划的要求；二是必须满足中原城市群带动河北南部、山西南部、山东西部及河南省对综合交通运输体系的新要求。

一、加快公路运输网络建设

　　加快高速公路建设，增强互通能力，进一步完善干线和农村公路，形成中原城市群快速便捷的公路运输网络体系和全国的公路运输网络枢纽。促进产业发展和城镇合理布局。"十一五"末，区域内公路网密度超过60公里/百平方公里，一、二级公路比重超过40%，干线公路基本达到二级及二级以上公路标准。

（一）加快建设"四纵四横五通道"的高速公路网络

　　开辟新的省际高速公路，打通中原城市群对外联系的主要通道。"十一五"期间，拓宽改造连霍高速郑州至洛阳段和京港澳高速安阳—新乡、郑州—漯河段，加快在建和规划的高速公路建设，建成新开辟的6条省际高速公路通道，建成国家规划的大庆—广州和二连浩特—广州高速公路，形成两条平行于京港澳高速公路、连南贯北的大通道，建成焦作—登封—汝州—平顶山—桐柏高速公路，形成通往中南地区的另一条快速通道；建成国家规划的南京—洛阳高速公路，形成通往长江三角洲及东南沿海的大通道；建成运城（省界）—济源—焦作—新乡—东明（省界）高速公路，形成豫北地区通往山西和山东沿海的出省通道；建成登封—禹州—许昌—

亳州（省界）高速公路，形成通往华东地区的快速通道。

加快区间通道建设，开辟 3 条新的高速公路区间通道，建成郑州—尉氏—民权、修武（云台山）—郑州（西南绕城）—禹州—鲁山（石人山）—栾川—西峡、郑州—登封—洛阳—洛宁—卢氏高速公路，形成互通互联的路网结构，实现区域内"四纵四横五通道"的高速公路网络，使郑州与区域内各中心城市 1 个半小时内可到达，各中心城市之间 2 个小时内可到达，县城和主要旅游区半小时内可上高速公路，高速公路成为中原城市群人流、物流的主要荷载通道。

（二）增强干线公路通行能力

发挥干线公路对促进产业和城镇集聚的独特作用，围绕产业带建设和城镇布局，加快区域内干线公路改造和建设，增强通行能力，促进产业和人口集聚。

加快支撑城市群主要产业带发展的干线公路建设。将 310 国道开封—洛阳段改造为一级公路，支撑郑汴洛城市工业走廊建设。结合南水北调中线工程建设，按一级公路标准规划建设辉县—禹州—舞钢干线公路。对区域内现有省道进行改造升级，支撑新郑漯、漯平洛、新焦济经济带快速发展。

加快重要旅游干线公路建设。将洛阳—栾川快速路改造为一级公路。新建太行南麓新乡辉县—焦作—济源和沿黄河北岸大堤孟州—封丘二级旅游公路，促进太行山及黄河沿线旅游资源开发和经济发展。

以一、二级公路为重点，规划建设中原城市群各中心城市环城快速通道，逐步完成穿城干线公路改线，改造提升各市中心城区出口通道，连接周边县（市）和重点城镇。加快区域内县城和产业集聚区与高速公路网的连接线建设，促进县域经济发展。

（三）提高农村公路通达能力

加快农村公路改造和"村村通"工程建设，彻底改善区内农民出行条件，为农村经济发展提供便利的交通基础设施条件。"十一五"末区域内县到乡、乡与乡之间的连接线达到三级及三级以上公路标准，重要县乡（镇）之间的连接线基本上达到二级公路标准，所有行政村和较大自然村通油路，显著改善农民出行和农产品流通条件。推进农村公路养护体制改革，逐步建立县、乡、村道分级养护体制，提高农村公路保障水平。

（四）加强运输场站建设

科学规划、合理布局运输场站，加快交通运输现代化、信息化建设，加强各种运输方式和环节的衔接。

合理布局客货运输场站，加快公路运输枢纽站和市县运输场站的提升改造。按照以人为本的理念，进一步完善客运场站功能。依托铁路、公路、民航交通运输，规划建设具有信息传递、停车暂存和货物调配等多种功能的大型货运中心。发展智能运输管理系统，合理组织货物集疏，通过货运信息整合和合理配载，降低货车返空率，提高运输率。加强交通运输业现代化、信息化建设。加快推广应用智能交通信息系统，逐步建立区域内高速公路、干线公路不停车电子收费信息系统和高速公路全程监测系统。

（五）加快郑州东区交通枢纽建设

在郑州东部地区，集中新建扩建铁路客运专线枢纽站、高速公路客运枢纽站、郑州国家干线公路物流港、郑州铁路集装箱货运中心、郑州铁路零担货运中心、城市和城际轻轨中心站、国际航空港和航空物流集散中心、中南邮政物流集散中心等工程，形成布局科学紧凑、设施先进集中、多种运输方式有效衔接、物流高效汇集配置、客流便捷集散的现代化立体交通新枢纽，进一步提升郑州的全国交通枢纽地位。

二、巩固提升郑州铁路枢纽地位

以铁路客运专线建设为契机，加快铁路运输通道和场站建设，大幅度提高铁路运输能力，巩固和提升中原城市群铁路枢纽地位，促进城市群人流和物流在更广阔的空间快速流动。

（一）进一步提升郑州铁路枢纽地位

加快铁路客运专线和场站建设。建设郑州铁路客运枢纽，"十一五"期间，配合国家建成郑州至西安、郑州至北京、郑州至武汉铁路客运专线，争取国家开工建设郑州至徐州铁路客运专线。建设郑州铁路客运专线枢纽站，形成与高速公路客运、城市公交、城市轻轨、出租车站场配置合理、相互衔接、换乘方便的现代化客运中转中心。搞好区域内其他城市铁路客运专线新客站建设，促进多种运输方式立体交汇和有机衔接，实现郑州与区内各中心城市 40 分钟内到达，形成"40 分钟"铁路通勤圈。布局建设郑州铁路集装箱中心站，完成郑州老火车站和零担货运站改造，打开郑州站西出口，在实现客货分线运输的基础上，争取开行郑州—洛阳、郑州—许昌—漯河等城际列车，努力扩大现有京广、陇海线的货物运输能力。

（二）加快铁路扩能改造和通道建设

加快国铁改造和地方铁路建设，加强地方铁路与国家铁路运输的衔接，实现统筹调度运输，缓解铁路运能紧张状况。"十一五"期间，完成焦柳、新密、新菏、孟宝电气化等国家铁路扩能改造工程，进一步完善郑州、洛阳铁路枢纽功能。加快禹州—许昌—亳州等地方窄轨铁路的准轨改造，实现与国铁的联网，提高运输能力。建成登封铁路二期及范庄至辛安地方铁路，打通从登封经平顶山、漯河到阜阳的通往华东地区的运煤通道，加快朝阳沟—商丘货运通道建设，完善地方铁路网络，提高对外通行能力。

（三）有序推进城市轨道交通建设

统筹规划，有序发展区域内的轨道交通，开辟区域内城际间快捷联系的新方式。争取开工建设郑州高新区—郑州中心城区—郑东新区城市地铁或轻轨，适时开展郑东新区—中牟—开封、郑东新区—郑州新郑国际机场轻轨项目的前期工作，力争尽早开工建设。启动洛阳城市轻轨和郑州至新乡城际轨道交通的前期工作。开展郑州至洛阳、至许昌城际间轨道交通的研究和初步规划。

三、加快发展航空运输业

加快机场升级改造，拓展新的航空运输通道，大力开辟国际、国内航线，增强对外开放能力，构建中原城市群航空运输优势。

（一）加快扩建郑州国际空港

按照国际航空港的标准，改造扩建郑州新郑国际机场，"十一五"期间，完成郑州新郑机场航站楼、停机坪改扩建工程；大力开辟国际、国内航线，拓展航空货运业务，将其发展成为国际、国内重要的货运中心、国内重要的区域性枢纽机场和客运中转枢纽。2010年郑州新郑国际机场实现与国内大部分省会城市和主要旅游城市通航，国内航线达到60条以上；努力开辟国际航线，提高运营效益。争取2010年民航旅客吞吐能力达到800万人次，旅客吞吐量突破600万人次，2020年突破1200万人次。

（二）加快干支线机场建设

加快洛阳机场扩建和军用机场改造，拓宽中原城市群对外联系的窗口。"十一五"期间，把洛阳机场建成国内干线机场，积极开辟国际航线。推动济源等军用机场改建为军民共用机场，使其发展成为省内重要的支线旅游机场。

四、加快交通一体化建设

（一）实现城市规划和交通规划的衔接

一是城市土地利用规划应力求交通量的最小化，保障城市土地利用的交通合理性。

二是交通规划应根据城市土地利用的要求，配置适合于土地利用规划的交通手段和设施。

三是建立区域性交通规划建设协调制度，通过合作、协商等方式，统筹安排城市内部交通和城际交通。

（二）建立一体化的区域公共交通综合体系

一是从中原城市群连绵发展的实际出发，以区域一体化、城镇间交通公交化为目标，建立位序结构明显的公路交通公交体系，配备速度不等的交通形式。

二是改善区域公交换乘体系。通过缩短不同类型、同类不同线路的停车站之间换乘距离，缩短换乘者的移动时间；通过换乘费用的合理化和统一的收费系统，增加换乘便利性；建立公共交通联系信息体系，为换乘者提供可资利用的交通手段的信息。

第四节 中原城市群信息化支撑体系建设

一、信息化保障分析

河南是我国的通信枢纽，全国"八纵八横"的光缆干线有"三纵三横"经过河南省，为中原城市群的信息基础设施建设创造了良好的条件。中原城市群信息化建设步伐加快，信息化建设的各个方面都取得了长足进步，表现在信息基础设施建设不断完善；信息产品制造业发展较快，软件业正在兴起，应用电子信息技术改造传统产业取得了一定成效；信息服务业发展迅速。中原城市群信息化水平低于全国水平，邮电业务总量、函件特快专递、移动电话用户、本地电话年末用户都低于全国水平。中原城市群的发展对信息化提出了更高的要求。目前中原城市群的信息化建设还存在如下问题：一是全社会信息化意识比较淡薄，对信息化的重要性认识不足；二是信息化工作机制尚不完善，政策支持力度不够，对信息化投入不足；三是缺乏统一规划，行业壁垒依然存在，重复建设严重，现有基础设施利用率较低，网络运营成本较高；四是信息化人才缺乏，信息技术应用和创新能力明显不足；五是信息资源的开发利用滞后于网络建设，信息内容总量不足，质量不高，结构不合理；六是网络安全性差等。

二、信息化建设的对策和措施

中原城市群信息一体化的工作重点应该放在以下几个方面：加强信息化的宣传工作，提高全社会对信息化的重要性认识水平，提高计算机和网络的普及应用程度。统筹规划和联合建设信息网络基础设施，防止重复建设。通过不断完善政策法规，加大信息资源开发的力度，促进资源共享。建立公共服务平台，对于大企业，应采取措施鼓励其与高校、科研单位结合自主搞好信息化；但针对大量中小型企事业单位，政府应建立公共服务平台来支持帮助。加大投入，对一些重要研究开发项目，要增加财政投入比重，对一些重大财政拨款建设项目，应有信息化专项资金；对一些重要信息化项目除直接拨款外，可采用财政贴息。全力推进中原城市群的信息一体化建设。

第十三章 科教文化支撑体系建设

突出科技、教育、文化在中原城市群发展中的先导和支撑作用，提高科技创新能力，加快推进教育现代化，大力弘扬中原文化，努力建设科教文化高地，为中原城市群的快速协调发展提供智力支撑。

第一节 提高科技创新能力

充分发挥科技创新的支撑和引领作用，强化企业技术创新的主体地位，加快社会科技资源的整合和区域科技基础平台建设，推动科技成果的转化、应用和共享，促进区域科技创新能力的提高，支撑区域经济结构调整升级和社会协调发展。

一、提高企业自主创新能力

（一）加强企业技术创新能力建设

围绕汽车和装备制造业、信息产品制造业、食品工业、铝工业、石化和煤化工等优势产业和主导产业链条的拓展和升级，以开发应用新技术、新产品、新工艺、新装备为方向，重点加强双汇、许继、宇通、洛拖等骨干企业技术中心创新能力的建设，增强企业自主研发能力，形成一批具有自主知识产权的核心技术。支持洛耐院、黎明化工院、省科学院、省农科院等国家、省科研机构和郑大、河大、河师大等高校，围绕城市群发展的主导产业，强化产业价值链关键环节，加强技术的开发、集成和转移，辐射带动相关企业，扩充产业链整体产能。在电子信息、生物医药、农产品深加工等领域，新建 5 个国家级和 150 个省级企业技术中心。到"十一五"末，区域内企业技术中心达到 300 个，其中国家级超过 20 个；工程（技术）研究中心和实验室 100 个，其中国家级达到 20 个；年销售收入50 亿元以上的制造业企业基本形成自己的核心技术。

（二）加强产学研联合，鼓励各类科技力量进入企业

以技术和资本为纽带，依托黄河旋风、天鹰集团、金龙集团、洛玻集团、洛铜集团等区域内重点企业与国内外知名高等院校、科研机构，建立一批紧密型的产学研共同体，将研发平台延伸到发达地区和国家，提高企业对科技资源的集聚能力。推动区域内骨干企业通过技术转让、委托开发、联合开发、共建研发机构等，开展多种形式的产学研联合。

（三）建设知识产权交易体系

加大对企业商标、著作权等知识产权保护，建设集知识产权孵化、转化、转让于一体的知识产权交易体系。以区域内骨干企业为重点，推进专利工程，2010 年区域内重点企业平均专利实施率达到 60% 以上。

二、整合科技资源

（一）加快科技体制改革

运用市场机制，优化整合中原城市群各产业的科技资源，建设区域内科技运行机制与经济运行机制紧密衔接的新型技术创新体系；健全以政府为引导，企业为主体，社会多元参与的科技融资体系。"十一五"末，区域内 R&D 经费占生产总值的比重从 2004 年的 0.45% 上升到 1.6% 左右，引导企业加大研发投入，使企业真正成为科技开发的主体，建有国家级和省级企业技术中心的企业研发投入占销售收入的比例分别达到 3% 和 2%以上。深化科研机构改革，"十一五"期间，区域内应用开发类科研机构全部实行企业化转制，完成产权制度改革，社会公益及农业类科研机构的分类改革进一步深入，科研机构创新发展的活力与动力进一步增强。

（二）健全区域技术创新体系

网络化连接以高等学校和科研机构为主的知识创新系统，以企业为主

体、产学研相结合的技术创新系统以及社会化服务支撑系统。加强资源共享平台建设。建设以区域内单台价值 10 万元以上的仪器设备为基础的大型科学仪器设备共享平台，以区域内国家级工程（技术）研究中心、企业技术中心和重点实验室为主要载体的研究实验基地共享平台，以农作物、林木、花卉、药用植物、畜禽、微生物等种质为基础的自然种质资源开放共享平台，以区域内科研单位、高等院校、公共图书馆和大型企业等单位科技文献为基础的科技文献资源开放共享服务平台，以区域内气象、测绘、水文水资源、农林、地质与矿产等领域数据为基础的开放式科学数据共享平台，为区域内各单位提供技术交易、信息交流、评估等服务的科技成果转化服务平台等六类科技资源共享平台，对区域内企业开放，尤其是对中小企业要采取更为优惠的价格，用经济手段促进科技资源的高效利用，推动中原城市群科技要素资源的联动与共享。

（三）建立开放的人才流动机制

充分发挥区域内国家级开发区、留学人员创业园、大学科技园等对高素质科技人才的凝聚力，广泛吸引国内外科技人员到区域内任职创业；率先在中原城市群对流动科技人才，实行人才居住证制度，在职称聘任、子女入学、家属就业、社会福利等方面给予优惠政策；依托区域内重大科技项目、科研基地、重点学科建设，着力培养一批优势领域的学科带头人，形成创新团队；打破所有制、地域、部门、身份等因素限制，鼓励区域内专业研究人员、高校教师和企业科技人员间的互聘互兼。

三、强化科技攻关

针对中原城市群优势产业链延伸及产业升级关键节点，组织实施若干重大攻关专项，依托骨干企业，通过产学研相结合，自主创新与引进消化吸收相结合，加快突破技术瓶颈。围绕汽车和装备制造业发展，重点攻关汽车震动与噪声控制技术、机械设备液压控制与传动技术、开放式数控技术；围绕铝工业基地建设，重点攻关 375KA 大型铝槽电解生产技术、新型铝合金及精密轧制技术；围绕食品工业基地建设，重点攻关食品分离提纯技术、常温保鲜技术、营养功能性调理食品加工技术；围绕煤化工产业链延伸，重点攻关以甲醇为原料高效制备二甲醚、烯烃产品产业化技术；

围绕信息产品制造业发展，重点攻关高纯半导体材料制备技术、新型显示器件用玻璃产业化技术、数字电视、网络视听技术；围绕新能源产业发展，重点攻关单套装置年产 2 万吨以上生物柴油生产技术、光伏太阳能电池、高能锂离子电池产业化技术；围绕生物产业发展，重点攻关农业优良品种繁育及规模化种植技术、制药微生物发酵技术；围绕社会公益性事业发展，重点攻关人类重大疾病防治药物生产技术、动植物重大疫情防治技术和污水、废气、固体废弃物处理及综合利用技术。

第二节　推进教育现代化

把优先发展高等教育和职业教育放在突出位置，调整优化教育发展布局，积极吸引高素质人才向区域内集聚，促进农村人口向城镇转移，为区域经济社会发展提供强有力的人才和人力资源支撑。

一、提升高等教育的规模和质量

（一）强力实施名校战略

突出抓好郑州大学和河南大学建设，扩大招生规模，优化学科结构，加快研究生院建设，努力培育形成一批在国内外具有较强影响力的强势学科，进一步提高知名度和认知度。使郑州大学、河南大学跻身全国一流大学之列，形成带动中原城市群高等教育发展的龙头。区域内本科院校达到30 所左右，在校生规模超过 100 万人，占河南省的比重超过 80%，建成10 个国家级重点学科和重点实验室。

（二）积极支持其他骨干高校建设

支持解放军信息工程大学、河南师范大学、河南科技大学、河南农业大学、河南理工大学等骨干高校发挥传统优势，发展特色学科，壮大发展规模，努力建设成为全国同类院校中专业特色突出、具有一定影响力的大学。

（三）推动高等教育资源共享

鼓励优势本科院校跨区域重组，鼓励不同城市的高校联合培养研究生、联合创办新兴交叉学科。在区域内推行高校教师跨校授课，学生跨校、跨专业学习，高校间学分互认。积极推进高校基础设施共享，鼓励实验室、图书馆、体育场等基础设施对区域内其他高校和社会全面开放。支持有条件的民办高校申办本科院校，支持普通高等本科院校利用社会资金举办二级学院。充分利用高等教育资源发展成人教育。

（四）积极引进区域外高等教育资源

鼓励区域内有条件的大学选派骨干教师赴国外大学研修交流，邀请国外著名学者、知名教授来校任教或合作研究，吸引海外留学人员到区域内高校建功立业，加强薄弱学科和新兴学科建设。采取优惠政策，引进国内外知名大学到区域内设立分校、二级学院、系科和专业，开展代培业务等，鼓励区域内高校与国内外大学联合办学。

二、大力发展现代职业教育

（一）加强职业教育基地建设

"十一五"期间，集中力量建设 8 所骨干高等职业技术学院、16 所中等职业示范学校、50 所国家级、90 所省级重点中等职业学校，建设 45 个高等职业教育、120 个中等职业教育示范专业点，建设 80 个规范化、高质量、具有示范作用的职业教育实训基地。

（二）有针对性地加强专业技能培训

围绕区域产业发展需求，重点抓好洛阳、新乡职业培训基地建设。充分发挥高等职业院校和高级技工学校、技师学院的作用，加强对产业工人和进城务工人员的职业技能培训。引导企业加强岗位技术培训，组织技术革新和攻关，搞好技能传授，进一步扩大实用技能型人才培养规模。

三、优化教育布局

加快郑州大学、河南大学、河南科技大学新校区等高校扩容工程建设，重点推进郑东新区龙子湖高校园区和其他高校区建设，积极推进洛阳、新乡、开封高校园区和其他高校新校区建设，在区域内培育形成一批高等教育集聚区，成为带动城市发展的智力创新源。

加大对中原城市群支点城市和重要节点城市优质高中建设的支持力度，以此带动区域高中阶段教育整体水平的提高。"十一五"期间，济源、焦作两市率先全面普及高中阶段教育。2010年区域内高中阶段毛入学率达到85%，其中9市市区和部分经济较发达的县（市）基本普及高中阶段教育。积极推进义务教育均衡发展，加强城镇薄弱学校建设，确保进城务工人员子女就学，区域内率先实现全免费9年义务教育。

第三节　推进文化建设

传承和弘扬中原传统优秀文化，努力形成鲜明的地域文化特色，大力发展文化产业和文化事业，变文化资源优势为文化产业优势，增强文化对经济社会发展的感召力、支撑力和推动力。

一、积极推进文化体制改革

改革文化管理体制，加快政府职能由办文化向管文化转变。深入开展郑州、洛阳、开封文化体制改革综合性试点。加快公益性文化事业单位改制步伐，大力培育符合现代企业制度的文化经营实体和市场主体。创新运行机制，增强文化单位发展的动力与活力。积极发展民营文化企业，扩大文化领域的对外开放，形成以国有文化企业为主导，多种所有制共同发展的文化产业格局。

二、整合文化资源

按照专业化、集约化发展的要求，打破地区、部门、行业和所有制限制，通过兼并、联合、重组等形式，促进区域文化资源向重点行业、优势企业、产业基地和特色园区聚集，发挥整合效应。在传媒、出版、影视、演艺和新兴文化产业领域，培育一批年经营总收入在20亿元以上的大型文化企业和企业集团，形成区域文化产业发展的龙头，带动文化产品研发、制作、生产、服务、销售系列化、一体化发展。

重点推动以河南报业集团为龙头的区域报业资源整合，支持其上市融资，做大做强；推进以河南出版集团为龙头的区域出版、印制、发行资源整合，大力发展连锁经营、信息化网络和物流配送体系；推进有线广播电视网络资源整合，大力发展数字广播电视和移动电视、IP电视等新媒体业务；推进重点艺术院团、剧场、演出公司、节目制作公司的资源整合，提高演出的知名度和市场占有率；推进优势文化旅游资源整合，强力打造沿黄精品旅游线和一批世界级文化旅游品牌；推进科研单位、大专院校和文化企业技术人才资源整合及网络资源整合，联合开发具有自主知识产权的文化创意、动漫游戏和网络服务产业。

发掘拓展传统文化。加强郑州、洛阳、开封等古都遗存、历史街区和传统文化的保护，争取少林武术、焦作太极拳进入世界非物质文化遗产保护名录。充分挖掘中原文化丰富资源，创新展示形式和方式，搞好文化展览和文物复仿制品生产，扩大中原历史文化的吸引力、感染力和国际影响力。

三、发展文化产业

优化区域文化产业布局，着力打造具有中原文化和黄河文化特色的沿黄文化长廊，努力把郑州建设成为河南省文化产业的中心和全国重要的文化产业基地，把洛阳、开封建设成为具有浓郁古都韵味的区域文化中心。

积极调整文化产业结构，大力发展以传媒、出版、文化旅游、文艺演出为代表的主导文化产业，以网络服务、广告会展、文化创意和动漫游戏等为代表的新兴文化产业，以文化娱乐、体育休闲、艺术培训等为代表的社会文化产业，努力形成主业突出、结构合理、特色鲜明的文化产业发展态势。

加快文化产业基地和园区建设，规划建设郑东新区出版园区、河南出版物流配送中心、郑州印制基地、郑州影视制作基地、郑州广告会展基地和新兴文化产业基地，大力发展开封汴绣、朱仙镇木版年画、平顶山汝瓷、许昌钧瓷等一批特色文化产品生产园区。

四、培育发展现代都市文化和大众文化

弘扬中原文化兼容并蓄的优秀传统，广泛汲取和融汇现代都市文明精髓，以标志性文化设施、特色文化街区、现代化建筑和精品文化工程为载体，鼓励发展健康向上的酒吧文化、歌厅文化、体育文化、旅游文化、网络文化等大众娱乐文化和时尚文化，促进高雅艺术文化与大众文化共生发展，丰富城市文化生活，提高城市文化品位，满足人民群众多层次多样化的文化需求。加强基层文化建设，大力发展广场文化、社区文化、企业文化、校园文化，为城市发展营造浓郁的文化氛围。

集中力量扶持建设一批综合性、多功能，具有时代特征的标志性文化设施，建立健全公共文化服务体系，完善各类群艺馆、文化馆、图书馆、博物馆的综合服务功能。推进和完善"民族民间文化保护工程"、"艺术精品工程"、"文化信息资源共享工程"、"出版信息资源共享工程"、数字图书馆、数字博物馆等工程建设，实现文化信息资源共享和传播网络化，用先进文化占领城乡文化阵地。

附录一：

《中原城市群总体发展规划纲要》

河南省发展和改革委员会

2006 年 1 月 25 日

《中原城市群总体发展规划纲要》
编 制 人 员

总负责人： 张大卫

负 责 人： 匡宝珠　　裴志扬　　张廷建

编制组组长： 裴志扬

编制人员： 段建新　　胡五岳　　刘文生　　赵书茂　　仲纪伦

王　旭　　付　磊　　蒿慧杰　　赵丽娟　　魏学彬

闻有虎　　夏志胜　　何天杰　　程　工　　乔长恩

郭延东　　刘　琦　　薛东峰　　赵中友　　孙晓蔚

王春阳　　臧义彬　　胡　军　　王胜伟　　陈新亮

王运祥　　采连革　　冯德显　　王建国　　夏保林

杨延哲　　杨迅周

目 录

前　言

　　城市是生产力发展和人类文明进步的产物。随着工业革命以来近现代工商业的兴起，城市在经济社会发展中的作用日益凸显，成为先进生产力发展、先进文化创造与传播的集中地和区域政治、经济、文化中心。进入20世纪以后，一些发达国家和地区，在经济文化发展、技术创新、制度变革、交通运输进步和人口迁移等多种因素综合作用下，出现了新的城市空间形态——城市群体（又称集合城市）。20世纪中期以来，由于交通运输和信息技术的迅猛发展，城市发展的步伐进一步加快，这些国家和地区城市内部、城市区域、城市之间的联系日益紧密，逐渐形成了大都市区、城市群以及城市连绵带。这种城市形态带动了经济区域化和全球化活动的加强，并逐步成为国际上城市化的主体形态和经济发展的主导力量。目前，国家之间、区域之间的竞争日益呈现出城市群体参与的趋势。通过加快城市群发展，带动本国或区域经济发展，提升经济竞争力，不仅是发达国家现代化进程中的一条重要经验，也日益成为一些发展中国家或地区实现经济跨越式发展的必然选择。

　　改革开放以来，随着东部沿海地区的率先开放和加快发展，我国逐步形成了以上海为中心的长江三角洲城市群，以广州、深圳为中心的珠江三角洲城市群，以北京、天津为中心的京津冀城市群。2004年，三大城市群生产总值占全国的比重已达到41.3%，其人均生产总值则分别达全国平均水平的3.3倍、4.9倍、1.9倍。这三大城市群已成为我国参与国际经济竞争的战略高地，有力地带动了全国的发展。近年来中西部地区的一些城市群，也在政府的强力推动和市场的双重作用下，不断加快发展，正在成为带动区域经济发展和参与竞争的重要力量。

　　为了融入经济全球化的大潮，积极应对日趋激烈的区域竞争，加快全省现代化进程、实现全面建设小康社会的战略目标，河南省委、省政府审时度势，于 2003 年出台了《关于加快城镇化进程的决定》，做出了实施中心城市带动战略的决策，并提出了《中原城市群发展战略构想》（以下简称《构想》）。在这一战略决策的指导下，全省城镇化步伐明显加快，中原城市群走上了快速、健康、协调发展的轨道。目前中原城市群良好的基础和发展态势得到了国家和省内外方方面面的认同与重视，已列为国家"十一五"期间重点开发的区域。从国内外城市群的发展历程和成功经验看，促进中原城市群加快发展，是符合河南现代化建设实际的现实选择，它对于构筑河南省乃至中部地区具有强劲集聚效应和辐射带动作用的核心增长极，带动中原崛起，促进中部崛起，进而支撑沿海城市群加快发展，具有十分重要的现实意义和深远的历史意义。

为落实科学发展观，加强对中原城市群发展的引导和培育，根据河南省委、省政府的战略部署，我们按照《构想》确定的基本思路与目标，认真借鉴国内外城市群发展的一般规律与实践经验，坚持以人为本，把整合要素资源、优化城市空间布局和产业布局、改善生态环境、完善城市功能、降低发展成本、提高整体竞争力、促进协调和可持续发展作为重点，在深入调查研究，广泛征求省内外专家、学者、各有关市和部门意见与建议的基础上，组织编制了《中原城市群总体发展规划纲要》。本规划力求既尊重市场规律和城市发展规律，又充分体现政府意图及公共利益。规划期为 2006~2020 年，其中近期发展目标以 2010 为主，远期展望到 2020 年。

第一章　中原城市群概述

第一节　发展现状与发展态势

本规划所指的中原城市群，是以河南省省会郑州为中心，含洛阳、开封、新乡、焦作、许昌、平顶山、漯河、济源共9市在内的城市密集区。

20世纪80年代中后期，国家在生产力布局规划中突出了产业带和区域性产业基地的作用。河南省结合城市和产业布局现状，在1990年研究制定"八五"计划时，即提出了构建以郑州为中心，包括洛阳、焦作、新乡、开封等市在内的核心经济区的初步设想，逐步形成了"中原城市群体"的概念，并进行了一些有益的探索。在编制"九五"计划时又进一步提出统一规划协调中原城市群重大基础设施、产业布局、城镇体系和生态环境建设，在全省经济振兴中发挥辐射带动作用，促进区域内城市和产业加快发展的意见。

"十五"计划将平顶山、许昌两市纳入中原城市群，并对各市的产业发展和城市功能进行了初步定位。"十五"期间，随着全省城镇化、工业化进程的逐步加快，各市的城区面积迅速扩大，城市人口急剧增加，特别是随着交通网络体系的建设和完善，原有七市之间以及七市与漯河、济源之间的经济联系日益紧密，城市布局和产业发展在空间上日趋紧凑，初步形成了以郑州为中心、1个半小时通达任一城市的快捷交通网络。因此，河南省委、省政府进一步明晰了中原城市群的发展思路，调整了中原城市群的范围，并按照边规划、边实施的原则推动各项工作的开展。目前加快发展中原城市群的基础已经具备，条件已经成熟，一个地处中原的城市和产业密集区初具规模。

中原城市群9市区划内现辖14个县级市、33个县、340个建制镇。

该区域位于北纬 33°08′～36°02′、东经 111°08′～115°15′之间，地跨黄河、淮河、海河、长江四大流域，占省内全流域的比重分别为 65.1%、32.1%、52.5% 和 2.5%。土地面积 5.87 万平方公里，占全省的 35.1%。城市群区域内地貌类型多样，是我国由西部高原和山地向平原过渡地区，北部为太行山，西部为伏牛山，东部为黄河冲积平原；其中山地面积占 41.6%，丘陵面积占 16.5%，平原面积占 41.9%。该城市群属暖温带气候，年均降雨量 700～900 毫米，年平均气温 13～15℃，年平均无霜期 183～236 天，气候适宜，四季分明，利于多种农作物生长。2004 年年底，区域总人口 3985 万人，占全省的 41%。

从全国城市体系的空间布局和区域经济发展的宏观角度看，在中西部地区，中原城市群是北京、武汉、济南、西安之间，半径 500 公里区域内城市群体规模最大、人口最密集、经济实力较强、交通区位优势突出的城市群。中原城市群与东部沿海地区长三角、珠三角、京津冀三大城市群及其他城市群发展相互呼应并起着重要的支持作用，是河南省乃至中部地区承接发达国家及我国东部地区产业转移、西部资源输出的枢纽和核心区域之一，并将成为参与国内外竞争、促进中部崛起、辐射带动中西部地区发展的重要增长极。

第二节　基本条件评价

经过改革开放二十多年的发展，中原城市群已成为河南省乃至相邻地区经济社会发展基础较好的区域之一。

经济实力较强。2004 年，该区域实现生产总值 4932 亿元，地方财政一般预算收入达到 275 亿元，占全省的比重分别为 56% 和 64.4%。全社会固定资产投资 1836 亿元，社会消费品零售总额 1609 亿元，外贸进出口总额 49.9 亿美元，占全省的比重分别为 59.2%、57.3% 和 75.5%。年末金融机构存款余额 5586 亿元，占全省的 65.1%。人均生产总值 12921 元，人均财政收入 690 元，分别比全省平均水平高 3451 元和 251 元。城镇居民人均可支配收入 8122 元，农民人均纯收入 2925 元，分别比全省平均水平高 417 元和 372 元。

工业化程度较高。该区域是我国中西部地区重要的能源、原材料和装备制造业基地。2004 年区域产业结构为 11.9：55.5：32.6，第二、第三产业比重高于全省平均水平 6.8 个百分点；其中工业增加值达到 2326 亿元，占全省的比重达到 60.2%。第二、第三产业从业人员占全部从业人员比重达到 46.4%，高于全省平均水平 4.5 个百分点。煤炭、电力、食品、冶金、建材、机械、轻纺等工业发展已具有一定规模，其中能源、食品、铝工业在全国具有明显的竞争优势。区域发电装机总容量达到 1669 万千瓦，煤炭产量达到 1.04 亿吨，电解铝产量达到 111 万吨，分别占全省的 69%、70.7% 和 68.5%。大型客车、输变电设备、矿山机械、化学纤维、超硬材料、有色金属材料、大型农用机械等产品在全国占有重要地位。

城镇化进程较快。该区域是我国中西部地区城镇空间分布和人口密度最大的地区，也是河南省城镇化进程最快的地区。区域内集聚了全省 60% 的城市，城市空间布局紧密，大中城市相互间距均在 70 公里以内，城镇分布密度为 7.2 个/千平方公里，人口密度为 678 人/平方公里，均为全省平均水平的 1.4 倍。2004 年城镇化率为 37.7%，高出全省平均水平 8.8 个百分点。区域内城市基础设施条件较好，供电、供暖、燃气设施、城市公交系统完备。集中供水普及率达到 95%，污水集中处理率达到 43.6%，均高于全省平均水平。郑东新区和洛阳新区建设已初具规模，一些城市通过老城改造和新区建设改变了面貌。

区位优势突出。该区域是全国重要的交通枢纽，同时也是东部地区产业转移和西部地区资源输出的战略通道。区域内高速公路通车里程达到 887 公里，多数城市已形成放射状高速公路网络；陇海、京广、焦柳等国铁干线，西气东输和正在建设的南水北调中线工程，均在此区域交汇；区域内拥有全国最大的铁路编组站和集装箱站，拥有河南公路港、郑州铁路东站、郑州航空港等 3 个一类口岸和 6 个二类口岸；拥有郑州、洛阳两个民用机场，其中郑州新郑机场已开通了国际民用航线和国际货运航班，正在实施的航站楼、候机楼改扩建完成后，年旅客吞吐能力将超过 800 万人次；郑州至西安、郑州至北京、郑州至武汉、郑州至徐州铁路客运专线，将全面开工建设；为构筑以铁路客运专线、高速公路、干线公路、民用航空为主体的综合交通区位新优势，我省规划的郑州黄河公路铁路两用桥、郑州铁路客运专线枢纽站、郑州铁路集装箱中心站、高速公路客运枢纽站和国家干线公路物流港、航空货运物流集散中心等工程正陆续进入实施阶段，这些项目建成后，将进一步彰显中原城市群承东启西、连南贯北的战略地位。

市场潜力巨大。该区域人口总量接近 4000 万，拥有广阔的市场空间和巨大的市场潜力。区域人均生产总值已超过 1500 美元，正处于消费结构加快升级的重要阶段。2004 年区域人均社会消费品零售总额 4308 元，高出全省平均水平 1148 元。依托优越的交通区位条件，区域内和区域间的商品流动逐步增强，该区域业已成为我国重要的商品集散地和贸易辐射中心。郑州商品交易所已经发展成为全国粮棉期货交易中心、信息中心和价格中心。郑州粮食批发市场、华中棉花交易市场和一批大型药材、服装、建材、花卉等商品批发交易市场在全国均有较大影响，基本形成了有形市场和无形市场、期货市场和现货市场、批发市场和零售市场相结合的多层次、多门类的商品市场体系。中原城市群辐射全省近亿人口，其有效辐射半径内还覆盖着晋东南、鲁西南、河北南部、安徽西北部等周边地区和部分西部省区。随着城乡居民收入的稳步提高、城镇化进程的加快以及现代物流设施的完善，巨大的潜在需求将逐步转化为现实购买力，有力地促进区域消费需求的快速增长，进而对经济发展产生有力和持久的拉动作用。

科技教育基础较好。该区域是河南省科技教育资源的集聚区。全省 2 个国家级工程研究中心、7 个国家级工程技术中心、3 个省部共建重点实验室都集中在本区域。拥有国家级企业技术中心 16 个、中央驻豫和省属科研院所 106 个，分别占全省的 89% 和 97%。从事科技活动的人员占全省的近 70%，每万人拥有从事科技活动的人数为全省平均水平的 1.7 倍。区内普通高等学校达到 62 所，占全省的 75.6%，郑州大学、河南大学、解放军信息工程大学等骨干高校均集中于此；普通高校在校生规模达到 57.2 万人，占全省的 81.4%；全省 424 个硕士学位授予点、35 个博士学位授予点和 3 个国家级重点学科，均分布在本区域。

矿产和农产品资源富集。该区域已发现矿产资源种类超过全省的 60%，其中钼矿、铝土矿、水泥灰岩、玻璃灰岩、煤炭、盐矿、耐火粘土等矿产资源储量，在全国占据明显优势，主要矿产资源埋藏集中、品位较高，具备大规模开发的价值。粮食、油料、棉花、畜产品、花木、烟叶、中药材等农产品资源，在全国占有重要地位。

历史文化底蕴深厚。该区域长期是中国古代政治、经济、文化中心，人民勤劳、聪慧，富有自强不息、开拓进取、刚柔相济和兼容并蓄的优良文化传统，是中华民族和中华文明的主要发祥地之一。郑州、洛阳、开封名列中国八大古都行列。区域自然风光秀美，人文景观丰富，以少林武术、太极拳、洛阳龙门石窟、开封宋都古城、河南博物院、郑汴洛沿黄"三点一线"、焦作云台山水等为代表的历史文化遗产和精品旅游景区，在国内外具有较高的知名度。

从中原城市群现状看，也存在着一些制约因素。主要是：

一是中心城市辐射带动能力不强。与其他城市群的核心城市相比，省会郑州市人口和经济规模偏小，要素集聚和辐射带动功能较弱，在城市群内的龙头地位不够突出。

二是产业竞争力不强。区域产业结构以资源加工型产业为主，工业水平和产业层次比较低，产品链条短，终端产品和高端产品比重小，企业自主创新能力不强，具有核心竞争力的大企业较少。各城市间功能定位不清晰，城市特色不鲜明，产业同构现象比较突出，城市之间尚未形成优势互补、协调发展的格局。

三是可持续发展压力较大。经济增长的方式还比较粗放，对能源、资源的消耗较多，水、土地、矿产等资源的利用效率不高，各类污染物排放量较大。随着工业化、城镇化进程的加快，水资源、建设用地供给、环境容量的压力进一步加大。

四是对外开放程度不高。区域外贸依存度仅为8.4%，远低于全国平均水平。外商投资企业数量少、层次低。整体开放度与其他城市群相比差距明显。国有经济比重大，体制和机制性矛盾比较突出。

第三节　发展环境分析

当前和今后一个时期，是我们必须紧紧抓住并且可以大有可为的战略机遇期，同时也是我们积极应对竞争、赶超发达地区的关键时期。

中原城市群发展具有很多有利条件：经济全球化进程的加快，东部产业加速向中西部转移，有利于中原城市群进一步扩大开放，发挥后发优势，实现经济跨越式发展；国家实施促进中部崛起的战略，将为中原城市群加快发展提供更多的政策支持;国家在编制"十一五"规划过程中充分考虑了发挥中西部地区城市群的作用,把其作为重点开发区域之一,将为中原城市群发展提供新的契机和空间;消费结构和产业结构升级步伐逐步加快,工业化进程明显提速,经济发展的内生机制逐步形成,将对中原城市群经济增长形成持续而强劲的拉动。

中原城市群的发展也面临着严峻挑战:随着全球经济的不断融合,地处内陆地区的中原城市群将直面国际市场的竞争,其竞争能力、应变能力面临全新考验;东部地区经济发展已进入良性循环,西部地区和东北地区发展正在全面提速,根据区域经济发展的一般规律,在资本、资源总量相对稳定的条件下,先发展地区的要素聚集优势往往会更加突出。目前周边省份纷纷提出了各自的城市发展战略,中原城市群应在区域经济竞相发展的格局中尽快异军突起,吸纳要素聚集,提高资源配置效率,统筹谋划,趋利避害,顺势而为,乘势而上,构筑承接国际和东部沿海产业转移、带动实现中原崛起进而促进中部崛起的增长极。

第二章 目标和任务

第一节 总体思路与发展目标

统筹考虑现实基础与发展要求，"十一五"及今后一个时期，中原城市群发展的总体思路是：坚持科学发展观，实施中心城市带动战略，创新发展机制，优化空间布局，提升城市功能，改善人居环境，加速人口和产业集聚，放大整体优势，增强竞争力、辐射力和发展活力，促进区域和城乡协调发展，将中原城市群建成全省对外开放、东引西进的主要平台，形成中西部地区经济发展的重要增长极，带动中原崛起，促进中部崛起。

按照统筹规划、分步实施的原则，"十一五"期间，中原城市群的发展目标是：郑州市的核心地位显著提升，九市功能和主导产业定位基本明晰，发展的整体合力明显增强；郑汴洛城市工业走廊等四大产业带初具雏形，培育形成一批优势企业；初步形成以郑州为中心，东连开封、西接洛阳、北通新乡、南达许昌的大"十"字型核心区，奠定区域经济协调发展的基础；区域综合交通运输体系基本完善，形成区域内任意两城市间两小时内通达的经济圈；城市功能显著增强，人居环境进一步改善，和谐城市建设迈出实质性步伐。"十一五"期间，区域生产总值预期年均增长 12%；按 2005 年价格计算，2010 年生产总值突破 10000 亿元，占全省的比重超过 60%；地方财政一般预算收入占全省的比重达到 70% 左右；人均生产总值超过 24000 元；产业结构调整为 7.5：55.5：37；城镇化率达到 50% 左右。

随着交通条件的改善、产业关联度的提高和城市空间的调整变化，目前中原城市群向北部的鹤壁、安阳和西部的三门峡拓展趋势日益明显，周边省份相邻城市亦表现出融入的意愿。对此，应按照经济规律和城市发展规律的要求，引导城市群逐步拓展发展空间，提高聚集辐射效应。

经过十几年的发展，中原城市群将努力形成布局优化、结构合理、与周边区域融合发展的开放型城市体系，建成一批特色鲜明、适宜居住的资源节约型和环境友好型城市，进一步凸显城市经济在区域经济中的主体作用；产业竞争力、科技创新能力和文化竞争力显著提高，建成全国重要的先进制造业基地、能源基地和区域性现代服务业中心、科技创新中心；人力资源得到有效开发利用，经济与人口、资源、环境相协调的发展格局基本形成；城乡居民生活更加富裕，普遍享受较高质量的教育、文化和卫生服务，社会更加和谐。2020年，预期区域生产总值占全省的比重超过70%，地方财政一般预算收入占全省的比重超过75%，人均生产总值超过5000美元；第二、第三产业比重超过95%，城镇化率达到65%左右，第二、第三产业从业人员比重达到70%，要素集聚和承载能力全面增强，确立在中西部乃至全国城市群中的重要地位，更加有效地带动全省并辐射周边地区发展。

第二节 战略任务和重点

根据总体思路与发展目标，加快中原城市群的发展，必须统筹规划，科学布局，实施好六大战略任务和五项重点工作。六大战略任务：一是做大做强做优郑州，强化郑州中心城市地位；二是发挥群体优势，努力形成区域内各城市协调发展的强大合力；三是优化空间布局，为区域内城市发展和产业成长奠定良好基础；四是培育和壮大特色优势产业，着力提升产业竞争力，促进经济结构转型升级；五是完善区域内城市功能，改善人居环境，吸引人口聚集，促进农村人口转移和城乡劳动力就业；六是加快建设和谐城市，努力扩大对外开放，优化发展环境，营造促进中原城市群协调发展的环境和氛围，提高区域软竞争力。

五项重点工作：一是加强政策引导，鼓励产业顺应规划和功能要求向相关城市、产业带、园区聚集，要素资源向优势产业、优势企业聚集；二是深化户籍、社会保障等相关制度改革，促进农村人口向城镇有序转移；三是构建交通区位新优势，加强能源、生态环境、城市基础设施和科教文化建设，增强发展的支撑能力；四是加强城市规划和管理，强化规划约束，提高城市管理水平；五是完善协调机制，加强组织指导，推动资源共享和区域协调发展。

附表2-1

中原城市群2006~2020年主要发展指标

指　标	2004年绝对值	2005年预计		2006~2010年		2011~2020年	
		2005年绝对值	增长(%)	2010年绝对值	年均增速	2020年绝对值	年均增速
生产总值（按2005年价）（亿元）	4932	5679	16	10360	12	25700	9.5
其中：第一产业增加值（亿元）	587	642	5	760	3.5	1100	3.5
第二产业增加值（亿元）	2736	3305	20	5850	12	12500	8.5
工业增加值（亿元）	2326	2794	20	5050	12.5	11500	9
第三产业增加值（亿元）	1609	1932	12	3750	14	12100	12.5
三次产业结构	11.9:55.5:32.6	11:55.9:33.1		7.5:55.5:37		4.5:48.5:47	
人均生产总值　按2005年价（元）	12921	14758		24260		53900	
人均生产总值　按2000年价（元）	11323	13035		20700(2500美元)		46000(5560美元)	
生产总值占全省比重（%）	56	57		62		71.5	
工业增加值占全省工业增加值比重（%）	60	60		64		70以上	
高技术产业增加值占全省高技术产业增加值比重（%）	44	46		55		70以上	
制造业增加值占全省制造业增加值比重（%）	65	66		70		75	
城镇化水平（%）	37.7	39.5	1.8	50左右		65左右	
二三产业从业人员比重（%）	46.4	48		56		70	
年末总人口（万人）	3985	4022	4.75‰	4300	6‰	4800	6‰
万元生产总值能耗（吨标准煤）	1.72	1.69		1.35		0.9	

注：人均GDP（按2000年价）折合美元数按照2000年人民币与美元的汇率1:8.27计算。

第三章　优化空间布局

"十一五"及今后一个时期，中原城市群空间发展的基本布局为：依托区域内主要交通通道，综合考虑城镇、人口和产业空间分布现状以及区域生产力布局的要求，着力构建以郑州为中心、洛阳为副中心，其他7个城市为支点，中小城市和小城镇为节点的多层次、网络状的城市体系；积极培育郑汴洛（陇海）城市工业走廊、新—郑—漯（京广）、新—焦—济（南太行）、洛—平—漯等四大产业发展带，努力形成城市与产业互为支撑、相互交融、协调有序的发展格局。其中，"十一五"时期，重点依托郑汴洛城市工业走廊和新—郑—漯（京广）产业发展带，率先推动郑汴、郑洛、郑新、郑许之间的空间发展和功能对接，同时，加强巩义、偃师、新郑、长葛等重要支点城市建设，努力形成以郑州为中心、产业集聚、城镇密集的大"十"字型基本构架，确立中原城市群核心区经济一体化发展的空间轮廓。

第一节　构筑协调发展的城市体系

大力实施中心城市带动战略，强化郑州市的中心地位，提升洛阳市的副中心地位，发展壮大其他支点城市，积极发展中小城市和中心城镇，形成功能明晰、组合有序的城市发展体系。

2010年，预期区域内郑州、洛阳两市中心城区人口规模分别达到400万人以上和260万人；开封、新乡、焦作、平顶山4市人口规模超过100万人，进入特大城市行列；许昌市人口规模超过80万人、漯河市人口规模超过60万人，进入大城市行列；人口规模超过20万人的中等城市达到11个，人口规模20万人以下的小城市31个。

2020年，预期郑州市中心城区人口规模突破500万人，成为全国区域性中心城市，洛阳市中心城区人口规模达到 350 万～400 万人；开封、新乡、焦作、平顶山、许昌、漯河 6 个城市全部进入特大城市行列；济源、巩义、偃师 3 市进入大城市行列；中等城市达到 17 个，小城市 22 个。城市群体规模进一步发展壮大，与周边城市实现融合发展。

一、做大做强中心城市郑州

郑州市是中原城市群的中心城市。城市发展基本定位为：河南省省会，中国历史文化名城，国际文化旅游城市，全国区域性中心城市，全国重要的现代物流中心，区域性金融中心，先进制造业基地和科技创新基地。

郑州市空间发展按"中心城区（郑州市 8 区）组团＋荥阳—上街组团＋中牟组团＋航空港组团＋卫星城（巩义、登封、新郑、新密四市）"进行布局。由于在地形上呈现出"南沟北河"的基本特征，向东与开封空间距离较近，且为广阔的原黄泛区，土地沙化，发展成本较低；向西通过高新技术开发区、上街区、连绵的中小城市和小城镇与洛阳相联接，城镇和产业密集度较高。因此，"十一五"时期，郑州市中心城区主要向东扩展，同时通过城区的部分产业转移拓展西部。在区划上适时将中牟、荥阳撤县建区，以进一步拉大城市框架。其中，近期建设的重点是郑东新区。

2010 年郑州市中心城区建成区面积超过 300 平方公里，人口超过 400 万人。2020 年中心城区建成区面积超过 400 平方公里，人口超过 500 万人。

二、提升副中心城市洛阳

综合考虑洛阳市的产业基础、科研实力、历史文化、交通区位等比较优势以及在郑州、西安两大区域性中心城市之间的战略支点地位，将洛阳市作为中原城市群的副中心城市。城市发展基本定位为：中国历史文化名城，国际文化旅游城市，中原城市群副中心，全国重要的新型工业城市，先进制造业基地，科研开发中心，职业培训基地，中西部区域物流枢纽，并承担着辐射带动豫西地区等重要功能。

洛阳市空间发展按"中心城区组团＋卫星城（偃师、孟津、新安、伊川四县市）"进行布局。受地形地貌、文物遗址等因素影响，"十一五"

时期，中心城区主要向东南方向发展，近期重点在洛河南岸、伊洛河之间建设洛阳新区，并向偃师顾县镇、诸葛镇拓展。

2010 年洛阳市中心城区建成区面积超过 260 平方公里，人口达到 260 万人。2020 年中心城区建成区面积达到 350 平方公里，人口达到 350 万～400 万人。

三、发展壮大地区性中心城市

开封是中原城市群东部重要的支点城市，城市发展基本定位为：中国历史文化名城，国际文化旅游城市，中原城市群纺织、食品、化工和医药基地，郑州都市圈重要功能区。开封向西与郑州空间距离较短，且在城市功能上互补性较强，具有率先推进一体化发展的良好基础。"十一五"时期，开封市区主要向西发展，重点建设开封西区杏花营组团，加快与郑州的空间对接。2010 年中心城区建成区面积超过 110 平方公里，人口超过 110 万人，成为特大型城市；2020 年中心城区建成区面积超过 160 平方公里，人口超过 180 万人。

新乡是中原城市群北部重要的支点城市，城市发展基本定位为：中原城市群高新技术产业、汽车零部件、轻纺和医药工业基地，职业培训基地，现代农业示范基地，北部区域物流中心。并承担着襟带豫北等重要功能。新乡与郑州之间空间距离较短，通过交通体系的联接，易于形成与郑州的呼应发展之势。因市区东部多为黄河故道，土地成本相对较低，因此，"十一五"时期，新乡市区重点向南、向东发展，并适时将新乡县撤县建区。未来形成"一城四区"，即"中心主城区＋北站区组团＋小店组团＋小冀组团＋桥北（原阳）组团"的发展格局。2010 年中心城区建成区面积超过 100 平方公里，人口超过 100 万人，成为特大型城市；2020 年中心城区建成区面积达到 160 平方公里，人口超过 180 万人。

许昌是中原城市群南部重要的支点城市，城市发展基本定位为：中原城市群高新技术产业、轻纺、食品、电力装备制造业基地，农业科技示范基地和生态观光区。许昌与郑州之间交通便利、空间距离较短，随着郑州航空港组团向南延伸和新郑卫星城建设，易于与长葛等城市形成空间对接。因此，"十一五"时期，许昌中心城区主要向北、向东延伸发展，并适时将许昌县撤县建区。远期形成以中心城区为核心、组团式的空间发展结构。2010年中心城区建成区面积超过80平方公里，人口超过80万人，成为大型城市；2020年中心城区建成区面积超过150平方公里，人口超过150万人，成为特大型城市。

焦作是中原城市群西北部重要的支点城市，城市发展基本定位为：国际山水旅游城市，中原城市群能源、重化工、汽车零部件制造基地。并承担着辐射晋东南地区的重要功能。考虑到城市地下煤炭埋藏区分布，"十一五"时期，焦作市中心城区主要向南、向东方向发展，并适时将修武、博爱撤县建区。远期以中心城区为核心、组团式发展。2010年中心城区建成区面积超过100平方公里，人口超过100万人，成为特大型城市；2020年中心城区建成区面积达到150平方公里，人口超过160万人。

平顶山是中原城市群西南部重要的支点城市，城市发展基本定位为：中国中部化工城，中原城市群化工、能源、原材料、电力装备制造业基地。并承担着辐射豫西南等重要功能。考虑到城市地下煤炭埋藏区分布及沉陷状况，"十一五"期间，中心城区主要向西发展，适度向南扩展，形成两大片区、四大组团的"带状组团"式空间发展格局。2010年中心城区建成区面积达到100平方公里，人口超过100万人，成为特大型城市；2020年中心城区建成区面积达到170平方公里，人口超过160万人。

漯河是中原城市群南部重要的支点城市，城市发展基本定位为：中国食品城，中原城市群轻工业基地、生态农业示范基地和南部区域物流中心。考虑到沙河滞洪区的影响，"十一五"时期，漯河市中心城区主要向东、向西发展。2010年中心城区建成区面积超过60平方公里，人口超过60万人，成为大型城市；2020年中心城区建成区面积超过100平方公里，人口超过100万人，成为特大型城市。

济源是中原城市群西北部重要的支点城市，城市发展基本定位为：中国北方生态旅游城市，中原城市群能源基地和原材料基地。受地形地貌因素影响，"十一五"时期，济源市中心城区以向东发展为主，向南适当发展。考虑到济源市人口规模相对较小，城镇化水平较高，具有率先推进城乡一体化的良好基础，规划适时将轵城、克井两镇撤销并入城区，将五龙口、梨林两镇撤销，以五龙口为中心建区，以进一步拉大城市框架。2010年中心城区建成区面积超过40平方公里，人口超过35万人；2020年中心城区建成区面积达到50平方公里，人口超过50万人，成为大型城市。

四、加快中小城市发展

中小城市在中原城市群空间发展布局中承担着拱卫中心城市、承接产业转移、带动农村发展、吸引人口集聚、支撑城市网络体系的重要功能。"十一五"时期，在发展壮大特大城市和大城市的同时，要进一步加快中小城市和有产业支撑的小城镇发展步伐，努力形成有特色的产业集群、旅游景区和面向农村、服务功能比较完善的人口密集区。

加快培育一批中等城市。"十一五"期间，在加快巩义、偃师两市发展的同时，考虑现有人口规模和产业发展基础，重点培育郑州、洛阳的卫星城市，以及郑州和洛阳、郑州和许昌之间的节点城市，力争新郑、新密、新安、伊川、辉县、长葛、禹州、舞钢8市（县）市区人口超过20万人，进入中等城市行列。2020年，力争登封、卫辉、汝州、长垣、孟津、沁阳、尉氏、孟州、宝丰等9个市（县）成为中等城市。

鼓励其他小城市加快发展。2020年区域内城区人口20万人以下的城市共22个，包括宜阳、洛宁、栾川、嵩县、汝阳、开封、兰考、杞县、通许、叶县、郏县、鲁山、温县、武陟、获嘉、原阳、封丘、延津、鄢陵、襄城、临颍、舞阳等市（县）。

规划适时撤县（市）建区的县（市）8个，包括中牟县、荥阳市、修武县、博爱县、许昌县、新乡县、叶县、宝丰县。

积极引导小城镇发展。结合城市空间发展布局，合理规划中心镇的功能定位，适时推动符合条件的乡镇撤镇建区和撤乡并镇。经济发展条件好的地区，根据产业、交通和城镇发展的实际，适当调整城镇布局，形成合理的城镇网络。以主要交通通道为依托，积极支持巩义回郭镇、偃师岳滩镇、首阳山镇等一批产业基础扎实、人口集聚度高的重点镇发展，努力培育产业集群，丰富城市体系。

五、发展壮大重要的节点城市

在郑州与洛阳、郑州与许昌之间县级城市中，选择人口规模较大、综合经济实力较强、具有良好发展潜力的巩义、偃师、新郑、长葛等市（县）作为重要的节点城市加快发展。

巩义是郑州和洛阳两市之间重要的节点城市之一，在产业发展上要注重调整升级，加快产业集聚，以产业的发展带动城市发展，扩大人口规模。根据巩义在郑洛之间城镇和产业发展中的战略支撑地位以及与两市之间的空间距离，中心城区近期向东呼应郑州发展，远期向西呼应洛阳发展。2010 年中心城区建成区面积达到 30 平方公里，人口达到 35 万人；2020 年中心城区建成区面积达到 50 平方公里，人口超过 50 万人，成为大型城市。

偃师是郑州和洛阳两市之间重要的节点城市之一，根据偃师在郑洛之间的战略支撑地位以及空间距离，中心城区近期主要向西、向南呼应洛阳发展，远期向东呼应巩义发展。2010 年中心城区建成区面积达到 35 平方公里，人口超过 30 万人；2020 年中心城区建成区面积超过 50 平方公里，人口超过 50 万人，成为大型城市。

新郑、长葛是郑州和许昌两市之间的两个重要节点城市，根据其在郑许之间空间布局和产业发展中的战略支撑地位，新郑中心城区近期主要向北呼应郑州发展，远期向南呼应长葛发展。2010 年中心城区建成区面积达到 25 平方公里以上，人口达到 25 万人；2020 年中心城区建成区面积超过 35 平方公里，人口达到 35 万人。长葛中心城区近期主要向南呼应许昌发展，远期向北呼应新郑发展。2010 年中心城区建成区面积达到 25 平方公里以上，人口超过 25 万人；2020 年中心城区建成区面积超过 35 平方公里，人口超过 35 万人。

附表 3-1 　　　　　　　中原城市群城市发展规模一览表

规模	2010 年		2020 年	
	数量	城市	数量	城市
500 万人以上			1	郑州
200 万人以上	2	郑州、洛阳	1	洛阳
100 万人以上	4	开封、新乡、焦作、平顶山	6	开封、新乡、焦作、平顶山、许昌、漯河
50 万~100 万人	2	许昌、漯河	3	济源、巩义、偃师
20 万~50 万人	11	济源、巩义、偃师、新郑、新密、新安、伊川、辉县、长葛、禹州、舞钢	17	新郑、新密、辉县、长葛、禹州、舞钢、登封、卫辉、新安、汝州、长垣、孟津、沁阳、尉氏、孟州、宝丰、伊川

续表

规模	2010 年		2020 年	
	数量	城市	数量	城市
20 万以下	31	登封、卫辉、汝州、长垣、孟津、沁阳、尉氏、孟州、宝丰、宜阳、洛宁、栾川、嵩县、汝阳、开封、兰考、杞县、通许、叶县、郏县、鲁山、温县、武陟、获嘉、原阳、封丘、延津、鄢陵、襄城、临颍、舞阳	22	宜阳、洛宁、栾川、嵩县、汝阳、开封、兰考、杞县、通许、叶县、郏县、鲁山、温县、武陟、获嘉、原阳、封丘、延津、鄢陵、襄城、临颍、舞阳
规划撤县（市）建区的城市	8	中牟县、荥阳市、修武县、博爱县、许昌县、新乡县、叶县、宝丰县		

附表 3 – 2　　　　　中原城市群九市功能定位一览表

城市	功能定位
郑州	河南省省会，中国历史文化名城，国际文化旅游城市，全国区域性中心城市，全国重要的现代物流中心，区域性金融中心，先进制造业基地和科技创新基地
洛阳	中国历史文化名城，国际文化旅游城市，中原城市群副中心，全国重要的新型工业城市、先进制造业基地，科研开发中心和职业培训基地，中西部区域物流枢纽
开封	中国历史文化名城，国际文化旅游城市，中原城市群纺织、食品、化工和医药工业基地，郑州都市圈重要功能区
新乡	中原城市群高新技术产业、汽车零部件、轻纺和医药工业基地，职业培训基地，现代农业示范基地，北部区域物流中心
许昌	中原城市群高新技术产业、轻纺、食品、电力装备制造业基地，农业科技示范基地和生态观光区
焦作	国际山水旅游城市，中原城市群能源、重化工、汽车零部件制造基地
平顶山	中国中部化工城，中原城市群化工、能源、原材料、电力装备制造业基地
漯河	中国食品城，中原城市群轻工业基地，生态农业示范基地，南部区域物流中心
济源	中国北方生态旅游城市，中原城市群能源基地和原材料基地

附录一：《中原城市群总体发展规划纲要》

附表 3 – 3 中原城市群规划建设大城市一览表

城市	2010 年		2020 年		城市发展方向
	建成区面积（平方公里）	人口规模（万人）	建成区面积（平方公里）	人口规模（万人）	
郑州	300	400	400	500	中心城市向东、西方向发展；远期以中心城为核心、多组团式发展
洛阳	260	260	350	350～400	中心城区主要向东和向东南发展，形成南北两个带状城区为核心＋外围多组团包围的格局
开封	110	110	160	180	市区向西组团式发展，重点建设开封西区，与郑州市空间对接
新乡	100	100	160	180	市区在 2005～2015 年将继续向东、向南发展，加快与郑州市对接。未来形成"一城四区"，即中心主城区＋北站区组团＋小店组团＋小冀组团＋桥北（原阳）组团的发展格局
许昌	60	80	150	150	中心城区主要向北、向东延伸发展，远期形成以中心城区为核心、多组团式的空间发展结构
焦作	100	100	150	160	中心城区近期向南、向东方向发展，远期以中心城为核心、多组团式发展
平顶山	100	100	170	160	中心城区主要向西发展，适度向南扩展，形成两大片区、四大组团的"带状组团"式的空间发展格局
漯河	60	60	100	100	中心城区主要向东向西发展
济源	40	35	50	50	中心城区主要向东为主，向南适当发展
巩义	30	35	50	50	中心城区近期主要向东发展，远期向西发展
偃师	35	30	50	50	中心城区近期主要向西、向南发展，远期向东发展

第二节　培育四大产业发展带

以重要的交通干线为纽带，支点城市为载体，中小城市为支撑，整合区域资源，加强分工和协作，促进产业集聚，加快产业融合。推动优势产业向基地化方向发展，布局上重点向城市工业规划区集聚；传统产业和劳动密集型产业向集群化方向发展，布局上重点由中心城区向城市近郊、卫星城和县区工业区集聚；高新技术产业向园区化方向发展，布局上重点向现有开发区集聚。通过产业基地化、集群化和园区化发展，带动城市空间布局和城市外围空间形态的变化，努力培育形成四大产业发展带。

一、重点建设郑汴洛城市工业走廊

郑汴洛城市工业走廊地处新欧亚大陆桥，是我国陇海产业带上城镇和产业密集度最高的区段之一，也是东部地区产业转移和西部地区资源输出的战略通道。西段多属浅山丘陵区，东段大多为黄泛区和土地沙化地区，基本农田比重小，宜于集中连片发展工业。区域内城镇分布密集，工业发展基础较好，交通便利，在基础设施、服务业发展、信息化和对外开放等方面均处于全省领先地位，具有率先推动产业集聚和资源整合的良好条件。建设郑汴洛城市工业走廊，不仅有利于提高土地利用效率和单位面积投资效益，实现资源配置的集约化和高效化，而且对于优化中原城市群空间发展布局，形成区域经济发展的核心增长极，促进区域综合经济实力、整体竞争力和辐射带动力的提高，具有十分重要的意义。

统筹考虑现有资源赋存、城镇分布、产业发展、基础设施、生态环境等因素，依托陇海铁路、连霍高速、310国道、郑西铁路客运专线（在建）等密集的陆路通道，按照"整体规划、点轴结合、分层推进"的思路，以郑州、洛阳两个城市作为产业、技术、资金、人才等要素高势能的辐射源，以开封、中牟、新密、荥阳、上街、巩义、偃师、吉利、孟津、新安、义马、渑池等12个沿线城市（区）为节点，在开封至渑池之间长约300公里、310国道两侧宽约30公里范围内的支点、节点城市和交通通道两侧展开布局。布局的重点：一是充分发挥郑州高新技术产业开发区、郑州经济技术开发区、郑州出口加工区、郑州惠济经济开发区、洛阳高新技术产业开发区、洛阳经济技术开发区、洛阳经济技术开发区红山园区、开封经济技术开发区等 8 个现有的国家级和省级开发区在招商引资、产业集聚、促进经济结构优化升级中的主导作用。二是依托重点企业和重大项目，规划建设高新技术、装备制造业、汽车、电力、铝工业、煤化工、石油化工等 7 大产业基地。三是规划建设和积极培育 18 个工业园区及特色产业集群。同时，积极推动工业走廊向三门峡、商丘方向辐射，适时将工业走廊向西拓展到三门峡，形成横贯中原城市群东西，呼应长三角，辐射西北地区，发挥承东启西作用的城市连绵带与产业密集区。

郑汴洛城市工业走廊规划建设布局按三级层面展开：一级层面为郑州、洛阳、开封市区；二级层面为巩义、偃师两个重要的节点城市；三级层面为义马、新安等其他 9 个节点县（市、区）。

强化郑州、洛阳市区在产业发展中的龙头带动作用。两市市区重点发展高新技术产业和先进制造业，对环境影响较大的一般工业企业项目，如郑州和洛阳的纺织、酿造、玻璃等企业，要逐步向城市外围转移。郑州市区重点布局电子信息、软件开发、新材料、生物医药等高新技术产业，引导高新技术企业向郑州高新技术产业开发区和郑州经济技术开发区集聚，其中软件开发类企业重点向郑州中部软件园集聚，电子信息类企业重点向郑州信息安全产品研发生产基地集聚，建设高新技术产业基地。同时，积极引导食品企业向郑州惠济经济开发区集聚，加快发展汽车工业和以纺织机械、煤炭机械、工程机械为主的装备工业，建设先进制造业基地。洛阳市区重点布局装备工业、新型电子材料和高档建筑材料、有色金属深加工等先进制造业，积极推动装备制造企业向红山园区和洛龙工业区集聚，引导高新技术企业向洛阳高新技术产业开发区和洛阳经济技术开发区集聚，建设先进制造业和高新技术产业基地。

增强开封市区的产业支撑能力。开封市区重点布局食品、医药、精细化工、专用设备制造业和现代物流业，加快开封经济技术开发区建设发展，新上项目重点向市区西部杏花营组团集中布局，规划建设杏花营工业园区。加强旅游综合服务中心建设，大力发展文化、旅游文化产品和休闲娱乐产业。

加强巩义、偃师两市的战略支撑地位。巩义市重点布局铝加工、机械、建材和化学工业，规划建设巩义铝加工园区，积极培育回郭镇电线电缆、芝田净水剂、北山口中高档耐火材料、米河建材等 4 个特色产业集群。偃师市重点布局电力、建材、机械制造、轻纺工业，积极培育岳滩摩托车及配件、庞村钢木机具、翟村针织、首阳山制鞋等 4 个特色产业集群。

优化中牟、新安等其他 9 个节点城市的产业布局。中牟重点布局汽车工业，规划建设汽车零部件工业园区，努力建设整车和专用车生产基地。新密重点布局能源、高档耐材、新型建材、服装工业，适度发展产出效益好的高载能工业，积极培育曲梁服装产业集群。荥阳重点布局铝精深加工、纺织、服装、汽车及零部件、建筑机械工业，规划建设铝型材工业园区和纺织服装工业园区。上街重点布局铝工业，努力建设铝工业基地。新安重点布局煤—电—铝—铝深加工工业。吉利重点布局石化工业，努力建设石化工业基地和化纤纺织工业园区。孟津重点布局电力、机械制造等工业。义马重点布局能源和煤化工，努力建设煤化工基地。渑池重点布局铝工业、能源、建材和食品工业。

通过建设产业基地、发展工业园区和特色产业集群，积极推动工业走廊内生产要素的集聚和整合，力争 2010 年区域工业增加值占中原城市群工业增加值的比重达到 45%，其中制造业占区域工业增加值的比重达到40%，优势产业利润率高于全国同行业平均水平；2020 年工业增加值占区域生产总值的比重超过 50%，工业经济增长的质量和效益高于全国平均水平，在全省率先实现工业化。

二、加快发展新一郑一漯（京广）产业发展带

新—郑—漯（京广）产业发展带是我国京广产业带的重要区段，以京广铁路、京港澳高速、107 国道和即将开工建设的北京至广州铁路客运专线为依托，自北向南依次分布着新乡、郑州、许昌、漯河 4 市和所属的卫辉、原阳、新郑、长葛、尉氏、临颖等 6 个县（市），承担着辐射鹤壁、安阳、濮阳等豫北地区和驻马店、信阳等豫南地区的功能。

结合区域产业发展基础和资源条件，该产业发展带规划以轻纺、高新技术、食品产业为主，在新乡至漯河南北长约 250 公里，107 国道两侧宽约 30 公里范围内的城镇和交通通道两侧展开布局。重点布局电子电器、生物医药、新材料、化纤纺织、电力装备、超硬材料、食品、造纸、汽车

零部件等产业。规划建设高新技术、食品、造纸、化纤纺织4大产业基地和15个工业园区及特色产业集群。辐射鹤壁、安阳、濮阳等豫北地区和驻马店、信阳等豫南地区，努力形成纵贯中原城市群南北、呼应京津冀和珠三角城市群及武汉都市圈、发挥联南贯北作用的产业密集区。

具体布局为：新乡市区重点布局建设化纤、造纸工业基地和以电子电器、生物医药、新材料为主的高新技术产业基地，规划建设新乡绿色电池产业园，积极培育电子电池产业集群、小冀和七里营医药化工产业集群、卫辉后河粮油加工产业集群和原阳汽车零部件产业集群。新郑重点培育医药工业集群、辛村和薛店食品工业集群。长葛市重点培育再生金属加工、超硬材料产业集群、食品加工产业集群。尉氏县重点布局建设纺织工业基地。许昌市重点布局建设以电子信息、电力装备制造为主的高新技术产业基地，积极培育档发、制鞋、汽车零部件产业集群。临颖县重点培育南街村食品工业集群。漯河市重点布局建设食品工业基地和造纸工业基地。

三、发展壮大新—焦—济（南太行）产业发展带

新—焦—济南太行产业发展带，是我省豫西北地区重化工业密集区，产业基础比较好，背靠山西能源基地，紧揽晋煤外运通道，水资源和煤炭等重要矿产资源丰富，具有集中连片发展能源、原材料工业和重化工业得天独厚的优势条件。

该产业发展带以新乡—焦作—济源高速公路、省道309、新月铁路、北焦枝铁路为依托，沿太行山南麓自东向西依次穿越新乡、焦作、济源三市和所辖的辉县、获嘉、修武、博爱、沁阳、孟州等6个县（市），联接辐射晋城等晋东南地区。

结合区域资源禀赋条件和产业特征，该产业发展带规划以能源、原材料工业和重化工业为主，在新乡至济源东西长约120公里，省道309线和南太行旅游公路之间展开布局。重点规划建设煤炭、电力、铝工业、化工、汽车零部件、铅锌加工等6大产业基地和9个工业园区及特色产业集群。联接辐射晋城等晋东南地区，努力形成横亘中原城市群北部区域，呼应京津冀和山东半岛城市群，辐射西部地区的产业密集区。

具体布局为：辉县重点布局煤炭、电力、化工、建材、纺织工业，积极培育孟庄建材和吴村纺织产业集群。获嘉重点布局煤化工、农机制造、

农副产品加工业。修武重点布局煤炭、食品、轻型机械制造工业，规划建设郇封食品、周庄轻型机械制造和方庄有色工业园区。焦作市重点布局建设煤炭、化工、铝电和汽车零部件基地，加快建设奶业生产园区，积极培育中高档耐火材料、机械制造产业集群。博爱重点布局汽车零部件、建材、食品、纺织工业。沁阳重点布局机械制造、铝电、制革、材料工业，积极培育制革、玻璃纤维制品产业集群。孟州重点布局汽车零部件、化工、制革工业，积极培育汽车零部件、桑坡制革产业集群。济源重点布局电力、煤化工、钢铁、有色金属、建材工业，加快建设电力基地、煤化工基地、铅锌加工基地。

四、积极培育洛—平—漯产业发展带

洛—平—漯产业发展带，以洛阳—南京高速公路、省道、焦枝线中段、孟宝铁路为依托，依次穿越洛阳、平顶山、漯河三个市区和所辖的汝州、宝丰、叶县、舞钢等县（市），向西南联接辐射南阳等豫西南地区，向东联接辐射周口等豫东地区。

结合区域产业基础和资源条件，该产业发展带规划以能源工业和重化工业为主。以豫港龙泉、姚孟、平煤、舞钢、神马、平盐、天瑞、平高等骨干企业为基础，重点布局能源、煤化工、钢铁、盐化工、建材等产业。目前洛—平—漯产业发展带还比较薄弱，但该区资源丰富，优势产业突出，城市工业和县域经济的基础较好。加之区域多属浅山丘陵区，基本农田比重小，宜于集中连片发展工业，从长远来看，随着交通体系的完善和能源重化工基地及农副产品加工聚集区建设步伐的加快，有望成为中原城市群又一产业密集区。

第三节　率先建设形成核心区

优化中原城市群空间布局，必须立足于城市体系和产业布局现有基础，以郑州为中心向四周辐射，有重点突破，一步步拓展。"十一五"期间，重点依托郑汴洛城市工业走廊和新—郑—漯（京广）产业发展带，率先推动郑汴、郑洛、郑新、郑许之间的空间发展和功能对接，加强巩义、偃师、新郑、长葛等重要节点城市建设，努力形成以郑州为中心、产

业集聚、城镇密集的大"十"字型基本构架，确立中原城市群核心区经济一体化发展的空间轮廓。

一、优先推动郑汴一体化

开封紧临郑州，两市之间交通运输便捷，在规划上相向发展，随着郑东新区和开封杏花营组团建设步伐的加快，目前两市建成区之间的直线距离仅 30 公里左右，加之两市在城市定位上存在明显的互补性，具有率先推进一体化发展的良好基础。"十一五"时期，要统筹推进郑汴两市在城市功能布局、基础设施建设、产业发展等 6 个方面的相互衔接，形成基础设施共建、产业互补、资源共享、功能协调的一体化发展新格局。

突出城市特色，推进功能对接。充分发挥开封国家历史文化名城的优势，突出文化、教育、旅游、休闲、娱乐功能，通过老城改造和新城建设恢复古城风格，尽可能恢复原有水系，焕发古城活力。加快郑州市的休闲、娱乐等服务功能与开封衔接，使开封成为再现宋都繁华风貌的东方不夜城和郑州都市圈中具有浓郁文化特色的休闲娱乐功能区，实现与郑州市的功能互补。

加快郑汴快速通道建设，推进城区对接。建设开封南绕城高速，与郑州西南绕城高速连接，形成开封至郑州新郑国际机场的快速通道，使新郑机场成为开封、郑州共用的城市机场，并与连霍高速形成环型高速大通道。改造 310 国道郑州至开封段，尽快建成一级公路，提高通行能力。按城市道路标准在 2006 年建成郑州金水东路至开封大梁路的连接线，同步建设供排水、电、气、暖、通信等地下管网，在沿线展开加工业、现代物流业、商住、文化和生态建设布局。加快推进郑州至徐州铁路客运专线建设，适时规划建设郑东新区—中牟—开封城市轻轨。力争在"十一五"末，在郑州与开封之间形成以两条高速公路、一条一级快速公路、一条城市道路以及陇海铁路为基本骨架的便利快捷的交通通道。同时，郑州铁路客运专线枢纽站、郑州铁路集装箱货运中心、郑州铁路零担货运中心、郑州高速公路客运枢纽站、郑州国家干线公路物流港、郑州航空货运物流集散中心等交通设施建设也要充分考虑与开封衔接。

促进郑州、开封相向发展，推进空间对接。搞好杏花营组团规划，加快杏花营组团发展。加快郑东新区建设，适时向东拓展。支持中牟撤县设区，建设中牟组团，增强对郑汴两市的支撑和连接作用。尽快编制并实施郑州至开封的区域控制性规划，合理布局城市居民居住区、产业集聚区和生态功能区。

统筹产业布局，推进产业对接。突破中牟规划限制，引导郑州的制造业、物流业等产业向东布局，支持开封新上工业、物流业、高新技术产业等项目向西集中。加快中牟汽车零部件工业园区建设，吸引零部件以及相关产业进入园区，形成贴近整车生产的区域性产业集群。规划建设与开封杏花营工业园区相邻的中牟东工业园区。逐步形成郑汴紧密相连的产业带，为一体化发展奠定良好的产业基础。

加快建立服务业共享机制，推进服务对接。统筹教育、科技、文化、旅游等发展，促进资源共享；推进两市金融票据异地清算为同城清算，实现金融同城化；合并两市电话区号，推进电信同城化。

加强两市间生态共建，推进生态对接。在两市之间主要干道两侧建设绿色走廊。在郑东新区与中牟之间、中牟与开封之间，建设森林、绿地生态调节区，发展都市型农业和观光农业，实现绿化和观光的充分结合。

二、加快郑洛互动发展

建成郑州至西安铁路客运专线，全面完成连霍高速郑州至洛阳段拓宽改造和310国道郑州至洛阳段一级公路改造升级任务，连同郑少和少洛高速公路及既有陇海铁路，在郑洛之间形成五条快速通道。依据郑汴洛城市工业走廊产业布局构架，促进荥阳、上街、巩义、偃师等重要节点城市（区）发育，全面推进郑洛之间的产业布局。重点加强郑洛两市在信息产品制造业、新材料、汽车工业、装备制造业、铝加工业等领域的分工协作，整合科技、教育资源，实现优势互补、共同发展。力争"十一五"末，基本建成上街—巩义—新安铝工业基地、洛阳先进制造业基地、吉利石化工业基地、巩义铝加工园区、偃师轻纺产业密集区、荥阳铝型材工业园区，培育形成一批具有明显特色的产业集群。

三、促进郑新呼应发展

建成郑州至北京铁路客运专线，全面完成京港澳高速郑州至新乡段拓宽改造和107国道郑州至新乡段移线改建任务。加快原阳桥北新区建设，加快郑州花园口黄河生态旅游区、新乡桥北—韩董庄区域开发，通过现有郑州黄河公路大桥和新建郑州黄河公路铁路两用桥（预留轻轨线路），促进两岸呼应发展，进一步拓展郑州向北发展的空间。逐步展开郑州和新乡之间的产业布局，建成新乡化纤工业基地和造纸工业基地，培育形成新乡电子电池、原阳汽车零部件等一批规模优势明显、特色鲜明的产业集群。

四、密切郑许经济联系

建成郑州至武汉铁路客运专线，全面完成京港澳高速郑州至许昌段拓宽和107国道郑州至许昌段改扩建任务，形成郑州和许昌之间的快速通道。积极推动郑州航空港组团发展，促进新郑、长葛等重要节点城市发育。加快实施郑许之间的产业布局规划，重点加强两市在高新技术产业、轻工、食品、烟草等领域以及人才、信息等方面的合作，促进两市协调发展。力争"十一五"末，基本建成以电子信息、电力装备制造为主的高新技术产业基地，培育形成长葛铝型材加工、超硬材料等一批特色产业集群。

第四节　推动黄河两岸呼应发展

"十一五"期间，随着郑汴洛城市工业走廊、新—郑—漯京广产业发展带和新—焦—济南太行产业发展带建设全面展开，黄河两岸城市间产业联系进一步密切，生产要素的跨区域流动进一步加快，特别是随着跨黄河的高速公路和铁路客运专线建设，进一步缩短了两岸城市的时空距离，为推动黄河两岸呼应发展、加快融合奠定了基础。

突破黄河天然屏障，加快支撑黄河两岸呼应发展的干线公路黄河桥改造和建设。"十一五"期间，规划完成洛阳黄河公路大桥改造，新建郑州黄河铁路公路两用桥、开封黄河二桥、焦作—上街、孟州—偃师等多座黄河大桥，进一步打通黄河南北两岸的交通通道。

根据郑洛城市工业走廊产业布局和发展趋势，打破行政区划分割，发挥市场配置资源的作用，支持南岸产业合理向黄河北岸延伸拓展，引导黄河北岸沿线区域建设发展关联产业和生活服务体系，实现优势互补，拓展发展空间，降低发展成本。

积极引导郑州与新乡、武陟与荥阳、孟州与偃师、温县与巩义等黄河对岸城市，借助黄河桥梁通道，密切两岸联系，提高生产要素流动效率。围绕产业基地建设和产业集群发展，密切生产链条上下游间的产业联系。引导黄河北岸地区建设优质特色农副产品生产基地，加强服务于中心城市的市场建设。加快沿黄生态工程建设，改善两岸生态环境。通过沿黄旅游资源开发，推动旅游资源共享。

第四章　强化郑州中心城市地位

郑州市是中原城市群的中心城市。扩大郑州城市和人口规模，提高城市综合经济实力和辐射带动力，对于推动中原城市群加快发展至关重要。"十一五"及今后一个时期，郑州市要大力培育优势产业，加快集聚人口和要素资源，优化城市布局，提高城市服务功能，全面提升核心竞争力，借助"集合城市"的力量，加快形成带动区域经济发展的动力源和增长极，在对外开放中发挥主导作用，成为全国区域性中心城市，全国重要的现代物流中心、区域性金融中心、先进制造业基地和科技创新基地。力争2010年市区人口规模超过400万人，全市生产总值占中原城市群的比重达到1/3，在中原城市群发展中的核心地位显著提升，真正成为带动中原城市群协调发展的龙头。

第一节　扩大郑州城市规模

围绕建设"现代商都"，依据中原城市群空间布局，提升城市发展理念，拉大城市框架，优化城市功能，促进人口集聚，加快建设大郑州，努力构建以中心城区为主体，近郊组团为支撑，卫星城为拱卫，重点小城镇为节点的组合有序、优势互补、整体协调的现代化城市发展格局。

一、集中力量建设中心城区

坚持"共生城市"的理念，明晰城区功能分工，全面提升中心城区功能，在加快新城区开发的同时，兼顾老城区的有机更新，实现新老城区的功能互补、协调发展。

（一）推进郑东新区建设
以增强商务服务、会议展览、文教科研、旅游休闲、人口居住等重要功能和提升城市品位形象为重点，高起点建设郑东新区。"十一五"期间，要依据总体发展规划要求，全面建成郑东新区起步区和龙子湖地区，基本建成龙湖地区，全面启动拓展区，力争 2010 年郑东新区建成区规模达到 100 平方公里，常住人口达到 60 万人以上，建成省艺术中心、会展宾馆、广电发射塔、世界客属文化中心等一批标志性建筑，加快郑州经济技术开发区、郑州出口加工区和规划的加州工业城建设发展步伐，形成现代物流、金融商务、文教科研、高新技术产业集聚区和大型居住社区，基本建立新型高效管理体制和机制。

全面建成起步区。中央商务区（CBD）和龙湖南区全部建成，区内的基础设施、金融商务、会展服务、商业流通、行政办公、文化娱乐、教育医疗、居住等功能协调配套，建成区面积达到 33 平方公里。鼓励引导金融机构向区内集中，形成我国中西部地区规模较大的金融密集区。基本建成龙湖地区。完成龙湖开挖和 CBD 副中心、龙湖西区等主要功能区框架建设，度假宾馆、公寓、商业及配套服务设施建设基本到位。完成运河开挖，实现 CBD 和 CBD 副中心的水域联通，营造独特的水路景观。初步建成建筑、湖水及绿化相互交融，建筑傍水而立，绿树环抱碧波，湖水映衬建筑的水域靓城。

全面建成龙子湖地区。确保龙子湖高校区全部建成投用，文化、教育、中介服务等机构初步形成集聚，商业服务、居住等设施配套完善，科教研发中心的雏形初步显现。

全面启动拓展区。确保铁路客运专线枢纽站、高速公路客运枢纽站建成投用；建设郑汴快速通道，金水东路与开封大梁路形成对接；现代立体化交通枢纽地位基本形成。构建现代物流业发展的集聚区，沿郑汴路（310 国道）和郑汴快速通道两侧建设中原国际物流园区，郑州国家干线公路物流港、郑州铁路集装箱货运中心、郑州铁路零担货运中心、中南邮政物流集散中心等重大物流工程建成投用，郑州中心物流枢纽的功能得到有效发挥。

在搞好规划区建设的同时，积极推动郑东新区突破现有城市规划界限，向中牟方向发展，为实现郑汴空间对接创造条件。

（二）改造提升老城区

突出改善人居环境和古都保护两大主题。加快老城区"退二进三"

步伐，积极推动一般加工制造业项目向城市外围转移。疏散工业和居住用地，降低人口密度。加强地下基础设施的改造和建设，提高配套能力。注重对商城遗址、历史建筑、特色街区、名人纪念地等传统特色建筑的保护，彰显城市历史人文特色。加快都市村庄改造步伐，力争2010年前全面完成老城区内现有都市村庄的改造任务。

全面提升社区功能。以创新的思维规划、建设、发展和管理社区。"十一五"期间，重点规划建设50个综合功能比较完善的示范型社区。鼓励有条件的社区积极探索建立社区居民事务代办站，实行居民或单位申办事项、居民咨询或反映问题和其他要求协助办理事项的全程办理代理制。加强社区文化、社区环境、社区治安、社区卫生、社区服务、社区绿化和社区物业管理等基础工作。发展社区服务业，进一步完善社区综合服务功能。通过良好的社区管理和服务，为城市居民创造安全、舒适、稳定的生活环境，满足居民多元化需求。

（三）进一步发挥开发区集聚功能

大力提升郑州高新技术开发区。搞好"孵化器"建设，推动产学研结合，以电子信息、生物制药和新材料的规模化、产业化为重点，加快高新技术产业招商引资和技术引进步伐，引导高技术企业集聚。禁止技术含量低、产出低的产业入园，提高单位土地产出效率，使其真正成为高新技术产业集聚地。按城市社区改造或迁移区内都市村庄，完善区内基础设施，力争"十一五"期间，全面完成18.6平方公里规划面积的开发。

加快发展郑州经济技术开发区。节约利用土地，提高单位土地面积投资强度。以建成先进制造业集聚区为目标，抓好现有电子信息材料、铝精深加工等项目建设，大力吸引汽车及零部件、装备制造业等项目入区，扩大产业规模，建设成为郑州东区的产业基地。

积极推进郑州出口加工区建设。充分利用政策最优、机制最活、通关最便捷的优势，加大招商引资力度，积极引进技术含量高、占地少、出口创汇能力强的项目，完善软、硬环境，力争2010年出口加工区面积达到2平方公里，出口创汇额超过20亿美元，成为城市群出口创汇的核心区。

（四）提高中心城区基础设施配套能力

建设方便快捷的城市交通网络。中心城区优先发展公共交通，逐步推行城市公交专用车道，优化公交线路与站点设置，确保中心城区居民步行10分钟之内可抵达公交站点，进一步方便市民出行。规划建设公共停车系统，逐步取消中心城区单位围墙，提高通行能力。用三年左右的时间，全面打通城区断头路。建设高新区—中心城区—郑东新区的城市轻轨一号线，密切新城区与老城区之间的交通联系。力争2010年，中心城区基本形成快速通道、主干道、次干道、支路等结构清晰、联接顺畅的环形放射状路网结构。

提高供排水系统荷载能力。配套建设"南水北调"中线郑州城市受水工程，解决城市发展用水问题。加大中心市区排水管网建设改造和河道设施防洪工程建设力度，2010年建成区所有街区、道路实现雨污分流，金水河、熊耳河、东风渠等河道全部完成截污，突出抓好金水河整治和补源，恢复城市河道景观功能。开工建设贾峪水厂，建成马头岗污水处理厂一期工程，2010年城市日供水能力达到127万吨，日处理污水能力达到80万吨。

完善城市供气、供热系统。利用既有中原油田气源、"西气东输"工程系统与拟新建的"川气入豫"、西气东输二线工程联网，建设天然气输配枢纽和储备设施，形成安全、可靠、完备的天然气供应体系。加强城市热电联产项目建设，推进热电生产供应体制改革，拓展管网覆盖范围，大力推进集中供热，提高供热效率和质量。2010年中心城区集中供热率达到50%，居民燃气使用率达到95%以上。

改造供电系统。完善电网配置，提高供电质量，保障供电安全。2010年前，旧城改造区域110千伏以下架空线全部入地，市内220千伏以上高压架空电缆全部完成入地或外迁改造。

（五）重塑郑州"绿城"风貌

加强城市绿化，重点建设以街道、河渠两侧、公园、广场、街心游园等为主的园林系统。依托三环、四环、绕城高速建设三层森林生态保护圈，在中心城区外围重点建设沿107国道、310国道的两条森林生态景观轴，沿贾鲁河、南水北调总干渠、连霍高速、京珠高速建设生态防护林带，在中心城区和卫星城之间，规划建设特色各异的生态功能区。营造郑州"林在城中，城在林中"的绿城风貌。2010年，郑州市建成区绿化覆盖率超过40%，2020年超过45%。

二、加快荥阳—上街、中牟、航空港、花园口组团发展

荥阳—上街组团、中牟组团、航空港组团，是郑州市近郊工业和城郊农业集聚区以及现代物流业密集区。"十一五"时期，完成荥阳、中牟撤县建区，通过加强与中心城区的快速交通联系，完善城市配套设施，逐步形成与中心城区功能和产业互补、生态和居住环境良好的城市功能区。

荥阳—上街组团整体向东发展，通过改造提升荥阳—上街入市通道，实现与中心城区的空间对接。重点承接中心城区的纺织、服装等劳动密集型产业和加工制造业转移，形成近郊工业集聚区。

中牟组团实施东西双向发展，通过金水东路向东延伸和开封大梁路向西延伸，分别与郑东新区和开封西区形成空间对接，成为郑汴之间重要的战略支点。重点承接中心城区汽车及零部件产业转移，建设汽车工业基地。大力发展现代高效农业和生态农业，形成城郊农业集聚区。与郑州中原国际物流园区相呼应，加快现代物流设施建设，形成现代物流业集聚区。加强生态林地建设，形成郑汴之间的生态环境调节区。

航空港组团整体向北、向南发展，实现与郑州经济技术开发区和郑东新区的发展对接。依托国际空港，建设商贸物流园区，建成吞吐能力强大的航空货运中心。

加快花园口组团开发。加强花园口旧址保护，重点发展城郊型农业、生态农业，完善农业观光、生态涵养、旅游休闲等功能，建成黄河文化展示区，使其成为郑州市的休闲度假区和高尚生活居住区。

三、加快卫星城建设

巩义、新密、登封、新郑四个卫星城，承担着市区人口扩散和产业转移等功能，近期要按照明确功能分工、突出比较优势的思路加快发展，通过加快建设特色工业园区和发展产业集群，形成与中心城区的产业配套协作，为承接中心城区产业转移奠定基础。力争 2010 年建成区人口分别达到 35 万人、25 万人、20 万人和 25 万人，初步形成设施完备、功能齐全、环境优美、特色各异、优势互补的卫星城市。

巩义市的发展在郑汴洛城市工业走廊和中原城市群中小城市发展中具有特殊意义。要充分发挥资源、区位、产业优势，发展壮大优势产业，加

快建设特色工业园区，积极培育特色产业集群，努力形成以铝工业、建材工业为主的加工制造业集聚区。通过产业发展和城市功能完善，努力成为郑汴洛城市工业走廊中的重要支点城市。

新密市要依托煤炭资源优势，实施煤电一体化战略，适度发展高载能工业，限制发展高耗水产业，努力建设成为以能源、原材料为主的重工业集聚区。

登封市要依托市域独特的文化、旅游资源，大力发展文化、旅游及相关配套产业，努力建设成为文化旅游业集聚区。

新郑市要依托优质特色农产品资源，建设城郊农业和食品工业集聚区。加快龙湖高校园区建设，形成文化教育密集区。通过产业发展和城市功能完善，努力成为郑州与许昌之间的重要支点城市。

加快联接中心城区与卫星城的快速公路建设，率先实现区域内除高速公路以外的其他道路无障碍通行，形成中心城区与卫星城之间1小时通达的快速通道。

第二节　提升郑州核心竞争力

充分发挥郑州市的比较优势，把提高产业竞争力作为提升城市核心竞争力的关键，巩固提高第二产业，大力发展第三产业，着力建设现代物流中心、区域性金融中心和先进制造业基地、科技创新基地，提高城市竞争力和可持续发展能力。

一、建设现代物流中心

依托郑州交通、信息枢纽，利用河南及其周边市场优势，有效整合物流资源，大力培育和引进物流企业，加快大型物流基础设施建设，构建全国重要的现代物流中心。

"十一五"期间，突出抓好郑州中心物流枢纽建设。以圃田为中心，在郑汴路与金水东路区间，京珠高速公路两侧，并逐步向开封方向展开，规划建设集市域、区域和国际物流于一体，具有多式联运、集装箱中转、货运代理、保税仓储、分拨配送、流通加工、物品展示、信息服务等功能的中原国际物流园区。突出抓好支撑中原国际物流园区的郑州国家干线公路物流港、郑州国际航空货运中心、郑州铁路集装箱货运中心、郑州铁路零担货运中心、中南邮政物流集散中心、郑州出口加工区和河南进口保税区七大物流工程建设，使其发展成为郑州中心物流枢纽主要的功能载体、中西部地区优势突出的国际贸易窗口和全国重要的商品集散加工地。

优化配置物流资源。突破郑州现行城市规划限制，组织受地理位置和交通管制制约的物流企业及相关仓储设施向中原国际物流园区有序迁移，引导市区内现有部分大型批发市场和新建物流企业在京珠高速以东地区集聚发展，以物流业发展推动郑汴一体化进程。以资本为纽带，以产权制度改革为突破口，通过并购、重组等方式，强力推进社会物流资源整合，盘活物流资源存量。依托综合物流园区、主要工业园区、产业集中区、城市组团和现有大型商贸市场，规划建设一批为工商企业生产经营和城市居民消费服务、各具特色的专业物流市场。

提升城市物流服务功能。完善城市商品市场体系，实现期货和现货市场协调发展。以发展连锁经营、物流配送、电子商务为重点，积极推进流通方式的变革。积极发展流通加工，拉长产业链条，提高综合效益。优化城市配送网络体系，重点构建由商贸批发、连锁零售两个层次和生产资料、日用工业品、农产品三类产品组成的物流配送体系，积极发展市域共同配送，提高物流配送的社会化、专业化、集约化程度。

二、建设区域性金融中心

依托现有基础，发挥比较优势，以健全金融机构体系、培育金融市场、加快金融创新、优化金融生态环境为重点，以郑州金融商务区建设为突破口，大力发展金融业，增强金融业的竞争力和辐射力，努力把郑州建设成我国中西部地区重要的区域性金融中心。

在郑东新区中心商务区高起点规划和建设郑州金融商务区。采取资产置换、买断、用地优惠、政府补贴等政策措施，鼓励和引导金融机构向金融商务区集中，使之成为全省金融机构的集聚区、金融创新的示范区、金融运行的安全区和金融优质服务区，构筑郑州金融中心的有形载体。

积极创造条件，制定优惠政策，吸引国内外金融机构在郑州设立区域管理总部、区域性功能中心、分支机构或办事处。"十一五"期间，争取国内股份制商业银行全部入驻郑州，引进海外银行 1~2 家，引进国内外保险机构 3~5 家。

支持郑州商品交易所逐步上市交易化纤、煤炭、天然气和电力等期货交易品种，争取推出股指期货、外汇期货、期权等衍生业务，实现由单一的农产品期货市场向兼有金融期货品种的综合性期货市场转变，提高国际影响力。

进一步完善金融市场、金融服务、金融信用、金融监督四大体系，逐步使金融业成为功能强大、服务高效、开放程度高、有较强竞争力的支柱产业，把郑州建设成为立足郑州、服务中原、辐射中西部的区域性金融中心，力争 2010 年郑州金融业增加值占生产总值的比重达到 8%。

三、建设先进制造业基地

通过优势企业重组整合、重大项目招商、引进战略投资者等途径，调整优化工业结构，大力发展总部经济，积极引导骨干企业总部向郑东新区和郑州经济技术开发区集聚，努力把郑州建成先进制造业基地。"十一五"时期，重点发展汽车工业、机械装备制造业、信息产品制造业、铝工业和食品工业，力争 2010 年全市制造业增加值占工业增加值的比重达到 85% 以上。

大力发展汽车工业。依托宇通、日产、少林、红宇等骨干企业，提升客车、运动休闲及特种汽车制造业发展水平，通过整车生产带动汽车零部件产业发展，形成完备的汽车产业链，重点推进以日产为主的乘用车生产基地、以宇通为主的中高档客车生产基地和中牟汽车零部件产业园区建设。

做大做强机械装备制造业。依托郑纺机、郑煤机、宇通重工、郑缆等骨干企业，大力发展成套化纤和染整非织造设备、煤炭机械设备、工程机械设备。中小企业要坚持专业化、规模化，高质量、高起点，围绕主机加强配套能力建设，建立零部件生产和配套工业园区，形成整机—配套企业—产业集群的发展格局。

壮大信息产品制造业。依托安彩、金惠、威科姆等骨干企业，突出加强电子信息设备制造和软件产业，加快发展通信设备、计算机及零部件、集成电路及新型电子元器件、汽车电子及其他电子专用设备和家用视听设备，形成电子信息产品生产基地。

发展提升铝工业。依托中铝河南分公司、郑州铝业、明泰铝业、辉龙铝业、豫联铝电、登电集团等骨干企业，稳步发展氧化铝，改造整合电解铝，大力发展铝精深加工，形成铝工业发展的集聚区。

巩固提高食品工业。依托优势企业，打造知名品牌，重点发展速冻食品、方便食品、乳制品、果蔬制品、啤酒、烟草等产品，促进产品向精深加工、高附加值转变，培育名牌产品。推进产业整合，打造强势企业。

着力打造承接国内外先进制造业转移的重要平台。突出抓好加州工业城建设，借鉴苏州工业园区的建设管理模式，加强与外方的沟通衔接，以汽车制造、装备制造、机械、电子等领域为重点，努力引进一批技术含量高、带动能力强的工业项目和国际知名跨国公司，力争 2010 年完成 5 平方公里核心区建设，在部分领域率先形成一批强势企业和知名品牌。加快郑州出口加工区建设，围绕加州工业城优势产业生产链条，吸引省内外上下游企业向区内和周边地区集聚，促进加州工业城与出口加工区的优势互补和发展互动，努力把这一区域建设成为郑州先进制造业的集聚区和全省外向型经济发展的重要平台。

四、建设科技创新基地

充分发挥郑州高等院校和科研院所布局集中、教育科研力量雄厚的优势，积极推动智力资源和科技资源的发展融合。重点抓好郑东新区龙子湖区科教研发中心和郑州高新技术开发区高校园区建设，创新人才引进、培养和使用机制，吸引国内外高端人才集聚，努力建设一批在全国居于领先地位的品牌学科、知名高校和研发中心，增强原始创新能力，集成创新能力和引进消化吸收再创新能力。

集中扶持河南农大国家小麦工程技术中心、国家烟草生理生化基地、河南省农科院、郑州机械研究院、郑州轻金属研究院、解放军信息工程中心、郑州大学橡塑模具工程研究中心、高温材料研究所等一批在全国具有较强影响力的骨干科研院所，努力使郑州在小麦、棉花、烟叶、超硬材料、有色金属材料、信息工程、橡塑模具等领域的研发水平保持或达到全国领先水平，形成具有自主知识产权的农产品育种技术、农产品栽培技术、信息技术、信息安全技术、新材料生产技术，逐步成为全国农畜产品质量安全标准、超硬材料生产标准、有色金属材料生产标准、高分子材料生产标准、部分工业品设计标准的研发中心，成为带动中原城市群科技创新的核心辐射源。

加快建立开放型的科技创新体系，鼓励科研机构间加强技术协作，选择有基础、有优势、有重大带动作用的关键技术领域开展联合攻关，实现技术突破。鼓励科研人员跨院所、跨区域流动，提高人力资源配置效率，密切与国内外的技术交流与合作。鼓励科研院所与骨干企业加强合作，着力提升宇通、郑纺机、郑州日产、安飞、中铝河南分公司等大型企业的工程技术中心和研发中心的创新能力，实现合作双赢。加强河南科技市场等区域技术交易中心建设，积极发展以研发为主的新兴科技公司，大力培育科技咨询、技术贸易等中介服务业，提高中原城市群科技创新的扩散能力。

积极引进国内外先进技术，加强产学研结合，提高科技成果就地转化率。在电子信息、新材料、生物工程、新医药等高新技术领域，培育形成一批高新技术拳头产品，努力把郑州建设成为中原城市群重要的高新技术产业化基地。

五、建设文化高地

充分发挥郑州文化资源的集聚优势，深度挖掘厚重丰富的中原文化底蕴，加快传统优秀文化与现代都市文化的融合，构筑中部地区区域性文化产业高地。大力整合文化资源，培育充满活力的文化产业市场主体，支持河南出版集团、河南报业集团做大做强，组建河南影视传媒集团、河南武术杂技集团、文艺演出集团，扶持大型文化企业跨地区、跨行业、跨所有制、跨媒体集团化发展。鼓励非公有制经济进入经营性文化产业领域，规划和引导文化产业向基地化、园区化、集群化布局发展。加强文化基础设施建设，加快建设河南艺术中心，分步实施省广播电视发射塔迁建、省体育中心二期、郑州商都遗址公园等标志性文化设施工程。逐步形成城区综合文化功能区、黄河文化功能区、嵩山文化功能区、商都文化功能区和黄帝故里文化功能区。尽快将文化产业培育成郑州市的新兴支柱产业，显著增强对区域和全省文化产业的辐射带动能力。努力塑造开放多元的都市文化。以建设开放郑州、人文郑州、创新郑州为目标，弘扬中原文化兼容并蓄、生生不息的优秀传统，顺应时代潮流，强化开放意识，创新拓展城市文化的内涵。广泛汲取和融会现代都市文明精髓，以标志性文化设施、特色文化街区、现代化建筑群和精品文化工程为载体，以发展文化产业、促进文化与经济协调互动发展为主导方向，提高城市文化品位，打造区域特色文化品牌，把现代都市文明的价值取向注入到城市规划、建筑设施、社区建设、居民生活的各个领域，突出人本理念，彰显城市文化的多元性，塑造现代文化之都的崭新形象。

第五章　构建交通区位新优势

　　立足于巩固和提升中原城市群交通枢纽地位，全面拓展对外通道，完善区内交通网络，合理布局各种运输场站，构建完备的城际和城区公共交通系统，形成对外联系通畅高效、区内联系快捷紧密、各种运输方式充分衔接的现代化综合交通运输体系，密切与国际及区外的经济联系，缩短区域城际间的时空距离，提高运输和物流配置效率，吸引各类生产要素向区域内集聚，增强对外辐射带动能力，为中原城市群加快发展和对外开放提供有力支撑。

第一节　大力发展航空运输

　　加快机场升级改造，拓展新的航空运输通道，大力开辟国际、国内航线，增强对外开放能力，构建中原城市群航空运输优势。

一、加快扩建郑州国际空港

　　按照国际航空港的标准，改造扩建郑州新郑国际机场，"十一五"期间，完成郑州新郑机场航站楼、停机坪改扩建工程；大力开辟国际、国内航线，拓展航空货运业务，将其发展成为国际、国内重要的货运中心、国内重要的区域性枢纽机场和客运中转枢纽。2010 年郑州新郑国际机场实现与国内大部分省会城市和主要旅游城市通航，国内航线达到 60 条以上；努力开辟国际航线，提高运营效益。争取 2010 年民航旅客吞吐能力达到800 万人次，旅客吞吐量突破 600 万人次，2020 年突破 1200 万人次。

二、加快干支线机场建设

　　加快洛阳机场扩建和军用机场改造，拓宽中原城市群对外联系的窗口。"十一五"期间，将洛阳机场建成国内干线机场，积极开辟国际航线。推动济源等军用机场改建为军民共用机场，使其发展成为省内重要的支线旅游机场。

第二节 巩固提升铁路枢纽地位

以铁路客运专线建设为契机，加快铁路运输通道和场站建设，大幅度提高铁路运输能力，巩固和提升中原城市群铁路枢纽地位，促进城市群人流和物流在更广阔的空间快速流动。

一、进一步提升郑州铁路枢纽地位

加快铁路客运专线和场站建设。建设郑州铁路客运枢纽，"十一五"期间，配合国家建成郑州至西安、郑州至北京、郑州至武汉铁路客运专线，争取国家开工建设郑州至徐州铁路客运专线。建设郑州铁路客运专线枢纽站，形成与高速公路客运、城市公交、城市轻轨、出租车站场配置合理、相互衔接、换乘方便的现代化客运中转中心。搞好区域内其他城市铁路客运专线新客站建设，促进多种运输方式立体交汇和有机衔接，实现郑州与区内各中心城市40分钟内到达，形成"40分钟"铁路通勤圈。布局建设郑州铁路集装箱中心站，完成郑州老火车站和零担货运站改造，打开郑州站西出口，在实现客货分线运输的基础上，争取开行郑州—洛阳、郑州—许昌—漯河等城际列车，努力扩大现有京广、陇海线的货物运输能力。

二、加快铁路扩能改造和通道建设

加快国铁改造和地方铁路建设，加强地方铁路与国家铁路运输的衔接，实现统筹调度运输，缓解铁路运能紧张状况。"十一五"期间，完成焦柳、新密、新菏、孟宝电气化等国家铁路扩能改造工程，进一步完善郑州、洛阳铁路枢纽功能。加快禹州—许昌—亳州等地方窄轨铁路的准轨改造，实现与国铁的联网，提高运输能力。建成登封铁路二期及范庄至辛安地方铁路，打通从登封经平顶山、漯河到阜阳的通往华东地区的运煤通道，加快朝阳沟—商丘货运通道建设，完善地方铁路网络，提高对外通行能力。

三、有序推进城市轨道交通建设

统筹规划，有序发展区域内的轨道交通，开辟区域内城际间快捷联系的新方式。"十一五"期间，争取开工建设郑州高新区—郑州中心城区—郑东新区城市轻轨，适时开展郑东新区—中牟—开封、郑东新区—郑州新郑国际机场轻轨项目的前期工作，力争尽早开工建设。启动洛阳城市轻轨和郑州至新乡城际轨道交通的前期工作。开展郑州至洛阳、至许昌城际间轨道交通的研究和初步规划。

第三节　加快建设全国公路运输网络枢纽

加快高速公路建设，增强互通能力，进一步完善干线和农村公路，形成中原城市群快速便捷的公路运输网络体系和全国的公路运输网络枢纽。促进产业发展和城镇合理布局。"十一五"末，区域内公路网密度超过60公里/百平方公里，一、二级公路比重超过40%，干线公路基本达到二级及二级以上公路标准。

一、加快高速公路建设

开辟新的省际高速公路，打通中原城市群对外联系的主要通道。"十一五"期间，拓宽改造连霍高速郑州至洛阳段和京港澳高速安阳—新乡、郑州至漯河段，加快在建和规划的高速公路建设，建成新开辟的六条省际高速公路通道，建成国家规划的大庆—广州和二连浩特—广州高速公路，形成两条平行于京港澳高速公路、连南贯北的大通道，建成焦作—登封—汝州—平顶山—桐柏高速公路，形成通往中南地区的另一条快速通道；建成国家规划的南京—洛阳高速公路，形成通往长江三角洲及东南沿海的大通道；建成运城（省界）—济源—焦作—新乡—东明（省界）高速公路，形成豫北地区通往山西和山东沿海的出省通道；建成登封—禹州—许昌—亳州（省界）高速公路，形成通往华东地区的快速通道。

加快区间通道建设，开辟3条新的高速公路区间通道，建成郑州—尉氏—民权、修武（云台山）—郑州（西南绕城）—禹州—鲁山（石人山）—栾川—西峡、郑州—登封—洛阳—洛宁—卢氏高速公路，形成互通互联的路网结构，实现区域内"四纵四横五通道"的高速公路网络，使郑州与区域内各中心城市 1 个半小时内可到达，各中心城市之间 2 个小时内可到达，县城和主要旅游区半小时内可上高速公路，高速公路成为中原城市群人流、物流的主要荷载通道。

二、增强干线公路通行能力

发挥干线公路对促进产业和城镇集聚的独特作用，围绕产业带建设和城镇布局，加快区域内干线公路改造和建设，增强通行能力，促进产业和人口集聚。

加快支撑城市群主要产业带发展的干线公路建设。将 310 国道开封—洛阳段改造为一级公路，支撑郑汴洛城市工业走廊建设。结合南水北调中线工程建设，按一级公路标准规划建设辉县—禹州—舞钢干线公路。对区域内现有省道进行改造升级，支撑新郑漯、漯平洛、新焦济经济带快速发展。

加快重要旅游干线公路建设。将洛阳—栾川快速路改造为一级公路。新建太行南麓新乡辉县—焦作—济源和沿黄河北岸大堤孟州—封丘二级旅游公路，促进太行山及黄河沿线旅游资源开发和经济发展。

以一、二级公路为重点，规划建设中原城市群各中心城市环城快速通道，逐步完成穿城干线公路改线，改造提升各市中心城区出口通道，连接周边县（市）和重点城镇。加快区域内县城和产业集聚区与高速公路网的连接线建设，促进县域经济发展。

三、提高农村公路通达能力

加快农村公路改造和"村村通"工程建设，彻底改善区内农民出行条件，为农村经济发展提供便利的交通基础设施条件。"十一五"末区域内县到乡、乡与乡之间的连接线达到三级及三级以上公路标准，重要县乡（镇）之间的连接线基本上达到二级公路标准，所有行政村和较大自然村通油路，显著改善农民出行和农产品流通条件。推进农村公路养护体制改革，逐步建立县、乡、村道分级养护体制，提高农村公路保障水平。

四、加强运输场站建设

科学规划、合理布局运输场站，加快交通运输现代化、信息化建设，加强各种运输方式和环节的衔接。合理布局客货运输场站，加快公路运输枢纽站和市县运输场站的提升改造。按照以人为本的理念，进一步完善客运场站功能。依托铁路、公路、民航交通运输，规划建设具有信息传递、停车暂存和货物调配等多种功能的大型货运中心。发展智能运输管理系统，合理组织货物集疏，通过货运信息整合和合理配载，降低货车返空率，提高运输率。加强交通运输业现代化、信息化建设。加快推广应用智能交通信息系统，逐步建立区域内高速公路、干线公路不停车电子收费信息系统和高速公路全程监测系统。

五、加快郑州东区交通枢纽建设

在郑州东部地区，集中新建扩建铁路客运专线枢纽站、高速公路客运枢纽站、郑州国家干线公路物流港、郑州铁路集装箱货运中心、郑州铁路零担货运中心、城市和城际轻轨中心站、国际航空港和航空物流集散中心、中南邮政物流集散中心等工程，形成布局科学紧凑、设施先进集中、多种运输方式有效衔接、物流高效汇集配置、客流便捷集散的现代化立体交通新枢纽，进一步提升郑州的全国交通枢纽地位。

第六章　建设全国重要的能源基地

依托现有资源和产业基础，加强综合能源基地建设。按照集成化、大型化、多元化的原则，加快煤炭、电力、石油、天然气开发建设和输入转化，构建稳定、安全的能源保障体系，提高区域能源保障和输出能力，把能源工业培育成为区域强势产业，建成全国重要的能源基地。

第一节　建设大型煤炭基地

高度重视煤炭资源在能源产业发展中的基础作用，加强煤炭资源勘查开发和大中型矿井建设，建设全国大型煤炭基地，搞好煤炭资源整合，大力推进综合加工利用，积极利用晋陕等煤炭资源，不断增强可持续发展能力。

一、加快大中型矿井建设

优化区域煤炭开发结构，走大型化发展的路子，以大型煤炭企业集团为骨干，加快建设一批现代化大中型矿井，稳定区域煤炭生产能力，建设以平顶山、郑州为核心区的河南大型煤炭基地。"十一五"期间重点项目有：新建平煤集团首山一矿、首山二矿和十一矿改扩建；新建郑煤集团赵家寨矿、白坪矿和裴沟矿井改扩建；新建焦煤集团赵固一矿、赵固二矿等大型矿井。新增煤炭生产能力2400万吨，2010年以后区域内煤炭产量占全省的比重稳定在70%左右。

二、推进煤炭资源整合和综合加工利用

以平煤、郑煤、焦煤集团三大骨干煤炭企业为主体，发挥市场机制的作用，以资源或资金为纽带，加快对中小煤矿进行资源整合与重组，实行

集约化开发经营，提高资源利用效率。

重点培育和发展平煤集团。争取 2010 年使之成为具有煤炭生产、洗选加工、发电、煤化工等多种产业的大型企业集团，2020 年成为在国内外具有较强竞争力的现代化企业集团。积极培育和发展郑煤集团、焦煤集团，鼓励大型煤炭企业进一步重组。支持骨干企业以煤为基础，通过联名重组和参股投资，重点向电力和煤化工等方向延长产业链条，提高产业效益和煤炭就地利用及转化水平，形成规模较大的综合能源基地，促进煤炭与相关产业及下游产业协调发展。积极推动煤层气的开发利用，抓好煤—制气—发电的工程试点，进一步探讨煤炭液化技术的经济实用性，适时进行产业化开发。

三、加强煤炭资源的勘探和储备

加快煤炭资源勘查，增强煤炭产业可持续发展能力。积极拓宽融资渠道，建立有效机制，加大资金投入。积极争取中央资金投入煤炭资源勘探。提高省级"两权价款"投入煤炭资源勘探的比例。按照谁勘探、谁优先获得矿业权的原则，鼓励省内煤炭骨干企业与电力等相关企业联营，共同勘探煤炭资源。"十一五"期间，重点做好平顶山、汝州、禹州、登封、新密、荥阳、巩义、偃师、焦作、济源、开封、襄城等煤田勘探，勘探面积达 3000 平方公里以上，预测各种勘探级别储量达到 200 亿吨，其中精查储量 71 亿吨以上。着眼长远发展，进一步提高对周边地区煤炭资源的利用力度。加快公路、地方铁路、管道等跨区域输煤通道建设，做好"外煤豫用"规划，充分利用山西晋城、陕西、内蒙古等煤炭资源，加大煤炭资源输入量。

第二节 完善全国重要火电基地

加快推进以沁北、姚孟和沿陇海线为重点的大型火电项目建设，把中原城市群建成全国重要的火电基地，配套建设，并不断完善输配电网络，提高电网安全稳定水平和调峰能力，扩大电力外送和就地转化能力，增强在华中电网中水火调剂、南北互济的作用和地位。

一、加快电网建设

适应电力外送和区域内工业化、城镇化的要求，加快电网建设，促进电网与电源同步、协调发展。"十一五"期间，重点建设以郑州为中心的 500 千伏环网工程，以洛阳为中心的豫西 500 千伏环网工程，以新乡为中心联结济源、焦作、开封等市的豫北 500 千伏环网工程，以许昌为中心的联结漯河、平顶山等市的 500 千伏环网工程。优化 220 千伏网络建设，完善 110 千伏及以下电网建设。规划建设 1000 千伏超高压输电示范工程，建成以四大 500 千伏环网为骨架，220 千伏电网覆盖各县，吞吐自如、安全可靠、灵活高效的现代化输配电网络，提高电网安全稳定水平。

二、加快电源项目建设

发挥资源和区位优势，建设高参数大容量的大型坑口、路口电站。重点发展单机 60 万千瓦及以上超临界和超超临界火电机组。"十一五"期间，重点建设沁北电厂二期 2×60 万千瓦、新乡宝山电厂 2×60 万千瓦、姚孟电厂四期 2×60 万千瓦等项目，规划建设台塑电厂 3×60 万千瓦、开封电厂 2×60 万千瓦、禹州电厂 2×60 万千瓦、姚孟电厂五期 2×60 万千瓦、沁北电厂三期 2×60 万千瓦、焦作九里山电厂 2×60 万千瓦、襄城电厂 2×60 万千瓦华润首阳山电厂 2×60 万千瓦、登封电厂二期 2×60 万千瓦、荥阳电厂 2×60 万千瓦等项目。2010 年，区域电力装机总容量占全省的比重达到 70%，2020 年达到 80%。加强电力外送能力建设，2010 年，电力外送能力达到 200 万千瓦时，2020 年力争实现区域电力外送 400 万千瓦以上。

加快城市热电联产项目建设。重点建设郑东新区热电厂一期 2×20 万千瓦、二期 2×30 万千瓦、新乡渠东热电厂 230 万千瓦、开封热电厂 2×30 万千瓦、漯河热电厂 2×30 万千瓦、洛阳热电厂 2×30 万千瓦、焦作热电厂 2×20 万千瓦、平顶山热电厂 2×20 万千瓦、许昌热电厂 2×20 万千瓦等项目。2010 年实现中原城市群 9 市中心城区全面实现集中供热，部分县（市）城区基本实现集中供热。

三、调整优化电力结构

加快抽水蓄能电站建设，提高电网安全稳定水平。重点抓好宝泉抽水蓄能电站建设，做好洛宁等抽水蓄能电站选址工作。

积极推进燃气电站建设，提高电网调峰能力。重点抓好郑州燃气电站建设。充分利用"西气东输"一、二线和"川气入豫"天然气资源，规划建设新的燃气电站。

第三节　优化能源结构

积极利用区外石油天然气资源，大力发展新能源和可再生能源，改善能源结构，增强区域优质能源供应能力。

一、扩大石油天然气供应能力

充分发挥区位和市场优势，争取国家支持，加快输油管线和输配中心建设。"十一五"期间，重点建设北京方向至郑州至武汉，西安、洛阳方向至郑州至驻马店成品油管线。建设濮阳至洛阳原油管线扩建工程，争取建设新疆、西安方向至洛阳原油管线。扩大洛阳石化炼油保障能力，努力把郑州建成大型油品储备中心和输配枢纽。

建成"西气东输"支线工程，加快中心城市到县城和重点镇的输气管网建设。2010年区域内城市居民燃气普及率达到80%以上。近郊镇部分居民用上天然气。配合国家搞好新疆—西安—郑州—广州第二西气东输管线的前期工作，争取早日开工。积极推进"西气东输"重点用气项目建设，建成郑州燃气电站等。

加快实施"川气入豫"工程。建成四川普光至郑州至洛阳天然气管线工程。科学规划、合理布局沿线用气项目，规划建设1~2个新的燃气电站。

优化配置天然气资源。推进中原油田输气管网、"西气东输"管网、"川气入豫"管网以及义马煤气管网相互联接，形成完善的输气网络。优化燃气结构和配置调度，重点保证郑汴洛城市工业走廊燃气供应，支持利用义马煤气资源发展煤化工。

二、大力开发新能源和可再生能源

按照可持续发展的要求，大力开发新能源和可再生能源，鼓励全社会节约能源，实现能源与环境协调发展。大力发展生物质能源，加快秸秆、垃圾发电等综合利用项目建设。充分利用太阳能资源，加快发展太阳能光伏电池和太阳能热水器。有效利用风能资源，在适宜地区规划建设风力发电场。

第七章 提高产业竞争力

加快工业结构升级和转型，大力发展服务业，推进农业现代化，努力形成三次产业协调、优势产业突出、与城市发展互动的产业新格局，提升中原城市群的整体竞争力。

第一节 加快工业的转型升级

大力发展高新技术产业，用高新技术和先进适用技术改造提升传统产业。培育壮大汽车和装备制造业、信息产品制造业、食品工业、铝工业、石化和煤化工等优势产业和主导产业，加快全国先进制造业基地建设。积极发展劳动密集型产业，促进农村人口向城镇转移。降低城市间产业同构程度，促进各城市产业间的合理分工、协调发展和集聚发展，培育形成一批具有较强核心竞争力的大型产业基地、产业集群和大型企业集团，促进结构转型升级，全面提升工业竞争力。2010 年区域内工业增加值占全省的比重达到 65% 左右，形成装备制造、铝工业、食品工业、石化工业 4 个销售收入超千亿、在全国具有重要影响的大型产业基地，形成 10 个销售收入超百亿、对区域经济发展具有重要带动作用的产业集群，进入全国工业企业 500 强行列的大型企业集团超过 30 个。

一、大力发展高技术产业

充分发挥高技术产业的先导作用，推动区域内高技术产业的跨越式发展。加快整合郑州、洛阳等地科技资源，将政府引导和市场配置资源紧密结合起来，形成区域内科技成果研究、推广和技术创新的高地。加快制度创新、大力发展民营科技企业，逐步使其成为区域内高技术产业发展的主力军。发展创业投资，疏通高技术产业的资本进入和退出通道，扩大财政支持，鼓励支持政府性资金、社会资金投资高技术产业。充分发挥现有中心城市高新技术开发区（园区）的作用，加大招商引资力度，扩大与国内外研究机构及高校的联系。积极引导和争取境外、沿海、省内高新技术产业向开发区（园区）集聚。加大关键应用技术研发力度，力争在电子信息、新医药、新材料等已有比较优势的领域加快实现产业化，培育形成一批优势企业和优势产品群体。力争"十一五"末，使区域内高技术产业形成郑州电子信息产业集群、洛阳信息材料产业集群、许昌超硬材料产业集群和新乡电池产业集群。

电子信息领域，大力发展投资类和消费类终端电子产品和电子信息材料，并力争形成特有产业优势。以安彩、洛玻、洛阳单晶硅、金龙铜业、洛铜、环宇、新飞等骨干企业和威科姆、雪城、金惠等一批创新能力强的民营科技企业为载体，大力开发适应市场的新型产品，促进单晶硅、多晶硅等半导体材料及太阳能电池，液晶显示玻璃、电子玻璃、锂电池等电子信息材料及新型元器件，税控收款机、列车监控装置等网络与信息安全产品，数字电视、IP－TV网络、DVD等数字视听产品的规模化生产。

新医药领域，以扩大产业规模和提升产业竞争力为重点，加大重组力度，培育大型企业集团；在奎诺酮类药合成、中成药、生物技术诊断试剂等优势领域，加大技术升级和产品升级的力度，加快产业化步伐。以华兰生物、华美科技等企业为重点，开发治疗心脑血管疾病、提高免疫力等方面的化学创新药物，以中药针剂、胶囊、片剂、膏剂等中成药为主的现代中药和以血液制品、疫苗、诊断试剂、医药中间体为主的生物制品，提高国际竞争力。积极发展基因工程医药、天然优质保健品和大型医疗器械等一些有重大市场潜力的新兴医药产业和高效、低毒、无公害绿色农药产品。

新材料领域，积极发展以超硬材料、高档耐火材料为主的新材料产业。突出"专业化和集群化"，努力扩大规模，培育一批大公司、大集团。以黄河模具、洛耐等企业为重点，发展高品质金刚石超硬材料及制品、新型高分子材料、无机非金属材料、钛合金、镁合金、功能性膜等功能复合材料，以及特种高醇、高耐火蚀氧化物复合材料、高纯高铬耐火材料、特种功能耐火材料、节能降耗的高性能浇注料、可喷射施工的耐火浇注料等新材料。

二、加快发展汽车和装备制造业

突出比较优势，力争在汽车及零部件、电力装备和大型成套设备领域率先突破，2010 年区域装备制造业占全省比重达到 70%。

汽车及零部件工业发展的重点是：支持骨干整车厂与国内外大型汽车企业集团合资、合作，扩大中高档客车的竞争优势，加快发展适应未来汽车消费增长需要的乘用车、重型车等主流车种。推进汽车零部件企业整合，加快发展具有总成化特征的零部件，提高零部件产品的配套能力。

电力装备制造业的重点是：围绕国内重大超高压输电工程，发挥平高、许继专业制造输变电设备的优势，加大技术引进和研发力度，大力发展电力装备，提高电力装备成套化、专业化水平，提升核心竞争力。

大型成套装备制造业发展的重点是：通过与国内外公司的技术合作，适应装备工业的大型化、数字化、集成化的发展趋势，大力发展有色金属轧制、大型水泥主机、煤炭采掘、化纤纺织等成套设备。

"十一五"期间，重点建设中信重工特大新型水泥成套装备、许继集团许继电气城、宇通集团高档客车扩能、洛阳福赛特公司 5 万台重型载货车、中铝河南铝业有限公司年产 12 万吨高精度铝板带材、郑纺机 4.5 万吨粘胶成套设备等项目。在郑州、洛阳、许昌建设以汽车制造、大型成套装备、电力装备为主的装备制造业基地。努力形成新乡、焦作、洛阳、郑州和许昌等五大汽车零部件产业集群。

三、做大做强食品工业

加快推动以扩大精细产品规模为重点的食品工业升级，扩大农产品深加工的规模和比重，形成以高中端为重点的产品系列，大幅提升食品工业竞争力。大力发展小麦深加工、优势畜禽产品精深加工和乳制品、油脂深加工，进一步提高方便食品、速冻食品和低温肉制品等优势产品国内外市场占有率。2010 年区域食品工业增加值占全省比重达到 60% 以上。

"十一五"期间，重点建设双汇、众品等肉类综合加工、思念 50 万吨速冻食品基地、郑州三全 30 万吨中式快餐、焦作蒙牛乳业 22 万吨液体奶、五得利（新乡）日处理 4000 吨小麦、白象集团年产 100 亿包方便面、许昌山花年加工 225 万吨油料等项目。依托优势骨干企业，建设郑州大型速冻食品和乳制品生产基地、漯河肉类及蔬菜深加工大型食品基地和许昌、开封具有地方特色的食品工业基地。

四、建设大型铝工业基地

加快铝工业产业整合和集群发展，促进企业间的分工合作。延长铝加工产业链，以铝的精深加工为龙头，氧化铝、电解铝集约生产为基础，大型企业集团和产业集群为支撑，重点在郑州、洛阳、焦作建设氧化铝—电解铝—铝加工配套齐全，产业链条完善，具有国际竞争力的世界级大型铝工业基地。2010年区域铝工业增加值占全省比重达到80%。

进一步优化资源配置，集约化发展氧化铝，加快郑州、焦作、豫西等三大氧化铝生产基地建设。2010年产能分别达到200万吨、220万吨和300万吨左右。

推进电解铝行业整合，提高生产集中度。支持骨干企业在兼并重组，提升综合利用与技术装备水平的基础上，合理扩大规模优势，培育形成伊川、新安、万方、豫联4家40万吨以上的骨干企业。

突出发展铝的精深加工，以车用铝、包装用铝和新型建筑用铝为重点，大力发展铝板带箔、铝合金压铸件和型材加工产业链，形成一批具有国际竞争力的精深加工产品，实现产品结构由初级原料为主向精深产品为主转变。"十一五"期间，形成包括70万吨铝板带、10万吨铝箔、50万吨铝型材生产能力的4个大型铝加工集团，新增铝加工能力150万吨左右。

五、加快发展石油化工和煤化工产业

建设洛阳石化基地。利用"西气东输"、"西油东送"和"川气入豫"等油气资源，把洛阳石化总厂扩建成年加工原油千万吨以上的大型石化联合企业，扩大芳烃和轻烃生产规模，发展石化下游产品。"十一五"期间，重点抓好800万吨炼油扩能、45万吨PX、53万吨PTA及下游精深加工项目建设，在洛阳建设以炼油、芳烃、化纤等为主的大型石化生产基地。

大力发展煤化工。加快煤炭转化沿着焦炭和精细化工方向发展，大力发展煤炭气化、焦化，提高综合加工能力，实现煤炭资源深度加工增值。

依托平煤集团、郑煤集团、豫港焦化等大型企业产业优势，促进区域内煤化工产业大型化、规模化。在平顶山、济源形成以焦炭、合成氨和焦油深加工产品为主的煤化工基地。"十一五"期间，区域内新增煤焦油深加工能力100万吨、甲醇生产能力100万吨。

六、加快发展劳动密集型产业

积极承接沿海发达地区的产业转移，加快发展技术含量高的劳动密集型产业。重点发展电子、IT和新兴家电等高科技产品终端环节或外部配套的劳动密集型加工组装产业，促进劳动力就业结构的转变。

大力发展传统劳动密集型产业。引导传统劳动密集型产业从中心城区有序退出，向经营成本低的城市郊县和具有原料优势的区域转移，引导其在中小城市和中心城镇以工业园区形式集聚发展。"十一五"期间，努力形成开封尉氏纺织，许昌档发、制鞋、长垣卫材、起重机械，偃师针织、鞋业等产业集群。

七、促进城市间产业协调发展

根据各市经济发展水平、产业基础、自然条件、区位优势和发展潜力，以及在中原城市群中应起的作用，优化产业布局，引导生产要素向优势区域、优势产业、优势企业集中，合理配置资源。按照各市规划的功能定位和主导产业，在发挥市场机制作用的基础上，加强政策引导，促进各市主导产业通过跨区域投资、兼并、重组，做大做强，降低城市间的产业同构，避免过度竞争。以产业链为纽带，以主导产业为依托，促进产业集群化发展，促进城市间产业转移和调整，实现城市间产业分工协作和相互配套，提升区域产业整体竞争力。

第二节　大力发展服务业

大力促进新兴和现代服务业发展，加快改造提升传统服务业，服务城市发展和居民生活，促进农村富余劳动力转移。2010年区域内服务业增加值占全省的比重达到70%以上。区域生产总值比重达到37%，从业人员所占比重达到30%以上。

一、大力发展现代物流业

以郑州现代物流枢纽建设为中心，完善优化物流网络体系，大力整合物流资源，改造提升传统物流，培育大型物流企业，努力实现物流业的跨越式发展。

根据中原城市群物流通道网络结构和产业布局，构建物流枢纽—综合物流园区—专业物流市场三级物流结点网络，形成区域物流一体化。

着力抓好洛阳区域物流枢纽建设。在洛阳市北部规划建设以工业原材料、产成品物流和商贸物流为主，具有仓储、运输、流通加工、分拣、配送、信息服务等多种功能的大型综合物流园区。结合郑汴洛城市工业走廊建设，逐步将洛阳建设成为带动三门峡、济源等豫西地区，辐射山西、陕西等地区的区域物流枢纽。

规划建设新乡、漯河综合物流园区。依托京广、新荷、新焦铁路和107国道、京港澳、大广、济东高速公路交通网络，在新乡小店规划建设具有多种服务功能，呼应郑州、辐射周边的综合物流园区。依托京广与漯阜铁路、107国道、京珠与洛界高速公路，发挥商检、口岸等设施功能，将漯河豫南口岸物流园建成豫中南综合物流园区。

规划建设一批专业物流市场。建设洛阳工业品、花卉和关林商贸物流市场；开封综合商贸和农产品物流市场；许昌生鲜食品、鄢陵花卉和禹州药材物流市场；平顶山化工和食盐物流市场；新乡生产资料、家电和农产品物流市场；漯河食品、粮食和棉花物流市场；焦作有色金属和工业原料物流市场；济源建材和化工物流市场。

完善区域物流信息网络，构建公共物流信息平台，加快区域综合运输体系和城市智能交通系统建设，积极发展共同配送，促进区域物流一体化，实现中原城市群城际货物2小时内快速通达。

发挥区域资源优势和产业产品特色，大力发展粮食、棉纺、煤炭、建材、汽车、食品、农资、邮政等行业物流，有效激活物流市场。

积极培育物流企业。引导工商企业打破"大而全"、"小而全"的传统经营模式，强化主业竞争力，将采购、仓储、包装、流通加工和运输配送等物流业务外包给第三方物流企业，或组建独立运作、独立核算的物流企业。鼓励有条件的大型工商企业建立与上下游供应商、分销商间的战略联盟，构建一体化供应链，实现供应物流、生产物流和销售物流有机结合。以货代、快递、物流咨询等为重点，积极引进国内外知名物流企业；通过项目融资、股权转让等方式，与国内外先进的物流企业实行联合。

引导企业加大技术改造力度，提高物流技术装备水平。广泛应用现代管理和信息技术，大力发展电子商务，建立企业物流管理信息系统，实现订单处理一体化、仓库管理智能化、货物跟踪全程化、客户查询自动化、资金结算电子化，全面提高企业的物流管理水平。

二、加快发展金融服务业

以建设郑州区域性金融中心为重点，健全金融机构体系、培育金融市场，加快金融创新，优化金融生态环境，努力增强金融业的竞争力和辐射力，更好地发挥金融对区域经济发展的整体服务功能。

完善金融机构体系。支持国有商业银行的改革与发展，积极引进国内外商业银行，发展壮大股份制商业银行，完善政策性银行体系。支持地方金融机构引进境内外投资者，改善股权结构，壮大资金实力。发展和整合地方商业银行，支持经营良好的城市商业银行跨区发展业务。积极创造条件，组建中原发展银行。规范发展中小银行，推动农村信用社的改革发展，进一步搞活县域金融。组建我省保险法人机构，鼓励发展汽车、健康、养老等专业性保险公司，积极引进中外保险机构。鼓励大中型企业在区域内设立财务公司，发展投资银行、金融租赁公司、创业投资公司等非银行金融机构，满足经济和社会发展对金融服务的需求。

大力发展和利用资本市场。实施上市后备企业培育工程，增加上市公司数量，提高上市公司素质，鼓励上市公司再融资。支持经济效益好、偿债能力强的企业发行企业债券，拓宽企业融资渠道。扩充中原、百瑞信托公司资本规模，创新信托产品，提高信托融资能力。发挥郑州商品交易所的作用，扩大期货品种和交易规模，确立全国农产品期货中心和定价中心地位。依托现有产权交易机构，建设中西部地区有影响力的区域性产权交易中心。

强力推进金融业改革开放。加快机制创新，把商业银行、保险公司等金融机构建成治理结构完善、具有较强竞争力的现代金融企业。鼓励金融企业对外合资合作。整合金融资源，推动地方商业银行改制重组，促进多种经济成分的金融机构快速发展。拓展地方金融机构的服务领域，扩大交易规模，提高地方金融企业的市场竞争力。完善服务网络，创新服务产品，发展外汇风险管理、综合理财等金融服务形式，不断满足日益多样化的需求。

优化金融生态环境。改善政府服务，制定促进金融业发展的政策措施；基本建成覆盖政府、企业、个人的社会信用体系。强化金融监管，加强金融风险防范和不良资产清理，依法维护金融机构的合法权益，在全省率先建成金融安全区。建立金融业风险补偿机制，为金融业的发展创造安全、有序、诚信、公平竞争的生态环境。

三、发展旅游综合产业

优化旅游产业发展格局，强力推进资源整合，突出文化特色，着力打造精品旅游线路与旅游品牌，提升旅游业的竞争力。力争 2010 年旅游业总收入占区域生产总值的比重达到 10% 以上，成为区域支柱产业。

（一）继续打造精品旅游线

进一步加强沿黄"三点一线"精品旅游线建设，打造城市群旅游业的"龙头"。提升其在海内外的知名度，形成世界级旅游品牌，扩大入境旅游规模。以郑汴洛为中心，积极开发历史文化游和城市近郊游。大力开发文化览胜、城市观光项目，努力把郑州建设成为全省旅游首选目的地、游客集散中枢和服务中心、旅游人才开发培训基地。进一步优化洛阳龙门景区文化自然要素，整合白马寺、关林、白园、牡丹园、天子驾六古墓博物馆等优势旅游资源，提升大景区的整体竞争力。完善开封古城水系，开发开封古城墙和"城下城"景观，提升清明上河园、龙亭、相国寺、包公祠、繁塔、山陕甘会馆等景点及开封文化遗存、文化传统的整体效应，重现宋都古韵。积极开发黄河滩区、黄泛区、故道、背河湿地的生态旅游资源，重点发展黄河小浪底风景区、郑州邙山黄河文化游览区，花园口遗址及黄河生态文化展示区等，形成历史文化旅游走廊与绿色生态走廊相辅相成、人文气息醇厚、自然生态优越的精品旅游带。

提高嵩山文化旅游品位。以申报嵩山、观星台进入世界自然文化遗产名录、少林武术进入世界非物质文化遗产名录为重点，整合区内旅游资源，做大做强集培训、演展、竞技为一体的武术产业，配套发展旅游相关产业，建成驰名中外的世界级旅游经济区域。按世界旅游精品的目标创建太行山旅游品牌。突出太行山雄险壮观的特质和水景观优势，与太极拳及其他人文优势有机结合，加快旅游产品的深度开发，增强景区（点）的自然性、新奇性、参与性。重点开发云台山世界地质公园、王屋山国家级风景名胜区、万仙山风光旅游区、太行山国家级猕猴自然保护区等，力争建成自然与文化相融合的旅游经济区。

建设伏牛山区自然山水休闲旅游胜地。以建设 800 里风光长廊为目标，整体规划、连线连片开发伏牛山区旅游资源，提高完善石人山、白云山、老君山、龙峪湾、天池山、万山湖等自然旅游基础设施，进一步开发伏牛山区内人工湖、温泉、滑雪（草）场资源，加快景区间公路建设；加强生态建设、退耕还林和生物多样性保护，使之形成集生态观光、健体休闲功能为一体的自然生态旅游经济区。

发展平原文化旅游。区域内的开封、许昌、漯河等市，要充分挖掘平原地区文化经济和遗产，创新展示形式和手段，加快旅游资源开发，展现平原传统农耕文化特色。

进一步梳理发掘区域内丰厚的文化遗存，加强文化名胜景点和演展场所建设，展示区域内历史、宗教、文学、艺术、科技的沿革和成就，弘扬博大精深的中原文化，提升文化旅游的品位。

（二）延伸旅游产业链条

深度开发具有地方特色和文化内涵的旅游产品。重点开发以汴绣、钧瓷、汝瓷、唐三彩、木版年画等为重点的传统工艺品；反映景区（点）特色的旅游形象纪念品；以洛阳牡丹、开封菊花、鄢陵腊梅等为主的名贵花卉，以新郑大枣、焦作四大怀药等为代表的名优土特产品；具有地方特色的书法、美术、图书、音像出版物；以丰富的文物资源为依托的文物复仿制品和适应现代消费时尚的旅游用品。围绕吃、住、行、游、购、娱六大要素，加强购物和文化娱乐等薄弱环节，提高旅游综合效益。扩大旅游人才培养规模，建立有效的旅游人才培训体系，完善旅游培训机构，建设旅游职业培训基地。全面提高导游队伍素质，优化导游队伍结构。

（三）积极推动旅游资源整合

打破旅游资源管理的部门分割，加快组建一批大型旅游集团。力争2010 年，在城市群内培育和发展 1~2 个年收入超过 30 亿元、5 个以上年收入超过 5 亿元的旅游企业集团。

统筹规划完善旅游基础设施建设。在城市机场、火车站及高速公路出口处到郊区旅游景区（点）之间建立便利的公路网。在区域内交通沿线、旅游城市和景区建成完善的旅游标识系统。完善旅游公交系统，设计联接重点景区的旅游巴士专线，积极开辟季节性旅游公交线路。加强景区通讯、环保、安全等设施建设。

完善旅游公共信息服务平台。建设中原城市群旅游信息网，努力实现与全国各省市、世界各主要客源地市场联网，开展网上旅游、网上查询、网上预订等多项服务。充实旅游信息数据库，拓展旅游电子商务服务领域。建设郑州、开封、洛阳、焦作、新乡、平顶山等重点旅游城市综合的旅游服务中心，完善服务体系，提高服务功能。

积极推动旅游品牌、线路和客源共享，提升服务水平。加强区域内跨城市的旅游线路整合和统一对外推介。在景区之间推行区域旅游"一社通"、"一票制"等，提高旅游服务质量。

加强与周边省区的旅游合作，促进资源共享，加快建立跨区域旅游市场合作体系，实现优势互补、共赢发展。

四、积极发展房地产业

适应城市化快速发展中人民群众日益增长的住房需求，大力发展房地产业，调整优化房地产开发结构，促进房地产业快速健康发展。

充分发挥规划的指导作用，优化房地产业布局。引导房地产业发展与新城建设、旧城改造结合起来，与历史文化遗迹保护、煤矿沉陷区治理结合起来，与郑州和开封、新乡、新郑等城市的空间对接结合起来，与城市功能区、公共服务区、新型社区和产业园区结合起来，统筹规划布局和开发。

大力培育房地产市场主体，完善市场服务体系。鼓励房地产企业通过整合重组、引进战略投资者向主业突出、多业兼营的集团化发展，壮大房地产企业的规模和实力。加强房地产中介机构的管理，规范房地产市场秩序，改善房地产开发投资环境，促进房地产业健康发展。

优化城市商品住宅供应结构。扩大普通商品房和经济适用房开发规模，建立和完善廉租住房制度，适当发展功能完善、服务配套的高档住宅和商务写字楼，满足社会多层次住房需要。

注重改善人民居住环境，新建社区要配套建设各种服务设施。加强物业管理，提高物业服务质量和管理水平，构建和谐的社区环境。全面推行房地产开发、销售与物业管理的分业经营，形成以房地产业为龙头的综合产业体系，提高房地产业的质量和效益。

五、积极发展其他服务业

（一）大力发展中介服务业

重点扶持一批规模化和专业化水平较高的管理咨询、工程咨询、技术咨询、信用评级、产权交易、会计师事务所、律师事务所、资产评估事务所等中介服务机构。力争形成 3～5 家在全国同行业中实力突出、具有一定知名度和国际执业资质的中介服务机构。

大力吸纳国内外高素质中介人才，争取更多的国内外知名营销、策划等中介服务人才到区域内工作，形成具有一定规模的顾问队伍和智力服务网络。鼓励有条件的大学开展中介咨询策划培训和教育，培养专门中介人才。

支持科研机构、高等院校和其他社会力量创办中介服务机构。推动省内机构与国内外知名中介机构开展多种形式的合作。鼓励境内外中介机构到郑州设立分支机构，努力把郑州建设成为中介服务机构的集聚区。

全面推进中介机构与政府部门脱钩，破除行业及部门在准入条件、指定服务等方面的垄断，降低准入门槛。建立健全各类行业协会，加强行业内的沟通、自律、监督、协调。

（二）加快发展信息服务业

加强信息基础设施建设。完善区域广播电视有线光纤网络，力争"十一五"末，全面建成以郑州为中心、联通九市的骨干传输网和市到县、县到乡镇的有线广播电视覆盖网。发展壮大基础电信业，大力发展高速宽带网络，完善网络安全认证、安全支付结算、信用等保障体系，扩大互联网应用。积极促进区域广电网、电信网相互融通，力争"十一五"末，建成中原城市群门户网站、信息交换中心和公共信息服务网络平台，实现信息资源的互联和共享。大力发展电子政务，发挥政府部门信息化的先行带动作用，加强政府网站建设，提高办公自动化、信息公开化和服务便利化水平。力争到"十一五"末，区域内党政机关局域网普及率达到100%，网上办公业务覆盖率达到90%，各级政府公共服务上网率达到90%以上，九市政府电子政务系统全面实现互联互通。

加强企业信息化。在区域内的高新区、经济开发区、特色工业园区建设企业信息共享平台。加强中华粮网、绿网、万庄化肥、亿万电器等第三方专业性电子商务交易平台建设。大力实施企业信息化示范工程，引导骨干企业积极应用 MRP、CIMS、ERP 等系统，提高生产自动化和管理信息化水平。

大力发展农业信息化。建立健全农村基层信息服务组织，推进互联网和电视、广播、报刊、电话等多种方式的有机组合，促进农业信息"落地入户"。力争"十一五"末，区域内大型农产品批发市场基本拥有信息网站和电子结算系统，农村合作经济组织基本拥有网络计算机终端。

扩大信息技术的普及应用。大力发展网上购物、网上图书馆、网上博物馆、网上影院、气象遥感、卫星定位、远程教育、远程医疗等网络服务，积极推广数字电影、数字电视、数字出版物、手机短信等新型文化消费方式。积极开展"居民卡"工程试点，通过网络服务终端，办理电、气、水缴费等社会事务。支持有条件的社区利用宽带网络，完善安全防范、物业管理、医疗咨询、电子商务等服务，建设"数字化社区"。

（三）积极发展郑州会展业

依托郑州在区位、交通、商贸、旅游等方面的优势，充分发挥郑州国际会展中心、中原国际博览中心和郑州贸易中心货栈的作用，按照市场化运作、产业化经营的原则，拓宽办会办展渠道，积极举办国际性、全国性和区域性会议、商贸物流洽谈会、博览会、大型演出及节庆活动。加强与国内外知名展览公司的合资、合作，积极引进和培育一批会展业龙头企业，提升会展承办水平。围绕汽车、装备制造、重化工、农业、食品、城市建设开发、文化旅游等具有比较优势的领域，重点塑造"郑交会"等一批全国知名会展品牌，努力使郑州成为我国中西部地区重要的会展之都。

第三节　推进农业现代化

适应区域发展需要，优化农业生产布局，大力发展为城市服务的城郊型农业和高效生态农业，加快优势农产品基地和特色产业带建设，促进区域农业的规模化生产和产业化经营，不断增强农产品竞争力，大力发展农村服务业，积极推进农业现代化和农村城镇化，率先建成生产发展、生活宽裕、乡风文明、村容整洁、管理民主的社会主义新农村。

一、大力发展城郊农业和生态农业

充分利用区域内的自然、人文景观和特色农业生产优势，科学规划、合理布局，大力发展具有观光、休闲、旅游、生态、科技示范功能的城郊服务型农业。

在近郊环城地带，大力发展工厂化、设施化农业和有较高技术含量的现代化农业园区，积极发展观光、旅游和休闲农业。重点建设郑州市沿黄高科技观光农业、旅游风景带、惠济区果蔬自然风光带、二七区经济林果风光带、郑州国家森林公园野生动植物风光带。在其他 8 市近郊，积极发展花卉、林木、果蔬业，鼓励连片开发，丰富现代农业内涵，实现市区居民疗养、休闲与近郊农民提高农业效益的有机结合，促进生态效益和社会效益的有机统一。

在城市远郊地带，大力发展生态农业。加快洛阳市周山、龙门西山、小浪底、上清宫四大城郊森林公园和观赏牡丹园的建设。利用黄河湿地、渔业水面等优势，加快开封市柳园口黄河游览区、开封县高效农业示范园区的建设。引导其他各市因地制宜地发展城郊型农业，以建设菜篮子工程基地为重点，积极发展具有地域特色的时鲜水果、名特花卉、蔬菜，走精品农业的路子，大力发展种子种苗业，改善城市生态环境，提高农民收益。

在山丘区、沙化区、滩区，大力发展草木和林果业。加快郑汴洛城市工业走廊沿线绿化带建设，在郑州与洛阳区间浅山丘陵区强力推动旱作农业发展，大力发展林果业，在郑州至开封区间沙化区大力实施人工造林，逐步形成三市间的"绿肺"。在黄河滩区堤内实行退耕还草、堤外大力发展速生丰产林。保护深山区、石山区森林资源和植被，加快南太行、豫西伏牛山区退耕还林步伐，提高森林覆盖率。2010 年逐步形成近郊休闲农业、远郊平原集约化农业、山区生态型特色农业互为补充、相得益彰的发展布局。

二、打造优势农业基地和农产品产业带

加快现代农业科技示范园区建设。加快省农科院原阳现代农业科技试验示范基地建设，力争用 3~5 年的时间建成现代化的农业科学试验基地、现代农业示范基地、农业技术培训与科普基地和科技成果产业化示范基地。争取中国农业科技黄淮海地区创新中心落户中原城市群。加快许昌国家农业科技园区等现代农业科技示范园区的建设，形成一批农业高新技术企业。加快专用粮食、棉花、油料、原料林等工业原料基地建设。围绕为工业生产提供原料，以市场为导向，引导农民组织农业生产，把千家万户的种植业与大工业加工生产结合起来。继续实施优质粮食产业工程，建设和完善大型商品粮生产基地，进一步提升新乡、焦作优质专用小麦生产基地水平，建设开封优质小麦生产基地。推进沿黄优质水稻生产，建成我国北方重要的无公害优质水稻生产基地。利用沿黄滩涂地和沙荒地，加快沿黄林纸原料林基地建设。加强特色农产品基地建设。继续搞好洛阳牡丹、开封菊花以及以鄢陵为中心的花卉苗木特色农业带的建设。搞好郑州、开封优质瓜菜生产基地建设。加快苹果、石榴、葡萄、大枣、核桃等名优特新干鲜果品和山茱萸、金银花、柴胡、冬凌草、"四大怀药"等中药材的生产加工。加快优势畜产品开发，不断提高规模化、集约化、标准化饲养水平。推进黄河滩区绿色奶业带、京广沿线瘦肉型猪和中原肉牛产业带建设。因地制宜地发展高效特色出口农产品，建立特色农产品出口型生产基地。扩大农产品精深加工，推动农业产业化经营，不断提高农业增值水平。扶持重点龙头企业，做大做强一批实力雄厚、辐射能力强的农产品加工企业。拉长加工产业链条，拓展粮食、油料、果蔬、畜禽产品、乳品等优势农产品的发展空间，提高附加值。加强农产品标准化体系建设，按国际标准制定生产操作规程并组织生产，提高质量，增强农产品市场竞争力。发展订单农业，促进产销衔接。扩大劳动密集型和绿色食品生产，努力开拓农产品市场。

三、大力发展农村服务业

围绕农业生产的产前、产中、产后服务，构建以生产服务、销售服务、科技服务和信息服务为主体的农村社会化服务体系。

大力推进现代流通方式进农村。在人口集聚度较高的乡镇，因地制宜地建设特色农产品批发交易市场。鼓励城市大型连锁超市下乡进镇，积极发展适应农村消费特点的超市、连锁店、便利店等，进一步方便农民生活。

健全农资、农产品营销网络，加强专业协会和农民经纪人队伍建设，努力搞活农产品流通。加强农业技术推广网络和农业信息体系建设，进一步服务农业生产。鼓励和引导农民发展各类专业合作经济组织，提高农业的组织化程度。

四、加强农村基础设施和公共服务体系建设

按照建设社会主义新农村的要求，不断加大对农业和农村的投入，扩大公共财政覆盖农村的范围，强化各级政府对农村的公共服务，在区域内逐步建立工业反哺农业，城市支持农村的长效机制，推进城乡统筹发展。加强农村水利、道路、能源、通讯等基础设施建设，加快农村教育、卫生、文化、科技等社会事业发展。

加强乡村建设规划和改造。整治村容村貌，优化美化环境，改善农民的居住条件，努力提高农民的生活质量和水平。加强"空心村"、砖瓦窑和工矿废弃地整治，节约和集约使用土地。积极稳妥地推进宅基地置换试点，合理归并农村自然村和居民点，引导农民居住向城镇集中，逐步实现乡村城镇化。

加强水利设施建设。加快黄河堤防加固和南水北调中线工程建设，大力实施大中型灌区续建配套和病险水库除险加固，加强小流域治理，增强防洪排涝和兴利除弊能力。推广节水灌溉，改善供水管理。搞好水土保持，维护生态平衡。2010年基本解决农村饮水困难和安全饮水问题。

加强农村道路建设。继续多渠道筹措资金，增加对区域内农村道路建设和改造的投入，提升农村公路质量和技术等级，2010年实现区域内所有行政村通公路。

加强农村能源设施建设。完善农村电网，扩大覆盖范围，重视电网末端接入系统的合理分布，方便农村居民用电，努力开拓农村电力市场。深化农村电力管理体制改革，降低农村居民用电成本，实现城乡居民公平、平等用电。大力发展农村沼气，2010年区域内1/4以上农户使用沼气。

在有条件的县城周边和人口密集的小城镇，积极发展管道煤制气、天然气。

加强农村文化教育基础设施建设。增加教育投入，大力发展农村教育，合理布局中小学网点，全面完成农村中小学危房改造，实现农村学生就近入学，巩固提高九年义务教育成果。对区域内农村学生全部免收杂费、课本费，对贫困家庭学生提供寄宿生活费补助。大力发展普通高中，积极发展远程教育。2010年实现广播电视"村村通"，有线电视入户率达到50%以上。加快农村文化活动场所建设，支持建设图书室、文化室，大力发展互联网，为不同年龄的农村居民提供多样化的休闲和文化娱乐场所。

加强农村公共卫生和基本医疗服务体系建设。继续加强对乡镇卫生院的建设与改造，增加基本化验、检查设备投入，增强公共卫生服务能力，提高对周边农村居民的覆盖率和服务质量。2010年区域内全面建立农村新型合作医疗制度和贫困家庭医疗救助制度，做到小病不出村、急病不出乡（镇）、重病不出县、大病看得起。

第八章　建设科教文化高地

突出科技、教育、文化在中原城市群发展中的先导和支撑作用，提高科技创新能力，加快推进教育现代化，大力弘扬中原文化，努力建设科教文化高地，为中原城市群的快速协调发展提供智力支撑。

第一节　提高科技创新能力

充分发挥科技创新的支撑和引领作用，强化企业技术创新的主体地位，加快社会科技资源的整合和区域科技基础平台建设，推动科技成果的转化、应用和共享，促进区域科技创新能力的提高，支撑区域经济结构调整升级和社会协调发展。

一、提高企业自主创新能力

加强企业技术创新能力建设。围绕汽车和装备制造业、信息产品制造业、食品工业、铝工业、石化和煤化工等优势产业和主导产业链条的拓展和升级，以开发应用新技术、新产品、新工艺、新装备为方向，重点加强双汇、许继、宇通、洛拖等骨干企业技术中心创新能力的建设，增强企业自主研发能力，形成一批具有自主知识产权的核心技术。支持洛耐院、黎明化工院、省科学院、省农科院等国家、省科研机构和郑大、河大、河师大等高校，围绕城市群发展的主导产业，强化产业价值链关键环节，加强技术的开发、集成和转移，辐射带动相关企业，扩充产业链整体产能。在电子信息、生物医药、农产品深加工等领域，新建5个国家级和150个省级企业技术中心。力争到"十一五"末，区域内企业技术中心达到300个，其中国家级超过20个；工程（技术）研究中心和实验室100个，其中国家级达到20个；年销售收入50亿元以上的制造业企业基本形成自己的核心技术。

加强产学研联合，鼓励各类科技力量进入企业。以技术和资本为纽带，依托黄河旋风、天鹰集团、金龙集团、洛玻集团、洛铜集团等区域内重点企业与国内外知名高等院校、科研机构，建立一批紧密型的产学研共同体，将研发平台延伸到发达地区和国家，提高企业对科技资源的集聚能力。推动区域内骨干企业通过技术转让、委托开发、联合开发、共建研发机构等，开展多种形式的产学研联合。

加大对企业商标、著作权等知识产权保护，建设集知识产权孵化、转化、转让于一体的知识产权交易体系。以区域内骨干企业为重点，推进专利工程，2010 年区域内重点企业平均专利实施率达到 60% 以上。

二、整合科技资源

加快科技体制改革。运用市场机制，优化整合中原城市群各产业的科技资源，建设区域内科技运行机制与经济运行机制紧密衔接的新型技术创新体系；健全以政府为引导，企业为主体，社会多元参与的科技融资体系，力争"十一五"末，区域内 R&D 经费占生产总值的比重从 2004 年的 0.45% 上升到 1.6% 左右，引导企业加大研发投入，使企业真正成为科技开发的主体，建有国家级和省级企业技术中心的企业研发投入占销售收入的比例分别达到 3% 和 2% 以上。深化科研机构改革，"十一五"期间，区域内应用开发类科研机构全部实行企业化转制，完成产权制度改革，社会公益及农业类科研机构的分类改革进一步深入，科研机构创新发展的活力与动力进一步增强。

健全中原城市群区域技术创新体系。网络化连接以高等学校和科研机构为主的知识创新系统，以企业为主体、产学研相结合的技术创新系统以及社会化服务支撑系统。加强资源共享平台建设。建设以区域内单台价值 10 万元以上的仪器设备为基础的大型科学仪器设备共享平台，以区域内国家级工程（技术）研究中心、企业技术中心和重点实验室为主要载体的研究实验基地共享平台，以农作物、林木、花卉、药用植物、畜禽、微生物等种质为基础的自然种质资源开放共享平台，以区域内科研单位、高等院校、公共图书馆和大型企业等单位科技文献为基础的科技文献资源开放共享服务平台，以区域内气象、测绘、水文水资源、农林、地质与矿产等领域数据为基础的开放式科学数据共享平台，为区域内各单位提供技术交易、信息交流、评估等服务的科技成果转化服务平台等六类科技资源共享平台，对区域内企业开放，尤其是对中小企业要采取更为优惠的价格，用经济手段促进科技资源的高效利用，推动中原城市群科技要素资源的联动与共享。

建立开放的人才流动机制。充分发挥区域内国家级开发区、留学人员创业园、大学科技园等对高素质科技人才的凝聚力，广泛吸引国内外科技人员到区域内任职创业；率先在中原城市群对流动科技人才，实行人才居住证制度，在职称聘任、子女入学、家属就业、社会福利等方面给予优惠政策；依托区域内重大科技项目、科研基地、重点学科建设，着力培养一批优势领域的学科带头人，形成创新团队；打破所有制、地域、部门、身份等因素限制，鼓励区域内专业研究人员、高校教师和企业科技人员间的互聘互兼。

三、强化科技攻关

针对中原城市群优势产业链延伸及产业升级关键节点，组织实施若干重大攻关专项，依托骨干企业，通过产学研相结合，自主创新与引进消化吸收相结合，加快突破技术瓶颈。围绕汽车和装备制造业发展，重点攻关汽车震动与噪声控制技术、机械设备液压控制与传动技术、开放式数控技术；围绕铝工业基地建设，重点攻关375KA大型铝槽电解生产技术、新型铝合金及精密轧制技术；围绕食品工业基地建设，重点攻关食品分离提纯技术、常温保鲜技术、营养功能性调理食品加工技术；围绕煤化工产业链延伸，重点攻关以甲醇为原料高效制备二甲醚、烯烃产品产业化技术；围绕信息产品制造业发展，重点攻关高纯半导体材料制备技术、新型显示器件用玻璃产业化技术、数字电视、网络视听技术；围绕新能源产业发展，重点攻关单套装置年产2万吨以上生物柴油生产技术、光伏太阳能电池、高能锂离子电池产业化技术；围绕生物产业发展，重点攻关农业优良品种繁育及规模化种植技术、制药微生物发酵技术；围绕社会公益性事业发展，重点攻关人类重大疾病防治药物生产技术、动植物重大疫情防治技术和污水、废气、固体废弃物处理及综合利用技术。

第二节　推进教育现代化

把优先发展高等教育和职业教育放在突出位置，调整优化教育发展布局，积极吸引高素质人才向区域内集聚，促进农村人口向城镇转移，为区域经济社会发展提供强有力的人才和人力资源支撑。

一、提升高等教育的规模和质量

强力实施名校战略。突出抓好郑州大学和河南大学建设，扩大招生规模，优化学科结构，加快研究生院建设，努力培育形成一批在国内外具有较强影响力的强势学科，进一步提高知名度和认知度。使郑州大学、河南大学跻身全国一流大学之列，形成带动中原城市群高等教育发展的龙头。力争"十一五"末，区域内本科院校达到30所左右，在校生规模超过100万人，占全省的比重超过80%，建成10个国家级重点学科和重点实验室。积极支持其他骨干高校建设。支持解放军信息工程大学、河南师范大学、河南科技大学、河南农业大学、河南理工大学等骨干高校发挥传统优势，发展特色学科，壮大发展规模，努力建设成为全国同类院校中专业特色突出、具有一定影响力的大学。

推动高等教育资源共享。鼓励优势本科院校跨区域重组，鼓励不同城市的高校联合培养研究生、联合创办新兴交叉学科。在区域内推行高校教师跨校授课，学生跨校、跨专业学习，高校间学分互认。积极推进高校基础设施共享，鼓励实验室、图书馆、体育场等基础设施对区域内其他高校和社会全面开放。支持有条件的民办高校申办本科院校，支持普通高等本科院校利用社会资金举办二级学院。充分利用高等教育资源发展成人教育。

积极引进区域外高等教育资源。鼓励区域内有条件的大学选派骨干教师赴国外大学研修交流，邀请国外著名学者、知名教授来校任教或合作研究，吸引海外留学人员到区域内高校建功立业，加强薄弱学科和新兴学科建设。采取优惠政策，引进国内外知名大学到区域内设立分校、二级学院、系科和专业，开展代培业务等，鼓励区域内高校与国内外大学联合办学。

二、大力发展现代职业教育

加强职业教育基地建设，"十一五"期间，集中力量建设 8 所骨干高等职业技术学院、16 所中等职业示范学校、50 所国家级、90 所省级重点中等职业学校，建设 45 个高等职业教育、120 个中等职业教育示范专业点，建设 80 个规范化、高质量、具有示范作用的职业教育实训基地。

围绕区域产业发展需求，有针对性地加强专业技能培训。重点抓好洛阳、新乡职业培训基地建设。充分发挥高等职业院校和高级技工学校、技师学院的作用，加强对产业工人和进城务工人员的职业技能培训。引导企业加强岗位技术培训，组织技术革新和攻关，搞好技能传授，进一步扩大实用技能型人才培养规模。

三、优化教育布局

加快郑州大学、河南大学、河南科技大学新校区等高校扩容工程建设，重点推进郑东新区龙子湖高校园区和其他高校区建设，积极推进洛阳、新乡、开封高校园区和其他高校新校区建设，力争"十一五"末，在区域内培育形成一批高等教育集聚区，成为带动城市发展的智力创新源。

加大对中原城市群支点城市和重要节点城市优质高中建设的支持力度，以此带动区域高中阶段教育整体水平的提高。"十一五"期间，济源、焦作两市率先全面普及高中阶段教育。2010 年区域内高中阶段毛入学率达到 85%，其中九市市区和部分经济较发达的县（市）基本普及高中阶段教育。积极推进义务教育均衡发展，加强城镇薄弱学校建设，确保进城务工人员子女就学，区域内率先实现全免费 9 年义务教育。

第三节　推进文化建设

传承和弘扬中原传统优秀文化，努力形成鲜明的地域文化特色，大力发展文化产业和文化事业，变文化资源优势为文化产业优势，增强文化对经济社会发展的感召力、支撑力和催动力。

一、积极推进文化体制改革

改革文化管理体制，加快政府职能由办文化向管文化转变。深入开展郑州、洛阳、开封文化体制改革综合性试点。加快公益性文化事业单位改制步伐，大力培育符合现代企业制度的文化经营实体和市场主体。创新运行机制，增强文化单位发展的动力与活力。积极发展民营文化企业，扩大文化领域的对外开放，形成以国有文化企业为主导，多种所有制共同发展的文化产业格局。

二、整合文化资源

按照专业化、集约化发展的要求，打破地区、部门、行业和所有制限制，通过兼并、联合、重组等形式，促进区域文化资源向重点行业、优势企业、产业基地和特色园区聚集，发挥整合效应。在传媒、出版、影视、演艺和新兴文化产业领域，培育一批年经营总收入在 20 亿元以上的大型文化企业和企业集团，形成区域文化产业发展的龙头，带动文化产品研发、制作、生产、服务、销售系列化、一体化发展。

"十一五"期间，重点推动以河南报业集团为龙头的区域报业资源整合，支持其上市融资，做大做强；推进以河南出版集团为龙头的区域出版、印制、发行资源整合，大力发展连锁经营、信息化网络和物流配送体系；推进有线广播电视网络资源整合，大力发展数字广播电视和移动电视、IP 电视等新媒体业务；推进重点艺术院团、剧场、演出公司、节目制作公司的资源整合，提高演出的知名度和市场占有率；推进优势文化旅游资源整合，强力打造沿黄精品旅游线和一批世界级文化旅游品牌；推进科研单位、大专院校和文化企业技术人才资源整合及网络资源整合，联合开发具有自主知识产权的文化创意、动漫游戏和网络服务产业。

发掘拓展传统文化。加强郑州、洛阳、开封等古都遗存、历史街区和传统文化的保护，争取少林武术、焦作太极拳进入世界非物质文化遗产保护名录。充分挖掘中原文化丰富资源，创新展示形式和方式，搞好文化展览和文物复仿制品生产，扩大中原历史文化的吸引力、感染力和国际影响力。

三、发展文化产业

优化区域文化产业布局，着力打造具有中原文化和黄河文化特色的沿黄文化长廊，努力把郑州建设成为全省文化产业的中心和全国重要的文化产业基地，把洛阳、开封建设成为具有浓郁古都韵味的区域文化中心。

积极调整文化产业结构，大力发展以传媒、出版、文化旅游、文艺演出为代表的主导文化产业，以网络服务、广告会展、文化创意和动漫游戏等为代表的新兴文化产业，以文化娱乐、体育休闲、艺术培训等为代表的社会文化产业，努力形成主业突出、结构合理、特色鲜明的文化产业发展态势。

加快文化产业基地和园区建设，规划建设郑东新区出版园区、河南出版物流配送中心、郑州印制基地、郑州影视制作基地、郑州广告会展基地和新兴文化产业基地，大力发展开封汴绣、朱仙镇木版年画、平顶山汝瓷、许昌钧瓷等一批特色文化产品生产园区。

四、培育发展现代都市文化和大众文化

弘扬中原文化兼容并蓄的优秀传统，广泛汲取和融汇现代都市文明精髓，以标志性文化设施、特色文化街区、现代化建筑和精品文化工程为载体，鼓励发展健康向上的酒吧文化、歌厅文化、体育文化、旅游文化、网络文化等大众娱乐文化和时尚文化，促进高雅艺术文化与大众文化共生发展，丰富城市文化生活，提高城市文化品位，满足人民群众多层次多样化的文化需求。加强基层文化建设，大力发展广场文化、社区文化、企业文化、校园文化，为城市发展营造浓郁的文化氛围。

集中力量扶持建设一批综合性、多功能，具有时代特征的标志性文化设施，建立健全公共文化服务体系，完善各类群艺馆、文化馆、图书馆、博物馆的综合服务功能。推进和完善"民族民间文化保护工程"、"艺术精品工程"、"文化信息资源共享工程"、"出版信息资源共享工程"、数字图书馆、数字博物馆等工程建设，实现文化信息资源共享和传播网络化，用先进文化占领城乡文化阵地。

第九章 提高生态环境承载力

提高生态环境和资源承载能力，是中原城市群发展的前提和保障。加快中原城市群发展，必须统筹考虑生态环境保护和资源的合理开发与利用。"十一五"及今后一个时期，要大力加强生态建设，有效治理环境污染，合理开发利用资源，加快发展循环经济，提升区域生态环境承载能力，改善人居环境，增强区域可持续发展能力。

第一节 推动生态建设

坚持生态保育、生态恢复与生态建设并重的原则，建设山川秀美、空气清新、环境优美、生态良好、人与自然和谐、可持续发展的生态城市。加快城市防护林建设，在城区组团间规划建设生态隔离带。合理布局重大生态工程，发挥森林调节气候、减灾降尘、涵养水源、净化空气、降低噪音等功能，有效改善区域生态，创建良好人居环境。生态建设贯彻物种多样性原则，加强乡土物种的保护，大力发展混交林，提高生态建设的效能和效率。力争 2010 年区域林木覆盖率由现在的 20.47% 提高到 25%，郑州、开封、洛阳 3 市建成区绿化率达到 40% 以上，其他 6 城市达到 35% 以上。"十一五"及今后一个时期，全面推进六大重点生态工程建设，努力构筑城镇和产业集聚区与生态涵养带相互交融的空间发展格局。

一、黄河生态建设工程

在黄河沿线郑州、开封、洛阳、新乡、焦作、济源 6 市的 17 个县（市、区），依托黄河标准化堤防，在黄河大堤两侧和黄河滩区，布局建设黄河生态工程。加快黄河标准化堤防建设。搞好邙山绿化工程、小浪底库区绿化工程建设，以黄河两岸大堤为中心，在堤面及护坡、堤内及堤外单向平均宽度超过 150 米范围内，建设多功能、多层次、综合性防护林带，实现大堤造林总面积 37 万公顷，发挥固沙、防风、绿化功能，形成宽阔壮观的森林景观。加强黄河滩区综合治理，继续实施堤防加固、河槽疏浚和控导、安全撤退道路、避水连台等黄河治理与安全建设工程。积极推进滩区退耕还草，发展滩区生态农业。保护性开发桃花峪、孤柏嘴、嘉应观、花园口、东坝头、黄河重要渡口、重要工程（含遗址）等沿黄自然、历史人文景观。保护和恢复黄河湿地，重点加强豫北黄河故道湿地鸟类国家级自然保护区、开封柳园口湿地省级自然保护区、郑州黄河湿地省级自然保护区的保护。在黄河流域平原地区和故道湿地，开展退耕还滩（泽）示范工程。上述规划工程力争"十一五"期间基本建成。通过系统生态工程的建设，解决黄河对中原城市群的生态危害和生态隔离问题，使黄河两岸成为横跨中原城市群东西的生态涵养带，成为郑州都市圈的"绿肺"。

二、南水北调中线绿化工程

在南水北调中线工程沿线平顶山、许昌、郑州、焦作、新乡 5 市及 17 个县（市、区），布局建设沿线绿化工程，沿总干渠两侧营造各 50 米、长 442 公里的防护林带，造林面积 0.44 万公顷，在防护林外侧，每侧营造 2 公里高标准农田林网，造林 1.8 万公顷，保护沿线平原、半平原、山地、丘陵及其结合部的原生植被，防止水体二次污染。绿化工程与总干渠和支渠工程同步建成，努力使南水北调中线工程沿线成为纵贯中原城市群南北的生态走廊，成为集生态、观光为一体的绿色风景线。

三、豫西山地生态建设工程

在中原城市群西南部洛宁、栾川、嵩县、宜阳、汝阳、伊川、登封、新密、汝州、鲁山、禹州等 11 个县（市）的山地丘陵地区，布局建设豫西山地生态建设工程，通过实施退耕还林工程、生态移民工程、天然林保护工程，规划营造和保护公益林总规模 74 万公顷，其中营造公益林 17 万公顷。争取到"十一五"末，使豫西南连绵起伏的山地丘陵地区成为中原城市群西南部的生态屏障和重要的水源涵养地。

四、南太行绿化工程

在中原城市群西北部地区的辉县、卫辉、凤泉、修武、山阳、中站、马村、解放、沁阳、博爱等 10 个县（市、区），布局建设太行山绿化工程，通过人工造林、封山育林、飞播等方式，造林总规模 27 万公顷，其中营造公益林 13 万公顷。规划"十一五"期间建成，改善境内太行山及其南麓地区的植被和生态现状，努力使太行山区成为中原城市群西北部的生态屏障。

五、沙化土地治理工程暨平原防护林工程

在中原城市群平原地区和新乡、郑州、开封、焦作、许昌 5 市的中牟、新郑、管城区、尉氏、通许、延津、开封县、兰考、杞县、尉氏、通许、鄢陵等县（市、区）沙化地区，实施平原和沙化土地治理工程，结合山、水、林、田、路综合治理，以路、河、渠、堤林带为基本框架，完善已建林网，增加乔灌草多层次、多树种模式配置，减少风沙危害，调节气候，涵养水土，造林总规模 28 万公顷。2020 年争取沙化土地得到根本治理，使其成为中原城市群东部的生态涵养区。

六、环城防护林工程

在中原城市群各城市周边地区，布局建设环城防护林工程，并与城市快速环路、高速公路、国道等通道绿化工程相联结，构建城市外围地区森林生态带，调节城市生态环境。加强城市各城区或组团之间的生态隔离，防止城市无序蔓延，维护城市生态安全。"十一五"期间，在已建造的郑汴洛沿黄防护林的基础上，规划新造林总规模 15 万公顷，营造为环城防护林。其中郑州市包括环城防护林、尖岗水库水源涵养林、风沙源治理工程等，造林规模 6 万公顷；洛阳市包括周山绿化、龙门山森林公园等工程，造林规模 2 万公顷。在基础较好的焦作、济源、漯河、许昌等市努力形成城在林中、林在城中的绿色城市景观。

第二节 加强环境治理和保护

以治理城市污染为重点，继续加强工业点源污染治理，强力推行清洁

生产，控制农村面源污染，促进区域环境质量的持续好转。2010 年区域内 1~3 类水质河段占监控河段的 70% 以上，全面扭转水环境质量持续恶化的趋势；城市污水集中处理率达到 80% 以上；城市垃圾无害化处理率达到 60% 以上；城市空气质量好于二级以上天数占全年 80% 以上。

一、加强城市污染治理

优先保护城市饮用水源水质。禁止一切对饮用水源地有影响的排污行为及旅游、畜禽水产养殖等活动。对已经受污染的城市供水水源，要加快治理步伐，尽快改善水质。完善流域治理机制，落实省辖淮河、海河、黄河重点流域水污染防治规划所确定的各项任务，抓好南水北调中线工程水源地丹江口水库的水质保护工作。

大力实施城市河道整治工程。重点治理流经城市的污染严重的河流，恢复水体功能，发挥景观效益。逐步改造沿河景观，成为城市重要的生态功能区和亮丽风景线。郑州市重点解决城市污水入河问题，恢复水体功能，发挥景观和生态效益。搞好贾鲁河道的疏浚和沿河绿化，发挥防洪和生态涵养效益。洛阳市重点加强洛河、瀍河、涧河的治理，形成城市景观和生态功能区。开封市重点加强汴河、惠济河的治理，沟通城市水系，进一步强化古城魅力。新乡市重点加强卫河、人民胜利渠的治理，积极实施"引石入卫"工程，改善卫河水体，促进城区卫河沿岸景观建设，恢复生态功能。焦作市和许昌市要分别加强对本市内沙河和清潩河的治理，尽快恢复水体功能，形成新的生态涵养区和城市景观区。平顶山、漯河市要加强对沙河、汝河、湛河、澧河的保护，努力提高水质标准，为下游地区提供优质的生活和生产用水。济源市重点加强北蟒河、南蟒河的治理，形成城区景观河道，改善城市环境。

综合治理城市大气污染。加大城区污染企业"关停并转迁"力度，严格控制新建电厂二氧化硫排放，新上电厂必须同步建设脱硫装置，现有燃用高硫煤的电厂"十一五"期间全部建成脱硫设施；大力推进使用天然气等清洁燃料，提高天然气使用率；全面推行城市集中供热，除特殊用途的锅炉外，"十一五"期间关闭所有小锅炉。积极推行城市公交、出租车使用燃气，尽快淘汰尾气排放不达标的机动车。

加快城市污水、垃圾处理厂建设，2007 年县级以上城市和县城全部建成污水、垃圾处理厂，新建污水处理厂，要配套建设脱氮设施，已建成的污水处理厂要增加脱氮设施，湖泊水库周围的城市污水处理厂还要同步建设除磷设施。

二、削减工业污染

严格执行产业政策，坚决淘汰落后的技术、工艺、设备和生产能力。"十一五"期间，依法关停区域内所有机立窑水泥生产线、3.4 万吨以下草浆造纸生产线和小炼焦、小冶炼、小电镀、小铁合金、土法石灰窑等"十五小"企业，对造纸、皮革、化工、食品等行业，强制推行达标排放。大力推行排污许可证制度，科学核定区域内各市的水、大气环境容量，实行严格的环境准入制度、环境影响评价制度和环保设施建设"三同时"制度，坚决控制新污染产生。鼓励市区工业企业向产业园区迁移，实现污染集中治理。

加大区域内小火电关停力度，严格控制二氧化硫排放总量，努力为大型发电机组和其他优势产业发展腾出环境空间。"十一五"末，区域现有 5 万千瓦以下纯凝汽燃煤火电机组、12.5 万千瓦以下超期服役机组全部关闭，12.5 万千瓦以上机组全部安装脱硫装置，关闭总规模达到 170 万千瓦。

三、加强农业面源污染防治

大力发展生态农业，引导农民科学施用化肥、农药，减少对水体、土壤的污染。大力发展农村沼气等能源替代工程，防治农村、农业垃圾和生活污水的污染。积极推广规模化养殖，加强规模化畜禽养殖污染治理，开展畜禽渔养殖污染、面源污染的综合防治示范。走农业循环经济的道路，发展生态农业。加强小流域综合治理，防止水土流失，遏制农业面源污染。

四、加强重点区域的污染整治

加大重污染区域环境综合整治力度。通过强行关闭或限期要求企业采用先进工艺达标排放等手段，重点整治禹州、新乡凤泉区、济源的小水泥，伊川金刚砂，新乡县、新密市的小造纸，登封、新密市的铁合金、小耐火材料，汝州市的小炼焦，焦作中站区的小冶炼等，"十一五"期间完成整治工作，促进区域大气环境和生态环境的恢复。

五、加强环保监控体系建设

完善污水、垃圾处理费征收机制，推进城市污水、垃圾处理设施的企业化管理、市场化经营和产业化发展。"十一五"期间，区域内所有县级以上城市全面开征污水处理费和垃圾处理费。

健全环境质量监测网络，加快地表水和空气质量自动监测站建设，提高监测能力。对城市污水处理厂、垃圾处理厂和危险废物（医疗废物）处置场实行自动在线监测。

提高环保执法能力，建设应急监测制度。重视预防新的环境问题。

探索建立环境容量指标有偿转让制度，用市场化手段解决区域环境污染问题。

第三节　提高水资源保障能力

水是 21 世纪重要的战略资源，优化水资源配置，搞好开源节流，对中原城市群的持续发展具有重要意义。根据区域内产业布局、人口密度和经济社会发展需要，兼顾当前与长远发展，结合区域水资源总量和时空分布特点，科学开发和优化配置水资源，加强节约用水，提高水资源开发利用效率，为区域经济社会发展提供水资源支撑和保障。

一、合理开发利用水资源

初步测算，中原城市群 2020 年需水量约 135 亿立方米，其中工业用水 38 亿立方米，生活用水 22 亿立方米，农业用水 54 亿立方米。现供水能力约 100 亿立方米，缺口约 35 亿立方米。通过新建大型水资源开发利用工程，新增供水量 29.87 亿立方米，其中南水北调工程 17.68 亿立方米，燕山水库工程 1.33 亿立方米、河口村水库工程 0.86 亿立方米，小浪底水库工程 9 亿立方米、西霞院水库工程 1 亿立方米。水资源不足部分，通过现有水库除险加固、发展集雨和"用洪"工程，合理开采地下水予以有效补充，特别是要通过加强对大中型灌区的节水改造，广泛推广滴灌、渗灌等技术，发展中水回用和推行阶梯水价等措施，推动节约用水，确保满足区域内生产、生活用水需要。

"十一五"期间集中力量建设南水北调中线工程、燕山水库、河口村水库、西霞院水库等四大水利工程。配合国家建设南水北调中线工程，规划 2010 年建成通水。同步建成受水城市配水工程。配水工程主要是从总干渠设置的中原城市群 23 个分水口门引水，通过输水管道、现有河道或修建供水明渠将水引至城市水厂或为城市供水的水库。主要包括新建输水管道 411 公里，整治 14.2 公里的输水河道，修建 0.75 公里的供水明渠。工程建成后，每年分配平顶山、许昌、漯河、郑州、焦作、新乡 6 市的水量 17.68 亿立方米，将基本缓解中原城市群 9 城市水资源不足的问题。其中，平顶山市 2.5 亿立方米、许昌市 2.26 亿立方米、漯河市 1.06 亿立方米、郑州市 5.02 亿立方米、焦作市 2.82 亿立方米、新乡市 4.02 亿立方米。2008 年建成燕山水库，年增加供水量 1.33 亿立方米，其中向漯河市城市供水 0.8 亿立方米、叶县和舞阳县农业灌溉用水 0.38 亿立方米、生态用水 0.15 亿立方。2008 年建成黄河西霞院水库，发展灌溉面积 113 万亩，每年向附近城镇供水 1 亿立方米，也可作为南水北调中线工程的备用水源。"十一五"期间建成沁河河口村水库，向焦作、济源 2 市提供工业和农业用水 0.86 亿立方米。同时应充分利用黄河水源，规划建设小浪底南、北岸灌区，增加供水量约 9 亿立方米（见附表 9-1）。

附表 9-1　　　　　　　　中原城市群新增水资源配置表

新增水源	供水量（吨）	引水管渠	配置水量（亿立方米）								
			郑州	洛阳	开封	新乡	焦作	许昌	漯河	平顶山	济源
南水北调中线工程		输水管道 17.68411 公里、河道 14.2 公里	5.02			4.02	2.82	2.26	1.06	2.5	
燕山水库	1.33								0.8	0.53	
西霞院水库	1			1							
河口村水库	0.86						0.5				0.36
小浪底水库	9			4.23			3.37				1.4

二、推行节约用水

坚持节水优先的原则，实行严格的用水计划总量控制和定额管理制度，逐步建立和完善促进节约用水的政策体系和价格机制，大力推广应用节约用水技术，倡导节约用水的文明生活方式，最大限度地提高水资源利用效率，建立节水型社会。

（一）加强农业节水

加强农业用水管理，推行科学的灌溉制度。加快现有大中型灌区的节水改造步伐，对现有人民胜利渠、陆浑、广利、群库、韩董庄、昭平台、白龟山、白沙等大型灌区进行节水技术改造和续建配套，提高渠系利用系数。加快末级渠系工程建设，配套搞好田间节水措施。大力推广喷灌、滴灌、渗灌等节水技术，提高水资源利用效率。科学、适时、适量灌溉，严格控制超量灌排，提高灌溉水利用系数。结合农业结构调整，大力发展旱作农业、低耗水农业。

（二）搞好工业节水

加快节水工程建设步伐，积极推进节水技术改造。结合产业结构调整，抓好一批火电、石油化工、造纸、冶金、纺织、建材等高耗水企业节水改造示范工程建设，限制高耗水的草浆造纸能力扩张。在区域内全面推行新建工业项目主体工程和节水配套设施的同步建设制度。积极进行一水多用，提高间接冷却水循环率、冷凝水回用率、工艺水回用率和工业用水重复利用率，积极推进煤矿矿井水资源化利用，降低单位产值耗水量。"十一五"末，万元工业增加值耗水比 2005 年下降 35%。统筹考虑经济发展和水资源条件，严格控制郑汴洛城市工业走廊和许昌、新乡等地区发展高耗水产业。

（三）加强城镇节水

加强城镇节水设施改造。2010 年城镇建成区供水管网覆盖率达到95% 以上，供水管网覆盖范围内，对于处于地下水超采区的开采井，要限采、压采，必须关闭的自备井作为应急水源，加强保护。积极创建节水型城市。限制洗浴、洗车等高用水商业行业，对城市居民用水和商业用水实行阶梯水价；加强城镇老旧管网设施改造，降低城市供水管网渗漏损，提高输配水效率和供水效益。新区建设的供水设施，全面推广应用新型节水设备和器具。2010 年之前，9 市中心城区服务 30 年以上的供水管网要全面完成改造。

三、加强污水资源化工作

在区域内率先强制推行中水回用。新建污水处理厂，要配套建设中水回用设施；已建污水处理厂，要抓紧中水回用设施的建设；"十一五"期间，区域内 9 市和部分县级市力争建成中水回用设施，中水回用率达到 60%。城市景观用水、冲洗水、冷却水等要率先采用中水水源。

电力企业应与城市污水处理厂开展中水回用合作。强制推行新建电厂冷却水利用中水。

第四节　保护和节约利用土地

土地是短缺资源，也是重要的战略资源。最大限度地提高土地利用效率，对中原城市群至为关键。"十一五"及今后一个时期，该区域要全面落实最严格的耕地保护制度和土地用途管制制度，加强区域土地开发利用的调控和引导，促进土地集约合理利用和优化配置，提高土地对中原城市群经济社会发展的保障能力。

一、土地利用供需预测

2003 年，中原城市群土地总面积 5874.89 千公顷，其中农用地占 70.3%，建设用地占 13.8%，未利用地占 15.9%。根据规划的中原城市群经济增长和人口目标，预计 2020 年中原城市群建设用地需求量较 2003 年净增 231.09 千公顷，其中需占土地面积的比重由 13.8% 上升到 17.8%，占用耕地 166.04 千公顷。

二、提高土地利用效率

集约利用建设用地。合理确定城市发展规模，节约集约利用土地，科学制定和严格执行土地利用总体规划，严禁不切实际的宽马路、大广场等超标准超规模建设。在城市建设规划、土地供应、税收、信贷等方面，支持发展高层、多层住宅和公共建筑，限制建设低层住宅和别墅式建筑。按

附表 9-2

中原城市群土地利用预测表

地 类		2003年末土地利用现状	2020年规划		规划期间	
		面积量(千公顷)	与土地总面积比重(%)	面积(千公顷)	占土地总面积比重(%)	增加(千公顷)
土地总面积		5874.89	100.00	5874.89	100.00	0.00
农用地	其中:耕地	2725.97	46.40	26117.21	44.55	-108.76
	合计	4130.59	70.31	4000.57	68.10	-130.02
建设用地	城镇用地	160.00	2.72	322.92	5.50	162.92
	农村居民点用地	447.92	7.62	439.59	7.48	-8.33
	工矿用地	101.69	1.73	135.69	2.31	34.00
	交通用地	48.96	0.83	72.96	1.24	24.00
	水利用地	53.23	0.91	68.23	1.16	15.00
	旅游用地	0.00	0.00	3.50	0.06	3.50
	合计	811.80	13.82	1042.89	17.75	231.09
未利用地		932.51	15.87	831.43	14.15	-101.08

附表9-3　　　　中原城市群规划期末耕地保有量平衡表　　　单位：千公顷

现有面积	开发整理补充面积	各项建设占用面积	生态退耕面积	灾毁耕地保有量	耕地保有量	耕地净增减量
2725.97	181.58	166.04	120.00	4.30	2617.21	-108.76

附表9-4　　　　中原城市群规划期末补充耕地量　　　单位：千公顷

土地整理			土地复垦	土地开发	合计
耕地整理	农村居民点整理	小计			
80.06	17.03	97.09	17.03	67.45	181.58

照布局集中、用地集约、产业集聚的原则，积极推动工业项目向四大产业带和开发区、园区集聚，严格限制建设圈地式的"花园厂房"，全面推广应用标准厂房和多层厂房，提高土地利用率和利用效益。改进土地利用方式和管理方式，进行合理的土地利用分区，合理确定项目用地规模，进一步完善土地用途管制制度，采取强制性措施控制向实心粘土砖生产企业供地，禁止和限制使用实心粘土砖，合理设计高速公路、封闭式公路的高度，减少取土对土地（耕地）的破坏，走土地节约化的城市发展道路。

加强全省范围内的土地利用统一协调。在豫北、豫东南和豫西南传统农业区强化农业生产，打造粮食生产核心区，减轻中原城市群粮食生产的压力。支持中原城市群工业化、城镇化的用地需求，在全省耕地占补平衡的前提下，对中原城市群建设发展用地予以倾斜支持，重点保证基础设施与基础产业发展、城镇建设用地、工业用地和生态保护用地。

三、合理开发利用土地后备资源

编制《中原城市群土地开发整理规划》，规范中原城市群土地开发整理活动。积极推进土地整理，挖掘已利用土地潜力，促进土地利用方式向集约型转变。近期重点做好村镇规划，加大"空心村"整治力度，增加有效耕地面积，缓解新增建设用地对耕地保护的压力。

合理开发利用土地后备资源，注重土地生态建设。进一步开发利用区域内42.3万公顷的宜农未利用地，缓解人地矛盾。由于现有未利用土地多集中在丘陵山区，必须做到在保护生态环境的前提下进行适度开发。

强化土地复垦制度建设，加大土地复垦力度。按照国家《土地复垦规定》，坚持"谁破坏、谁复垦"。制定优惠政策，鼓励矿产开采加工产业尽量利用工矿损毁地，减少新占土地。对工业化、城镇化过程中，不按规划要求、乱占滥用土地的行为要给予严厉处罚。

四、实施空间管治

发挥政府调控职能，统筹协调城市群经济社会发展、资源开发利用和生态环境保护，加强城市空间发展的规划和管理，明确禁止开发建设的范围，禁止在管治范围内进行有损环境和资源的各种活动，对在管治区域内的村落或工矿企业进行搬迁并做好生态修复工作，确保城市群健康有序发展。

中原城市群空间管治范围和内容主要是：各城镇总体规划控制区范围以外地域上的生态敏感区，城市水源涵养地，滞洪区，南水北调中线工程及沿线两岸绿化带，省级以上重点文物遗址，二级以上公路干道两侧用地，高压走廊区，通讯光缆和各类长途运输管线埋藏区，地质灾害易发区，具有重要开采价值但尚未开发的矿产资源埋藏区等。

生态敏感区包括省级以上自然保护区、野生动物保护区、森林公园、湿地、建设的生态区（廊、道、带），主要有：嵩县、栾川、西峡、南召、鲁山一带的伏牛山国家级自然保护区，济源、沁阳、博爱、修武、辉县一带的太行山猕猴国家级自然保护区；济源、孟州、新安、孟津、吉利区、偃师一带的黄河湿地国家级自然保护区，卫辉、延津、封丘等地沿线的豫北黄河故道湿地鸟类国家级自然保护区；登封市嵩山国家森林公园，汝州市风穴寺国家森林公园，舞钢市区石漫滩国家森林公园，开封市国家森林公园，宜阳县花果山国家森林公园，修武县云台山国家森林公园，嵩县白云山国家森林公园，洛宁神灵寨国家森林公园、天池山国家森林公园，新安县郁山国家森林公园，辉县白云寺国家森林公园，洛阳国家牡丹园，鄢陵国家花木博览园和栾川龙峪湾国家森林公园等。

城市水源涵养地主要有：鲁山、汝州及宝丰西部的水源涵养地，熊耳山、伏牛山和外方山环抱区域，洛宁、嵩县、栾川一带的洛嵩栾水源涵养地等。

滞洪区主要有：封丘的黄河滞洪区、舞阳的沙河滞洪区等。

矿产资源埋藏区主要有：新郑、平顶山、焦作、禹州的煤炭，郑州、洛阳、平顶山、许昌、济源、焦作的铝土矿，栾川的钼矿，济源、舞钢、许昌县的铁矿等。

城镇总体规划控制区范围内的区域，由当地政府严格按照合法批准的城镇总体规划、详细规划进行开发建设。

附表 9 - 5　　　　　　　　　中原城市群空间管制区一览表

序号	名称	地点	面积（hm²）	级别
一	自然保护区			
1	伏牛山国家级自然保护区	嵩县、栾川、鲁山	56000	国家级
2	太行山猕猴国家级自然保护区	济源、沁阳、博爱、	56600	国家级
3	新安青要山省级自然保护区	修武、辉县、新安县	4000	省级
二	森林公园			
1	嵩山国家森林公园	登封市区迎仙阁	11533	国家级
2	风穴寺国家森林公园	汝州市骑岭乡	767	国家级
3	石漫滩国家森林公园	舞钢市区	5333	国家级
4	开封市国家森林公园	开封市西郊	553	国家级
5	花果山国家森林公园	宜阳县	4200	国家级
6	云台山国家森林公园	修武县西村乡	359	国家级
7	白云山国家森林公园	嵩县车村乡	8133	国家级
8	龙峪湾国家森林公园	栾川县庙子乡	1833	国家级
9	神灵寨国家森林公园	三官庙林场（洛宁县西南）	5360	国家级
10	郁山国家森林公园	郁山林场（新安县西南）	2133	国家级
11	天池山国家森林公园	嵩县	1716	国家级
12	白云寺森林公园	辉县林场	2593	国家级
13	洛阳国家牡丹园	洛阳市	47	国家级
14	鄢陵国家花木博览园	鄢陵县	1233	国家级
15	中牟森林公园	中牟林场	5458	省级
16	黄河故道森林公园	延津林场	4198	省级
17	郑州市森林公园	郑州市林场	313	省级
18	焦作森林公园	焦作林场	937	省级
19	嵩北森林公园	巩义林场	493	省级
20	禹州森林植物园	禹州林场	67	省级

续表

序号	名称	地点	面积（hm²）	级别
三	湿地			
1	豫北黄河故道湿地鸟类国家级自然保护区	卫辉、延津、封丘	24780	国家级
2	黄河湿地国家级自然保护区4	济源、孟州、湖滨区、新安、孟津、吉利区、偃师	67000	国家级
3	开封柳园口湿地省级自然保护区	开封市	16148	省级
4	郑州黄河湿地省级自然保护区	郑州市		
四	水源涵养地			
	鲁山汝州水源涵养地	鲁山、汝州及宝丰西部	388000	
	洛嵩栾水源涵养	熊耳山、伏牛山和外方山环抱区域，洛宁、嵩县、栾川	435000	
五	矿产资源埋藏区			
	煤炭	新郑、平顶山、焦作、禹州		
	铝土矿	郑州、洛阳、平顶山、许昌、济源、焦作		
	钼矿	栾川		
	铁矿	济源、舞钢、许昌县		
六	滞洪区			
	黄河滞洪区	封丘		
	沙河滞洪区	舞阳		

第五节　大力发展循环经济

按照减量化、再利用、资源化的原则，大力推进节能降耗，全面推行清洁生产，加强资源综合利用，积极发展环保产业，努力提高资源利用效率和循环利用水平。

一、推进资源节约工作

以大幅度提高能源利用效率为核心，以转变增长方式、调整经济结构、加快技术进步为根本，以法治为保障，以提高终端用能效率为重点，制定和实施节能标准和强化节能的激励政策。积极开发和推广资源节约、替代和循环利用技术，加快企业节能降耗的技术改造，对消耗高、污染重、技术落后的工艺和产品实施强制性淘汰，实行有利于资源节约的价格和财税政策。积极开发和推广资源节约、替代和循环利用技术，加快企业节能降耗的技术改造，对消耗高、污染重、技术落后的工艺和产品实施强制性淘汰，实行有利于资源节约的价格和财税政策。创新机制，加强管理，逐步改变生产方式和消费方式，加快建设资源节约型社会，促进经济社会的可持续发展。力争 2010 年区域万元生产总值能耗下降到 1.35 吨标准煤，比 2005 年下降 20% 以上。到 2020 年万元生产总值能耗下降到 0.85 吨标准煤。

二、提高资源回收和综合利用率

在矿产资源开发中贯彻循环经济理念，实行综合开发和保护性开采，做好资源开采过程中共生、伴生资源的综合利用。鼓励利用电厂煤灰、氧化铝厂赤泥等工业固体废弃物和尾矿、采矿废石生产新型建材产品。在中原城市群内强力推进墙体材料改革措施，推广应用高性能、低能耗、可再生循环利用的建筑材料及新型墙体材料，禁止和限制使用实心粘土砖。积极推进煤炭、铝土矿等重要矿产资源整合，加强煤炭、石灰石、铝土矿及其共伴生资源的综合开发，大力促进尾矿、煤矸石、煤泥、煤层气、矿井水等副产物综合利用的产业化发展，提高资源综合利用和环境保护水平。

"十一五"期间，区域内新建煤炭和铝矾土矿井，要考虑共伴生资源的开发利用，按照上下游一体化思路，发展循环经济，推动煤矸石等副产物的资源化、无害化利用；要考虑土地复垦、地质灾害防治问题，减少或避免对水资源、耕地和地表的影响。

积极推进垃圾资源化。加强城市垃圾的分类回收，制定相应的制度和奖惩措施引导居民自觉分类放置垃圾，"十一五"期间，9 个省辖市实现垃圾的分类收集。学习借鉴国内外先进的垃圾资源化技术和经验，积极推动适合当地条件的堆肥法等各种技术，使垃圾变废为宝，提高垃圾利用率。继续加强垃圾中金属、塑料、玻璃、纸张等废旧物质的回收和综合利用。

三、全面推行清洁生产

推行清洁生产技术，改进生产工艺，提高资源加工效率，对重点行业和重污染行业强制实行清洁生产审核。"十一五"期间，积极推广煤炭气化和煤层气等资源加工转化和利用技术、节电技术、热电冷联供和热电煤气三联供技术、余热余压回收技术、分布式能源技术等节能技术，实现废物资源化、生产无害化。采用先进技术，优化产品设计和生产工艺，降低产品能耗、物耗和废物排放。铝冶炼全面推行 160KA 电解槽，区域内企业要以 280KA 以上为主，进一步降低电耗，2010 年铝工业用电指标达到世界先进水平。煤炭生产企业要全面推行洗选煤、配煤、型煤等洁净煤技术。

四、积极开展循环经济试点

"十一五"期间，重点推动焦作、荥阳、登封等循环经济试点地区和平煤集团、新乡新亚、豫光金铅等一批循环经济试点企业建设，编制循环经济发展规划和实施方案，并按照方案组织实施，努力建成一批循环经济示范典型。在冶金、建材、化工、电力等重点行业以及部分产业园区，开展循环经济试点，探索发展循环经济的有效模式。新建和在建工业园区基本实现按循环经济模式布局，围绕主要产业和核心资源，合理延长产业链条，实现物质流、能量流、信息流及基础设施共享，达到资源利用率和整体效益最大化。积极推进平顶山、焦作、新密等资源型城市转型，加快矿区环境修复和污染治理，积极发展接续产业。

在黄河两岸、郑州、新乡、许昌、开封、漯河等市的平原地区扩大农村养殖小区建设，并在小区大力推行发展循环经济，加强农业废弃物资源化利用。积极发展以农村沼气为纽带的"种植—秸秆—发酵—养殖—粪便—沼气—沼渣、沼液—还田—种植"农业循环经济模式，把种植业、养殖业与沼气有机结合起来，加强沼液、沼渣的综合利用，减少化肥、农药使用量，降低生产成本，改善农产品的品质，提高农产品的市场竞争力。

第十章　建设和谐城市

建设和谐城市是中原城市群全面发展的重要内容，对于增强中原城市群的发展活力和核心竞争力，提升其内在凝聚力和对外影响力，促进物质文明、政治文明、精神文明协调发展具有战略意义。要坚持以人为本，突出城市特色，完善服务功能，改善人居环境，健全保障体系，促进社会稳定，塑造开放多元的都市文化，把中原城市群建设成为环境优美、繁荣有序、健康文明、充满活力的宜居区域。

第一节　塑造特色城市

按照高水平规划、高标准设计、高质量建设、高效率管理的原则，加强城市规划和管理，着力提高城市建设水平和品位，突出城市特色和风格，增强城市魅力，提高城市竞争力。根据区域内各城市的功能定位、历史沿革、发展现状与趋势，按照个性化、人性化、功能性和协调性的城市建设理念，把现代都市的文明价值取向注入到城市规划、建筑设计等领域，高标准编制城市总体规划、详细规划和各类专项规划，科学确定城市性质、发展方向、人口和用地规模，进一步细化城市功能分区。中原城市群内中等以上城市，必须在城市总体规划的基础上编制控制性详细规划。突出城市建筑风格、街区特色和品位，单体建筑的设计要与周边建筑、城市整体风格相协调。郑、汴、洛三市要做好重点区域天际线规划和城市观景平台建设规划，突出城市天际线轮廓，保持城市的通透感。

历史文化名城要继承历史民族建筑特点、传统，鼓励建设或改造具有地域文化特性的功能性街区，改变"千城一面"状况。处理好文物古迹、城市历史风貌保护与设施现代化的关系，保护城市历史文脉和传统格局，对控制范围内建设的工程，在高度、体量、立面、材料、色彩等方面必须与历史建筑相协调。对具有历史纪念价值或超过 50 年、具有特色和风格的建筑进行有效保护。

推动城市风格的多元化。区域内各城市要按照建筑学与城市规划的科学要求，塑造各自的城市风格，避免城市风格的雷同。郑州围绕建设"现代商都"的定位，在挖掘、保护传统城市文化特性的基础上，突出时尚、现代风格，发展成为具有独特历史、生态、商业、旅游、交通等特色的现代大都市。洛阳、开封突出古都特点，发展成为融古典与现代为一体，具有深厚历史文化气息的特色城市。其他城市也要根据自己的优势，发展成为各具特色的城市。

第二节　完善城市服务功能

"十一五"期间，中原城市群要继续完善城市功能，提高城市服务质量。各城市的基础设施建设，要充分考虑人的需要，抓好交通、通讯、能源供应、供排水系统、生态环保系统和防灾减灾系统等城市公用设施建设，进一步提高基础设施对城市发展的承载能力。改革城市管理体制，推进城市建设管理的市场化，提高城市服务和管理水平。

一、建设高效便捷的城市交通通讯系统

在中等以上城市全面编制城市综合交通专项规划。

明确划分道路功能，提高路网密度，完善道路系统，提高道路通勤效率。2010 年，区域内人均拥有道路面积达到 10 平方米以上。

建设郑州、洛阳、开封、新乡等城市的公路运输枢纽站。大中城市建成区内的长途汽车站要根据具体情况外迁至城区边沿或近郊，并做好与市内公交、轻轨等城市公共交通及铁路客运专线、高速公路客运的衔接。

优先发展城市公共交通，形成干支协调、结构合理、高效快捷并与城市规模、人口和经济发展相适应的公共交通系统。优化并规范公交线路，方便居民出行。合理设置公交站点，改变现有不合理的站点和站名设置，充分体现城市、街区及城市地名的特色和内涵。适应城市交通个性化的要求，进一步改善城市交通基础设施。加强城市停车场的规划和建设，科学布局公共停车场，大力发展地下停车设施和多层车库。到 2010 年，区域

内万人拥有公共汽（电）车数量达到 15 台以上。

加强排水设施建设，提高道路应对暴雨能力。增加清扫积雪设施投入，保障正常出行。

加强市区交通系统的智能化、信息化、人性化建设与改造。建设城市交通控制指挥中心，及时收集和发布道路状况与通行信息；发展卫星定位系统，建成方便快捷的交通信息感知和查询系统；设立明显的方位、道路标识；在各主要路口设置行人可控性信号装置。

注重老年人、残疾人无障碍通行设施的建设。积极推进住宅、办公、街道、商店、文化娱乐场所、公共设施、公共交通等老年人、残疾人无障碍通行设施的设计、改造和建设，2015 年以前中原城市群内中等以上城市建成区实现老年人、残疾人出行无障碍，体现社会文明和人文关怀。

搞好城市信息通讯系统的规划与建设，建设数字城市，统筹设计各种网络资源进区、进楼、入户，满足城市管理、居住和办公信息化、智能化的需求，建设数字城市。

二、建立可靠的能源供应系统

完善 110 千伏城市电网结构，加快 220 千伏变电站进入城市中心工程建设。提高城市中低压电网的安全程度，推进中低压电缆入地。参照城市电网的标准，改造县城电网。加强二次系统建设，努力提高城市供电能力和供电安全。

发展集中供热，加快供热电力机组和管网建设与改造，力争"十一五"末 9 市中心城区全面实现集中供热，到 2020 年县级以上城市 90% 以上的城市居民享受集中供热。

统筹考虑西气东输、义马煤气化、川气入豫等气源，科学配置燃气资源，2010 年城市燃气化率达到 80% 以上，2020 年达到 95% 以上。

三、建设良好的供排水系统

统筹规划建设城镇供水和污水处理设施。加强城市供水管网建设和改造，增强供水能力，保障饮水安全。完善城市排水网络，在县级以上城市全面推进雨污分流。统筹规划，搞好建制镇和 5000 人以上乡村的供排水设施建设，积极推进村镇和居民比较集中的区域联合建设污水处理设施，对污水集中处理。"十一五"期间省辖 9 市和部分县级市力争建成中水回用工程。

加强城区内河道、湖泊的综合治理，搞好沿湖、沿河截污工程建设，恢复水体功能，力争"十一五"末水质达到景观用水标准；在河道两侧和湖泊周围修建绿化带，改造沿河景观，使其成为城市重要的生态功能区和亮丽风景线。

四、建立健全突发事件应急机制

建立健全各种突发事件应急机制，逐步实现对突发事件的系统集中管理，建设并完善 100 万以上人口的应急指挥处理中心，提高政府应对公共危机能力。加强城市防震、防洪、消防、人防等工程建设，在大型广场、购物中心、会议中心等场所，建立紧急疏散设施。中原城市群内各城市要围绕自然灾害、事故灾难、突发公共卫生事件、突发社会安全事件等，制定相应的应急预案，制订政府组织管理、指挥协调相关应急资源和应急行动的整体计划和程序规范以及处置各类突发公共事件的行动方案、保障方案和操作手册，切实保障人民生命和财产安全。

五、提高城市管理水平

改革城市管理体制。打破多头管理的状况，建立统筹、协调、高效的城市管理模式，提高城市运行效能。强化综合执法管理，树立大城管的工作理念，建立协调、高效、便民的工作机制，实现城市综合管理效能的最大化。

加强城市硬件建设和管理，重点抓好城市亮化、净化、绿化、美化工程建设和管理。在亮化工程上，对重要景点、标志性建筑物、临街房屋实施分层面立体亮化；在净化工程上，对城市街路及公共场地要实行全天候清扫保洁，对污染环境的项目以及生活垃圾要加大治理力度，确保市容整洁；在绿化工程上，要加大广场、庭院以及街路两侧的绿化建设力度；在美化工程上，对临街房屋、广告牌等进行美化包装。要统筹规划建设城市道路、沿街景观、路面设施、小憩设施、绿化、地下管线，做到同步设计、同步施工、同步投用，严格查处各类违法建设项目，杜绝"今天建、明天挖"的现象。

推进城市公共服务市场化进程。要积极探索"政府主导、市场运行"的新模式，积极推进公用事业改革，把供水、燃气、供热、供电、垃圾与污水处理等能够取得直接经济效益的公用事业，引入竞争机制，实行企业化经营。

营造良好的城市管理氛围。在强化城市管理部门的公共管理职能职责的同时，发挥广大市民参与城市管理的积极性、主动性和创造性；鼓励市民以主人翁姿态参与、监督城市管理，使广大市民增强与和谐城市相适应的城市意识、现代意识、卫生意识、文明意识。

县级政府要强化城市意识，加强城市管理，教育引导居民树立市民意识，逐步提高城镇的管理水平，增强人口聚集的吸引力。

第三节　改善城市人居环境

把改善人居环境作为中原城市群发展的重要任务之一，下大力气保障城市居民有健康安全舒适的生活居住环境、工作创业环境、购物和休闲环境。

一、建设良好的生态居住环境

加强城市公园建设，积极推进开敞式、多功能的社区公园、街区公共绿地（小游园）等步行网络公园的建设，满足市民休息、欣赏、散步、游戏、运动等的需要。考虑城市人口密集特点，大城市要规划建设若干规模较大、功能完备的文化休闲区（带）。不断完善城市综合公园、运动公园，以及风景公园、动植物公园、历史公园、公共墓园等特殊公园，保护城市自然环境。改善商业、办公集中区域城市景观，建设为周边人群提供休息场所的广场公园。有条件的城市要考虑增加水域面积，酌情建设亲水亲绿居住小区。不断扩大城市绿地面积，2010 年，人均公共绿地超过 9 平方米。增加适宜不同人群锻炼的体育健身设施，确保70% 的城市居民有近距离"晨练"的空间环境。增加便民措施。加强公厕改造建设，提升公厕文明卫生质量，充分考虑残疾人、妇女、儿童的特点与需求。郑州、洛阳、开封三市市区要争取在 2010 年实现自来水达到可饮用标准，同时在街区公共绿地、商务中心、旅游景点，设立饮用水设施。在市区道路沿途设立行人躲避暴雨冰雹设施。所有道路两侧均铺设盲道并确保畅通无阻。合理规划建设警亭，方便报警和上警。增加 IC 电话亭密度。统筹规划建设好汽车、非机动车停车场，最大程度地体现人性化关怀。

加强城市粉尘、二氧化硫、噪声等主要污染物的治理。全面拆除市区内小锅炉，实行集中供热。继续推行使用清洁燃料，加强汽车尾气治理，降低大气污染。建立垃圾无害化处理系统。加强城市噪声管理，使居民有一个安静的生活环境。

二、改善教育条件和布局

城市群各市要按照城市空间拓展规划，与人口聚集的速度和规模相适应，优化各类教育机构布局，均衡配置中小学教育资源，全面提升教育质量。在城市新区的居民社区，同步规划建设幼儿园和中小学校，确保城市全体居民包括外来务工人员子女都能无障碍就近入学，使每个适龄学生都得到公平的受教育机会。

三、提高城市医疗保障能力

一是健全覆盖全区域的疾病预防控制体系、医疗救治体系和卫生执法监督体系，在搞好中心城市疾病控制中心、县级疾控中心和综合医院、乡镇卫生院、农村社区卫生服务站（村卫生室）四级医疗预防保健网络建设。"十一五"期间，率先在全省全面建立新型农村合作医疗制度。二是不断提高城市医疗服务水平。适应城市规模扩张的需要，优化卫生资源配置，合理规划布局医疗机构，统筹布局重大医疗设备，努力降低医疗成本。大力发展社区医疗卫生保健，城市重点医院要建立覆盖城区各社区的网络服务和登门医疗救助机制，确保社区居民享受方便、快捷的基本医疗保健服务。三是加快区域卫生信息网络建设。利用现代通信手段，加快区域公共卫生信息网络建设，完善重大传染病疫情和突发公共卫生事件监测系统、医疗救治信息系统、妇幼保健信息系统、卫生执法监督信息系统和突发公共卫生事件应急指挥系统，实现城市间卫生信息共享，全面提高突发公共卫生事件的监测、反应、救治、监督和指挥决策能力。

四、加强公共文化体育设施建设

加大投入，在"十一五"期间建成一批集科普教育、知识传播和文化娱乐等功能于一体的文化体育设施，加快文化资源整合步伐，构建市、区、镇（街道办）三级图书馆体系和市、区、镇（街道办）、村（居委会）四级文化站网络，探索建立人口密集区图书分馆体制。改造建设一批档次高、服务优质的普及型文化娱乐设施，在大型中心城市规范发展集餐饮、休闲、娱乐等功能于一体的大型文化娱乐场所，满足人们精神生活的需求，促进居民身心健康和全面发展。逐步建立完善、健全社区体育设施，鼓励开展社区体育公益活动和竞赛活动，发展凸显地域和城市特点的民间体育活动。2010 年广播电视覆盖率达到 100%。

五、加强社区建设

城市群各市要按照城市居住区规划设计规范要求，合理确定社区范围，搞好社区标准化、规范化建设。在遵循街区整体特色的前提下，突出建筑设计和群体布置多样化，使住宅、公建、道路、绿地等成为有机整体，为居民创造优美的居住生活环境。积极配套完善社区中小学校、文化娱乐、图书阅览、卫生医疗、体育健身、公共休憩地、综合商店、蔬菜和副食品市场、汽车停车场、社区服务、金融邮电、公厕等社区公共服务设施，最大程度地满足居民工作、生活、交流和出行需求。建立功能完善的社区服务和救助体系，创建文明社区，构建和谐社区。完善社区管理体制和综合服务功能。以健全服务网点，增加服务功能，提高服务水平和质量，扩大就业规模为主要内容，加快社区服务业发展，动员社会力量全面发展家政、维修、连锁商业等便民社区服务业。充分利用信息网络、热线电话等方式为居民提供便捷多样的商业、家政服务。建立社区就业服务网络，积极开展城镇失业人员就业咨询、培训和就业推介等服务，促进失业人员再就业。大力发展社区服务实体，提高社区吸纳就业能力。加快配套建设社区文化教育、体育健身、老年康乐、医疗保健、派出所等服务机构，完善养老托幼、休闲保健、文化娱乐、教育培训等服务网络，逐步推进数字化社区建设，努力建设管理有序、运转高效、服务完善、环境优美、治安良好、生活便利、人际关系和谐的新型社区。2010 年，95% 以上的社区建立离退休人员的社区管理机构，平均每万人拥有一家社区健康服务中心。

第四节　建设节约型城市

以提高资源利用效率为核心，以节能、节水、节材、节地为重点，强化节约意识，加快结构调整，推进技术进步，完善政策措施，建设节约型城市，逐步形成节约型的增长方式和消费模式，促进城市的可持续发节约利用水资源。制定各类用水定额，严格定额管理制度；利用价格机制调整用水结构，全面实行阶梯水价；加大节水型生活用水器具的推广和使用，用 5～10 年时间，完成机关、学校、医院、宾馆、商场等公共场所的节水器具普及；引导居民家庭更换使用节水器具；加快供水管网改造，降低城市供水管网漏损率；建设污水处理回用设施，提高污水处理回用率。

加快对城镇街灯、照明工程等市政公共服务设施的节能改造，强制使用节能灯具；建立分时电价制度，鼓励居民节约用电。大力发展集中供热。"十一五"末，区域内除科学研究和其他特殊需要经批准保留的小型燃煤锅炉外，淘汰所有的燃煤供热锅炉。

集约利用建设用地。合理确定城市发展规模，节约和集约利用土地，科学制定和严格执行土地利用总体规划；严禁建设不切实际的宽马路、大广场；支持发展高层、多层住宅和公共建筑，限制建设低层住宅；按照布局集中、用地集约、产业集聚的原则，推行各级开发区、工业集聚区的企业建设多层标准化厂房。各类新建大型公共建筑、住宅小区和商业区建设，必须配套建设停车场。

加强村镇建设规划。实施"迁村并点"，引导农民向城镇和中心村集中。积极盘活城镇闲置、空闲和低效使用的土地，全面提高土地利用效率。

制定城市节能扶持政策。走政府投入和市场调节相结合的路子，积极探索建立公共财政支持城市节能的激励政策，加大对节能技改的资金投入和政策支持，对于节能项目，财政给予贴息优惠，对节能新产品减免税收；对省鼓励发展产业目录以外的高耗能行业征收特别税，提高市场准入门槛；对城市建设中使用节能材料的建筑，免除建筑公司一定比例的城市建设维护费。

加强新建住宅和公共建筑节能。新建建筑严格实行节能 50% 的设计标准，郑州、焦作实施节能 65% 的标准。推广使用新型墙体材料产品，限期淘汰实心粘土砖。区域内 9 市规划区域内的新建建筑，2007 年年底前全部淘汰实心粘土砖，县级市和县城规划区域内的新建建筑，2008 年年底前全部淘汰实心粘土砖。加强对城市现有单体建筑或群体建筑的拆迁管理，对一些比较坚固但造型过时的建筑，鼓励对外观造型和功能进行升级改造，避免大拆大建造成浪费。对新建的单体建筑，从外观设计、功能结构、建筑体量、内外建筑材料使用等方面严格把关，坚持百年建筑不落后，强制使用空心墙体建材和新型保温隔热墙体材料，强化节能、节材、保温理念。在重要街区、重要路段，鼓励投资者联合开发建设单位建筑或建筑楼群，以保证建筑物达到一定质量和水平。坚决禁止投资严重不足的单体建筑开工建设。在建成区严格审批临时建筑物，节约资源，减少城市建筑物污染。

加强各种废旧资源再生利用和循环利用。鼓励回收和再生利用生产和消费过程中产生的各种废旧物质，实现资源的循环利用。建立垃圾分类收集和分选系统，不断完善再生资源的回收、加工、利用体系。"十一五"期间，区域内 9 市要建立较为完备的生活垃圾回收体系，初步建立生产者和消费者合理分担处理费用的责任制度。2020 年各县（市）建立起垃圾分拣和回收处理设施。

倡导绿色文明的生活方式。引导广大居民树立节能、节电、节水以及积极使用中水等观念，提倡使用绿色产品、大幅度减少使用一次性消费品，促进生活垃圾的减量化、资源化。

第五节　加强道德法制和社会保障体系建设

以切实保障人民群众根本利益为出发点，加强道德法制和社会保障体系建设，不断提高公民道德文化水平，进一步完善社会主义民主法制，营造区域内和谐社会良好的人文氛围和法制环境。

一、加强民主、道德、法制建设

大力发展社会主义民主，依法维护人民群众的知情权，扩大人民的参政渠道，完善重大事项的听证制度、公示制度和专家咨询制度。高度重视信访工作，健全社会利益协调机制，畅通社情民意反映渠道，引导群众以合法理性的形式表达利益诉求、解决利益矛盾。认真落实党的民族宗教政策，做好民族和宗教工作，确保社会政治稳定。

大力开展精神文明创建活动，不断提高市民综合素质和城市文明程度，加强居民道德建设，积极营造诚实守信、团结友爱、人民和睦相处的社会氛围。加强法制建设，建立健全社会信用体系和失信惩戒制度。积极扶持弱势群体，加快发展残疾人福利保障事业，促进社会和谐。

二、扩大和促进就业

实行积极的就业政策，建立促进就业的长效机制。完善劳动者自主就业、市场调节就业、政府促进就业的就业体系，突出抓好政府促进就业责任平台、就业技能培训平台、人力资源服务平台、就业综合信息平台和鼓励创业政策平台的建设，实现经济可持续发展与促进城镇就业协调并进。大力发展非公有制经济，发展中小企业，劳动密集型企业，繁荣第三产业，广开就业门路，为居民提供更多的就业岗位。加强劳动力市场建设，搞好就业中介咨询服务和就业技能培训，减少求职人员的盲目流动。

三、健全社会保障体系

健全的社会保障体系是保护广大人民群众利益、维护社会利益和谐的基础和保障。进一步完善城镇职工养老、失业、医疗、工伤、生育保险等社会保险制度，完善城乡社会救助体系；探索建立以养老保险和新型农村合作医疗制度为主要内容的农村社会保险制度；建立失地农民的生活保障制度，使城乡全体居民都能得到基本的社会保障。健全城市最低生活保障制度，实现应保尽保，并使最低生活保障线随着经济发展水平逐步提高。

第十一章　创新发展机制

遵循市场经济规律，加强政府引导，破除影响城市群协调发展的体制障碍，优化发展环境，完善政策体系，建立健全协调机制，着力降低发展成本，促进区域经济协调发展，提升中原城市群整体竞争力。

第一节　破除体制障碍

深化各项改革，创新体制机制，消除地方保护主义，逐步打破现行体制对城市群内经济社会发展融合的制约，推动"区划经济"向"区域经济"转变。

一、深化户籍、就业和社会保障制度改革

打破城乡分割的二化户籍制度，尽快建立区域内城乡统一的以实际居住地登记户口的户籍管理制度。进一步降低外来从业人员进城落户的限制条件，凡有稳定住所（包括购房和协议租房）的外来从业人员，均可到居住地办理入户手续，其配偶和子女也可一并迁入。区域内农村户口迁入城镇的，允许保留其承包土地5年。5年期满后，鼓励实行承包地有偿流转。进一步加快"城中村"及近郊无地少地（人均耕地少于0.3亩）居民的转户步伐，纳入城镇统一管理。

加快建立区域内统一开放、竞争有序、城乡一体的劳动力市场，健全公共就业服务体系，改善就业和创业环境，统筹城乡就业。在区域内跨地区就业的劳动者，在子女入学等方面享受与就业地劳动者相同的政策。清理限制农民进城就业的歧视性政策规定，实行身份证管理，取消对外来从业人员及其用工单位的不合理收费。加强劳动力市场建设，充分利用网络技术，逐步实现区域内劳动力市场信息共享。严格执行同工同酬和最低工

资标准制度，依法查处拖欠、克扣工资行为。加强职业教育和技能培训，建立和完善郑州、洛阳、开封、新乡等职业培训基地，提高城乡劳动者素质，增强劳动者的就业能力。

完善与城镇化相适应的社会保障制度。积极探索建立失地农民的社会保障制度，推行土地补偿金作为资金来源，用失地农民的征地费、安置补偿费为 16 岁以上的农民建立养老保险个人账户。外来从业人员和"城中村"及近郊转户从业人员要纳入社会保险范围。用工单位或雇主必须依法为其办理城镇职工基本养老保险、医疗保险和工伤保险。要开辟个人缴纳社会保险的渠道，为城镇灵活就业人员和原用工单位或雇主没有为其办理参保手续的外来就业人员建立个人账户，允许其按照现行标准缴纳个人账户部分。外来从业人员和"城中村"及近郊转户居民达到退休年龄而未交满规定年限社会统筹养老保险金的，允许一次性补交后办理退休手续。逐步扩大外来从业人员和"城中村"及近郊转户居民失业保险和城镇最低生活保障覆盖面。

逐步将外来从业人员纳入城镇住房保障体系。鼓励进城务工就业人员缴存住房公积金，对缴存公积金满 5 年的，可申请住房公积金贷款，购买经济适用住房。

二、推动行政区划有序调整

根据发展需要，尽快将荥阳、中牟撤市（县）设区，促进郑州都市圈加快发展。

适时将开封、许昌、新乡、修武、博爱、叶县、宝丰 7 县（市）撤县（市）建区，拓展开封、许昌、新乡、焦作、平顶山 6 市的发展空间。

完善城市群结构布局，逐步将长垣、武陟、孟津、新安、尉氏、伊川 6 县撤县建市。

积极推动城市群内撤乡并镇和并村联组，支持有产业支撑的重点镇加快发展，完善功能，促进人口集聚。

三、积极开展城乡一体化试点

"十一五"期间，要积极探索城乡一体化路子，率先在济源、巩义、舞钢 3 个城市人口比重比较高、工业实力比较强的市县，开展城乡一体化试点，大力推进土地流转制度改革，建立农村社保体系，促进城乡组织和形态的调整，提供城乡公平的政府公共服务和公共设施，努力为中原城市群城乡一体化发展探索新的路子。

实行城乡劳动力平等就业。废除区域内就业户籍限制，实现城乡居民就业机会均等。免除一切针对农民就业的收费。对自主创业的被征地农民，给予小额贷款和收费减免。在试点市全面推行农民就业技能免费培训。

统筹城乡社会保障。在试点市率先全面建立农村养老保险制度，逐步实现与城镇养老保险制度的接轨。推进城乡失业保险一体化。逐步统一城乡社保标准，保障区域内所有居民享有同等的权利和义务。

大力发展公共服务。加大对农村教育的支持力度，缩小城乡教育差距，努力实现城乡教育均衡持续协调发展，2010年试点市城乡全面普及12年义务教育。全面推行农村新型合作医疗制度，2010年试点市覆盖率达到100%。加快市镇村（社区）三级疾病预防控制网络和社区卫生服务网络建设，实现优势医疗资源共享。积极推动农村居民在文化、科技、广电、服务设施等方面与城镇居民基本享受同等服务。

积极推进城乡统一规划。"十一五"期间，试点市新建工业项目和中心城区外迁工业项目，原则上都要进入重点工业园区。适时调整行政区划，积极稳妥地推进撤镇建区和乡镇合并。完善县域村庄规划，合理布局中心村，加快改造空心村，撤并分散的自然村。完善城镇交通、供电、供水等基础设施，并加快向乡村延伸。

按照建设社会主义新农村的要求，加快农村社区建设。改革农村现行管理体制，调整农村组织结构，按照城市管理模式设计村镇，逐步使镇政府变为社区管委会，村委会变为居委会，实行社区化管理。

第二节　扩大对外开放

大力发展开放型经济，是中原城市群又快又好发展的必由之路。要围绕扩大利用外资和出口两个重点，各方协调联动，着力搭建对外开放的平台，使该区域成为吸引外资的洼地和发展出口的增长点。

扩大开放领域，提升区域利用外资水平。依托优势产业、龙头企业和优质项目，积极采用项目融资、股权投资、企业并购、境外上市等方式，吸引跨国公司和境外投资机构到区域内投资。继续开放服务市场，有序承接国际现代服务业转移。强力推动优势领域，特别是在装备制造业、食品工业、现代物流、中介服务以及基础设施和基础产业，在利用外资方面迈出实质性步伐。改善招商方式，注重引资质量，积极促成世界500强企业入驻该区域，提高履约率，确保重大招商引资项目落地。

充分发挥工业园区在利用外资和出口方面的作用。完善工业园区的基础，创新园区管理体制，整合、改造、提升城市群现有工业园区，不断增强工业园区的吸引力和聚集力。有针对性地开展园区组团式招商，形成一批以优势产业群为主体的特色工业园，促进园区健康发展。形成吸引外资和扩大出口的重要载体。

发挥比较优势，大力实施东引西进。加快承接"两个转移"（即国际产业向我国和东部沿海产业向我国西部转移）。充分发挥中原城市群的区位、能源、产业、市场、劳动力等比较优势，加强与东部发达地区的经济技术合作，吸引和承接东部地区制造业转移，促进区域内优势产业不断发展壮大。鼓励城市群内优势企业到西部地区建立资源基地、生产基地和营销网络，进一步开拓西部市场。加强与中部省区和周边城市群的合作，实现优势互补。

大力发展商品、劳务和服务，扩大出口。积极开拓国际市场，优化出口商品结构，鼓励科技含量高、附加值高的产品出口。引导企业严格按照国际标准组织生产，健全质量安全监测体系，实施以质取胜战略，增强产品竞争力。创造企业"走出去"的良好氛围。完善落实对外投资的政策和服务体系，鼓励有实力的企业到海外投资办厂、设立分支机构或进行并购重组，鼓励企业建立多元、稳定、可靠的原材料海外供应基地。

第三节　优化发展环境

优化发展环境是提高中原城市群吸引力，增强要素集聚能力的基础和前提。要加快政府管理体制改革，转变政府职能，维护市场秩序，建设诚信社会，促进中原城市群快速发展。

一、转变政府职能，提高服务质量和效率

创新行政管理体制新思路，加快政府职能和管理方式的转变。把市场经济条件下政府不该管的事务交给市场，做到不越位、不错位、不缺位，强化政府宏观管理职能，弱化政府的微观管理职能。以审批制度改革为突破口，减少行政审批事项，简政放权，改变政府管理经济的基本方式。

严格依法行政。提高公务员的责任意识、法律意识和综合素质，牢固树立服务意识，努力提高服务水平。强化监督机制，严肃行政纪律，做到有权必有责、用权受监督、侵权要赔偿、违法要追究。

加强政府绩效管理。在中原城市群内建立有效的政府绩效管理体系，考核政府在社会管理中的业绩、效果、效益及其管理工作效率和效能。建立以服务对象为主体的外部评估制度，让人民群众更广泛、更有效地监督政府部门，进一步提高工作效率和服务质量。

二、完善政策支持，促进中原城市群加快发展

运用财政、税收、土地等政策手段，鼓励优势产业发展，支持规划的产业集聚区发展壮大，降低城市间的产业同构。凡省内其他省辖市到城市群投资、城市群内的企业到规划的四大产业带和城市投资，符合本规划确定的产业布局和方向，产值和税收由被投资方和投资方分成，并在一定年限内享受所得税先征后返、免征一切政府性基金和行政事业性收费政策。实施水资源和非农业用地倾斜政策，"十一五"期间，全省新增水资源重点向中原城市群配置，在全省耕地占补平衡的前提下，对中原城市群发展和重点项目建设用地予以倾斜支持。

完善统一共享的金融信息系统和现代化电子货币支付与资金结算体系。建立9市一体化的《存贷款证》管理系统，统一区域内银行本票和支票，开通9市同城票据交换，尽快实现9市居民储蓄通存通兑、银行城市群内转账和银行卡联网通用的"零收费"。积极推动区域内电信按同城收费，密切城市间联合，降低发展成本。

完善优惠政策，大力吸引国内外人才向城市群集聚。建立人尽其才的用人机制，稳定人才队伍。加大人才培养力度，改善人才结构。实行城市群内人才自由流动、弹性管理的政策，构建城市群内人才自由流动的平

台，建立9市人才资源开发合作共享机制，逐步统一城市群人才市场在准入标准、营运规则等方面的规定，实现高层次人才资源共享。建立9市人力资源信息定期联合发布制度，为提高高级管理人才和专业技术人才的引进、高校毕业生就业以及农村劳动力转移等提供服务。

三、维护市场秩序

加强法制建设，完善市场法律法规体系。清理不符合市场经济要求的法律法规，逐步制定、修订有关法律，使政府、微观经济主体和社会中介组织的活动真正做到有法可依。加强现有法律法规的宣传教育，增强企业和公民守法经营观念。

打破地方保护主义。清理并废除带有地方封锁和行业垄断内容的规章。禁止任何地方和单位以任何形式，阻挠、干预区域内其他城市的产品或工程建设类企业进入本地市场，建立城市群内公平竞争新秩序，减少竞争损耗，降低发展成本，促进9市互惠共赢。

加强信用体系建设。加快建立企业经济档案制度和个人信用体系，加大对失信行为的道德约束和惩戒力度，建立健全符合市场经济体制要求的社会信用制度。加强社会主义道德体系建设，大力培育社会信用观念和意识，营造诚信守法的社会氛围，建设诚信社会。

建立健全以行业自律、新闻监督、群众参与为主要内容的社会监督体系。进一步加强电视、广播、报刊、网络等媒体的舆论监督，建设廉洁政府。提高全民质量意识和安全意识。

第四节　建立健全协调机制

一、建立协调机构

建立中原城市群统一的、制度化的协调机构，加强领导，是落实总体发展规划，促进9市协调发展的组织保障。

为促进区域内资源共享、生态共建、环保同治、产业互补、协调发展，成立由省长任组长，主管副省长任副组长，9市和省直有关部门主要负责同志参加的中原城市群协调领导小组，下设办公室，其职能由省城镇化领导小组办公室承担。领导小组定期召开联席会议，重点研究和协调解决中原城市群重大生产力布局、跨行政区的基础设施建设、重要资源开发、生态环境保护与建设、资源整合与共享以及与外围地区的协调发展等重大问题。办公室重点负责组织实施中原城市群发展总体规划和专项规划，协调九市城市总体规划与中原城市群总体规划的衔接，提出中原城市群协调发展的政策建议；组织实施联席会议做出的有关决议和决定。

二、分工实施

中原城市群各省辖市相应成立领导机构和协调办事机构，依据本规划及中原城市群各专项规划制订相应的实施方案，做好与总体规划的衔接。

省直有关部门要把促进中原城市群加快协调发展的职责落实到具体处室和人员，切实把工作任务落到实处。省直有关部门和中原城市群 9 市要统筹协调好规划确定的交通、能源、水利、生态、环保等重大基础设施建设，促进中原城市群协调发展。

建立中原城市群发展专家咨询委员会，对中原城市群的发展决策进行评议，促进中原城市群科学发展。

三、健全考核体系

按照科学发展观和正确政绩观的要求，建立反映中原城市群发展状况的考核、评价体系，重点从城市建设、对外开放、公共服务、城乡就业、社会保障、生态建设、环境保护等方面，进行考核、评价。

《中原城市群总体规划研究报告》
专家评审意见

  2005 年，河南省发展和改革委员会委托国家发展改革委宏观经济研究院对中原城市群总体规划进行研究。受河南省发改委的委托，专家委员会于 2006 年 2 月 22 日在北京进行了评审论证。评审意见如下：

  课题组通过深入细致地调查研究，采用了定性分析、定量分析、对比分析、关联分析等综合研究方法，从我国全局发展战略的高度，对中原城市群的现状、发展趋势以及其在全国经济社会发展战略和中部崛起战略中的重要作用、功能定位进行了深入的分析。

  课题组的研究始终侧重各城市如何相互协调、相互配合，如何促进城市群内一体化，实现整体大于部分之和的效果，准确地把握了经济全球化和区域经济一体化发展的趋势。

  课题组对中原城市群空间结构优化、各大城市的功能定位与构筑协调发展的城市体系、中原城市群支柱产业选择、各城市间产业分工与合作、实施中心城市带动战略和强化大郑州建设等所进行的专题研究以及对中原城市群资源能源与生态环境支撑能力建设、中原城市群综合交通系统和信息化支撑建设、中原城市群科教文化支撑建设等进行的系统的分析论证和设计既具有创新性，又具有较强的可操作性。

  课题组所提出的在发展中整合，在体制改革中整合，树立以人为本的政绩观、加速城市化进程，以及"以中为重"的发展思路、加速空间结构调整，树立全方位的开放观、对内形成共同市场、对外扩大开放等发展思路对中原城市群的快速健康发展具有较强的战略指导意义。

  《研究报告》以科学发展观为指导，广泛借鉴国内外城市化发展的一般规律和城市群发展的成功经验，紧密结合河南省情，结构严谨，思路清晰，观点鲜明，是一部高质量的研究报告。

中原城市群总体规划研究项目评审组

组长

评审专家签名表附后　　　　　　　　　2006 年 2 月 22 日

"中原城市群总体规划研究"评审会评审委员签名表

姓名	单位及职务	签字
谢伏瞻	国务院发展研究中心 副主任 研究员	
吴良镛	中国工程院、中国科学院 院士 建筑学家 研究员	
陆大道	中国科学院 院士 研究员 中国地理学会理事长	
牛文元	中国科学院 院士 研究员 中国科学院可持续发展战略研究组 组长	
陈栋生	中国社会科学院 研究员 中国区域经济学会 常务副会长	
李善同	国务院发展研究中心 研究员 全国政协人口资源环境委员会委员	
王一鸣	国家发展改革委宏观经济研究院 副院长 研究员	
王建	中国宏观经济学会 常务副秘书长 研究员	
陈秀山	中国人民大学区域经济与城市管理研究所 所长 研究员	
连玉明	北京国际城市发展研究院 院长 研究员	

后　　记

　　《中原城市群总体规划研究》项目自2004年6月启动，至2006年2月在北京评审验收，历时近两年。到本书编纂成册付梓出版之际，已是2010年冬天。尽管时间已过去4年多，情况发生了很大的变化，数据也显得陈旧，但编者认为，其中的核心观点，即中原城市群必须打破区域分割、在群内实现要素优化组合、结构重组并为此提出的一整套方案至今仍然值得参考借鉴。河南省发展和改革委员会以本项目成果为基础制定的，并由河南省政府颁布的《中原城市群总体发展规划纲要》正在指导中原城市群的发展，国家发展和改革委员会也于2007年授予本项目部级优秀成果奖。这意味着本项目成果还是一个值得交流借鉴的成果。本书既是本项研究的一个总结，也希望能为我国区域经济发展添砖加瓦。

　　本书是集体智慧的结晶，是在项目组综合讨论并分头起草近20万字的专题研究报告基础上形成的。其中，第一章至第五章由周海春综合各专题成果起草初稿、刘福垣做了较大修改；第六章由曾红颖执笔；第七章、第八章由肖金成、白玫、张志强、贾若祥执笔；第九章由河南省发展和改革委员会城市处执笔；第十章由王青云、刘通、欧阳慧执笔；第十一章至第十三章由唐勇、冯冰提供初稿，河南省发展和改革委员会城市处做了较大修改，一些章节进行了重写。最后在综合项目组成员及各方面修改意见基础上由周海春、李振京对报告进行了总纂。为了将本书公开出版，周海春对报告进行了编辑修改，郑州航空科技大学副教授陈梦筱女士进行了细致的校改，国家发改委对外经济研究所刘冰先生对书稿和图表进行了排版和校对，最后由肖金成修改定稿。

　　感谢上述人士对本书付出的辛勤劳动，河南省发展和改革委员会对本书出版给予了资助并同意将《中原城市群总体发展规划纲要》作为附录纳入本书，对此，我们表示衷心的感谢！

编著者

2010 年 12 月 18 日